作者經歷

何棰鑨

輔仁大學推廣部 易學講師
中國易經推廣教育學會 易學講師
佛光大學推廣教育中心 易學講師
中華易經研究所 所長
中國現代化文化基金會 易經研究學院院長

目錄

目錄

謝正一序

知識能活用才能產生智慧和力量，當學校教育結束後，多少人得以學以致用、發揮所長？面對當今多變的社會型態又該如何因應？

有鑑於此，個人遂於民國九十五年成立「台灣推廣教育學會」，宗旨為促進台灣各界人士終身學習和持續教育的整合與推動，且推展海外及台灣各所大學院校研究機構，和民間團體有關教育推廣活動之交流與合作，並結合學界相關學術專業人員推動研究、進修講座等國內外學術活動，以期培育各項人才而達到學以致用的最終目的。

在各項培訓科目中，易經學術列為學會重點課程，從「易經哲理」及至「易經八字」研讀；因《易經》為群經之首，其要為「易窮則變，變則通，通則久」，即效法天地之道而能養人文智慧。此學術也聘請何棰鑨老師指導，且已培育出許多優秀的「明師」，在當今競爭社會中皆各擁一方天地；後續於民國一〇四年再度成立「中華易經研究所」，並委其擔任所長至今……

常聽人說要去「算命」，想瞭解一下自己的運勢、身體、財運如何；然而這些命理話術，似乎一直落在信者恆信、不信者恆不信的長期拉距中。為什麼會有如此兩極化的認知呢？個人覺得：雖然「命理學」自古以來有邏輯、學理基礎可以為依託，但先天的命應該也會因為個人後天的努力、貴人的扶持或因緣際會等因素而獲得改善。

從與棰鏞老師的互動中，知道他對於命理的研究相當熱情、執著。其專研五術是以易經的六十四卦為基礎，並結合六十甲子中的象義，以突破傳統八字學中的不合理論述，而能廣論窮通禍福，甚或業障因果。

他有關「易經八字」系列性的著作，在台灣、甚至華人地區，尚無人能出其右；所著《易經八字新論》、《易經八字證釋》、《易經八字還真》、《六十四卦應用》……等書，可提供想研究易經、八字者通徹生命中的全貌與奧妙，從而成為一位正道的命理研究者。

老師對命理的基本態度是：也許命真的是天生，因為八字命盤就是這樣顯示著，也因流傳千年而有一定的依據。但是人若能因知天命，從而充實自己的內涵與修為，加上謀事在人、成事在天之豁達心態，就算天生的命有點蹇阻，也會因為自己後天的自覺與不斷反省和努力而成就了助命的「好運」，亦呼應著《坤卦文言》：「積善之家必有餘慶，積不善之家必有餘殃」的深刻道理。

今喜見《易經八字神斷》此命理大作即將問世，著實令人佩服與期待！從老師近三十年來專注在易經與八字的研究當中，感受到他對滄海眾生的宿命充滿著永無止境的好奇心。對於人的後天運勢，他從變化無窮的易經六十四卦中擷取邏輯、象義，期望指導困惑者尋得有助的答案與獲益方法。這本最新著作，確實值得有興趣研習易經八字者入門及鑽研。

謝謝何老師的厚愛，邀我寫這篇序文，我欣然義不容辭地答應，讓我與他君子之交的情誼，因為這篇序文而更加增進！更希望命理界能效法他「非以役物，乃役於人」的研究精神，在各個領域中，促進教育的意義與貢獻。

台灣推廣教育學會總會長
中國南開大學經濟學博士
謝正一
二〇一九年五月十一日

蔡宏駿 序

欣聞何老師將這幾年對六十甲子的體系做完整性的整理，並闡述發表《易經八字神斷》一書。此書打破傳統八字框架，對於六十甲子各柱的敘述以及解說方式，讓人閱讀起來格外容易理解。因此，藉由此書，我們又踏上了一段未曾走過的心靈之旅。

何老師的新書透過易經觀象方式，將六十甲子的每一柱相重易經卦理、逐一演象，詳細描繪出每柱的象意。傳統八字論法僅是將天干與地支相重之後配上十神，再依據五行強弱論斷格局高低；何老師則加上易經的邏輯去推理每一柱的性情、事業、六親、婚姻、疾病、地理與大運，真正做到易經之中的「探賾索隱」！

因此，這本書帶給我們幾個功用，首先是「啟發智慧」：此書不但分析了每柱的情性，並剖析了各柱對於事業、六親的關係，也探討其成敗因由，以便於掌握時機、規避弊端。這些分析皆取法易經的邏輯推理，透過觀察自然現象，不僅讓我們記得六十甲子的五行，更結合立體空間與時間變化，大大啟發了我們的智慧。

例如：老師描述甲午柱之象為「五月芒種開花的樹木」，因而可旁徵為有遠見、外表亮麗、愛表現，這些類化乃結合易經中的「雷火豐」卦象。所以，於仔細讀完這本書後，不僅對六十甲子有更深一層的瞭解外，亦可增進對易經象辭的理解，於潛移默化間也提升了我們的智慧。

其次是「與時偕行」：六十甲子與易經六十四卦不僅敘述五行，更闡述了五行在不同季節的變化。例如：乙木篇中，乙丑跟乙未的命盤雖然都是自坐財星，但卻因處於冬天、夏季之異而形成不同的景象；如仙人掌在夏天會因太熱而進入休眠期，將此理運用在命理中，我們就可以帶入五行在不同季節中就會出現不同行為的概念。

明白大自然興衰榮枯道理之後，則知應效法四季變化而行事，這又是本書以自然為師的精湛演繹。

最後，何老師這本書最重要的功用是告訴我們要「心存善念」：謀事宜「腳踏實地」，除了要增加自己的正能量，也要把喜樂傳送給其他的人。書中不但敘述每柱的因果由來，還列出了每柱可能會遭遇的挫折及如何解決與避免的方法。易經繫辭：「君子居其室，出其言，善則千里之外應之。」正是這本書所想要表達的善念。

自從跟何老師學習易經、八字、六十甲子象義、陽宅與文王卦，不知不覺已經超過十五寒暑。此書是老師自西元兩千年以來第五本關於易經與八字的書籍，可喜的是此書是第一本易於入門的易經八字書。

如果再結合「易經甲子神占」牌卡，將會更容易理解何老師所敘述六十甲子中的每一柱特性，而得以探討各柱的利弊得失。

因此，我相信此書一定可以讓深愛五術之同好對於六十甲子能夠有更進一步的體認！時值付梓之際，謹綴數言，願此書得以助眾，讓易經八字與六十甲子的理論學術綻放光芒！

清華大學材料科學工程博士
北京大學高級工商管理碩士
己亥年庚午月
後學弟子　蔡宏駿

吳中誠 序

記得在丙申年夏天，經由「中國易經推廣教育學會」詹案鈺主任的引薦下，與易經大師何棰鑨老師有過一面之緣；之後也常聽詹主任對何老師的論述實證嘖嘖稱奇、肯定、讚歎有加，直到己亥農曆新年，才有機會正式跟何大師見面、求教，一睹大師泱泱風采。

由於我的專研是欽天門紫微斗數，本門理論也是源自易經陰陽平衡消長原理，與何老師獨創易經八字有互通之情。見面當日，何老師像是發現新大陸一樣，一臉興奮的表情，問我是否可以用他新研發的「易經甲子神占」牌卡為他占卜，方法是用六十甲子搭配六十四卦所製作的牌卡，以紫微斗數的排盤方式牌陣做解釋，並與何老師本人的紫微斗數命盤加以對照，應證牌卡的準確程度。

我就簡單說幾個重點吧！命宮所對應的是乾為天卦，代表何老師研究學問鍥而不捨，且不斷溫故知新、創新思考，正符合其本命盤來因宮、父母宮；命宮天機忌和右弼科的象意，正可謂天賦異稟、道盡天機的一代宗師。大命在本命之交友宮，對應的是水火既濟卦，現象為既濟必然是經由未濟的過程而來，所以，前幾年何老師因過於浸溺在易經的研究中，忽略了自己的身體健康。經沉潛了幾年的養生，有形的身體雖然有些老去，但無形的智慧學問卻日益增長。

最令人欣慰、可喜的是，流年命宮對應的是離為火卦，一方面雖仍要注意心臟血管的問題外，何老師將再度懷抱對五術的熱情，以愛心滿滿、正向光明的論斷為眾人指引迷津，想當然爾，屆時必定聲名大噪！

「易經甲子神占」牌卡的應用，除了能與「紫微斗數」做結合外，何老師也為我們示範「陽宅風水」及「問事占斷」方法，非常實用，操作又簡便，比傳統的文王卦占斷更容易學習且貼近生活；這是何老師的終生志願，期望能將畢生的研究化繁為簡，讓人人都可以學習、運用，幫助更多人解決日常問題，活用易經、融入生活。

本人非常敬佩何大師竭盡心力，無私地為中國易經文化的推廣、傳承與研究所作出的貢獻，也恭喜何大師精采的著作即將出版、造福後學，更期望有機會能跟一代宗師何棰鑨老師學習此易經經典學術。

財團法人中華經典唱持與人文詮釋學會
理事長 吳中誠

己亥年庚午月

明月序

欣聞何師又有大作即將出版，看來又將要「洛陽紙貴」了！股市名言「好的老師帶你上天堂，不好的老師帶你住套房」。在人生旅途中難免會有徘徊在十字路口的時候，若能遇上一位好的老師，則能幫您排憂解難，進而自我認知、自我開發，從而自我調適、自我修養，以謀取自我理想的實現，那是何等幸運的事啊！如果遇到一招半式闖江湖的「郎中」妄言恫嚇，若是破了財還惹災，那才是真正的冤枉。而我所熟識的何師正屬前者。二、三十年來，埋首於易經學術研究及著作且從未間斷，因此也造就了「易經泰斗」的地位。如其所言：「學術傳承是一輩子的功課。」您我也許都曾想過這輩子的「功課」是什麼？紅塵人世中很多事到底是偶然，還是所以然？究竟該如何「不昧因果」？這一切問題，相信在參看何師的著作後，答案自能呼之欲出。

俗話說：「天有不測風雲，人有旦夕禍福。」人秉天地之氣而生，且萬物皆受天的主宰。但是，「天」又是什麼？《陰符經》說：「天有五賊，見之者昌。」此五賊即是所謂的木、火、土、金、水等五行，是由八卦天、澤、火、雷、風、水、山、地所形成的五種氣體，或者說是春、夏、秋、冬所呈現的不同現象也行。領悟宇宙間的運轉法則及五行生剋的道理後，就能「與時偕行」地掌握昌盛之道了。那麼，我們要怎麼去瞭解具主宰萬物成滅的天地呢？偏偏「天地不語」，只能「以象示知」，在何師參悟易理後之著作有：《易經八字新論》、《易經八字證釋》、《易經八字還真》、《易傳還真》、《六十四卦應用》、《六十甲子象義》……，書內均有詳細之解析。例舉其中為人所津津樂道、茅塞頓開的論述之一：金為何會生水？其實「金」是宇宙中的氣體，即庚金為氣流、為風，辛金則是雲霧，它們都夾帶著水分，倘遇高溫時便會化成雨水，這一切皆法於自然現象。否則，若像坊間論述將金屬用火煉後會變成液體即是「金生水」，試問：此液體真的可以生木嗎？倘若能悟得此理，其他五行生剋道理大概也都能豁然開朗了。此理完全顛覆我以前的認知，像這類的種種獨到見解實在不勝枚舉。

於現實生活中，為了預測不可知的未來，許多人都喜歡去算命，以求得趨吉避凶之道；但豈知「命不是用算的」！因天地萬物的生化道理，絕非一加一等於二之公式所能斷論。陰陽造化猶化學之變化萬千，有鑑於此，何師將傳統八字不足之處融合了易經理論，獨創《六十甲子象義》，此著作宛如一本天書，幾乎揭開了陰陽兩界的神祕面紗，猶《陰符經》曰：「八卦甲子，神機鬼藏。」其中結合《連山易》、《歸藏易》、《周易》，並以先天八卦為體、後天八卦為用而道盡玄機，讓命盤中所隱藏的現象及因果均能一目了然；從而發現問題癥結所在，俾使能效法風雷益卦象曰「君子以見善則遷、有過則改」，領悟獲益之道後即可走入順境。子曰：「天何言哉？四時行焉，萬物生焉，天何言哉？」是的！您可知「天地無名師」？天地雖然不語，但四季照樣運行、萬物依舊成滅。其實老天一直都在教導我們，只是我們不知道而已，世人後知後覺者居多。千金難買早知道，透過何師的理論，以最簡單的方式告訴大家如何瞭解天意、遵循春秋之道以順天休命，並由後知後覺進階到先知先覺的境界，以臻至圓滿人生。子曰：「易經百姓日用而不知。」若能將《六十甲子象義》應用於日常生活當中，更如陰符經所言：「觀天之道，執天之行，盡矣。」即能觀察宇宙運行，掌握自然界法則，依此來行事就足夠了！就如達賴也曾說過：「生命的意義不是在讀很多的書，追求很多的知識，生命的意義是在追求生活的智慧。」是的，追求生活智慧正是圓滿人生的必備條件，如此方能順天者昌。《道德經》：「人法地，地法天，天法道，道法自然。」何師的著作皆順乎天道，已將易經智慧發揮到淋漓盡致，此等善知識用諸於日常、信手捻來，智慧隨機可得，生活必定變得多彩多姿，其著作確實值得吾等細細玩味，並奉為人生最佳圭臬。

子曰：「顯諸仁，藏諸用。」五行中只有木是有生命的，所以觀察木的表狀，即可知其他五行之榮枯。植物冒出泥土後，初芽的兩片葉子必向南、北兩極伸展，這是為了吸收地球磁場以轉換為自身所需能量，而人亦復如此；「易與天地準，故能彌綸天地之道」，後天八卦裡面的震兌乃地支天「卯酉」，且依附著先天坎離「子午」而長，其實都是在敘述人倫應契於天道軌跡，即「卯酉」為人道，乃秉「子午」天道之氣而生，一路由東往西行以達西方極樂境界，這就是所謂的「春秋」之道。唯人或許離開母體後就是人性本惡，因而與生就俱貪嗔癡。一個人的起心動念非常重要，因念頭衍生思想、思想會化成行為、行為則變成習慣、習慣積累成性格，最後性格就決定了此生的命運。命好值得更加努力，千萬別辜負上天的垂愛，否則恐將造成「個人造業個人擔」的遺憾。謀求之道端賴個人修行，想那唐三藏至西方取經，孫悟空只要背著他踩上筋斗雲，兩三下就可到達天竺取到經了，但他為何還是要一步一腳印、經歷萬般折騰才能取得經典呢？人生路程何嘗不是如此！經過自身的努力才是真正的成功，何況一切因果是別人替代不了的。人生旅途跌倒了必須再爬起來，親力親為才能創造美好的人生，至於好命或歹命，那真是「如飲寒泉、冷暖自知」，踏實是一生的必修功課呀！

易經坤卦用六曰「利永貞」，是要我們學習天道兼善天下而非獨善其身，才能復見天地育物之心。凡事沒有分別心、要寬廣包容，就像何師出書一樣，本持初心、絕不藏私。也期待同好論命時，宜效法水風井卦「君子以勞民勸相」般能兼善教化之心，且要讓人從中學習中庸之道，知己知彼後就能謀定而後動。知命、運命後即可不假外求、不受人擺佈、不為命所困，篤實地面對生命運程的流轉。期盼諸眾皆能於尋求正確道理後，更加理智地因應環境、實行世間法、奉行春秋之道，自能轉禍為福、扭轉乾坤。

中華易經研究所

明月 敬書

邱鳳得 序

說起自己為人論命的歷程，比起一般「千里求師、萬里求訣」的人，我的際遇恰恰相反，用誤入「其」途來形容或許更貼切。在參加一次台語讀書會的機緣下，認識了台南某命理師夫婦，就這樣開啟了我的命理職涯；有著和大家一樣難逃傳統八字洗禮的相同命運，期間經歷「初學三年，天下無敵；再學三年，寸步難行」的階段，驚覺傳統八字的學理時準、時不驗，盲點甚多，著實惶恐、心虛，深怕誤己更怕誤人。正值惆悵、茫然之際認識了王勝輝師兄，於言談之間多次聽聞其對何棰鑨老師的讚譽有加，更介紹我拜讀何老師的作品與教學影帶。後經仔細研讀，真是出凡入聖且耐人尋味，無法不為之動容、欣喜若狂，簡直如獲至寶。

何老師的學問和名氣自然不在話下，早已聲名遠播、披靡全球各地。我與何老師雖未曾謀面，但於多年的觀察中，對老師最崇敬的地方，卻是在於他高尚的品德，也無時無刻地點撥著我們。他總是苦口婆心地勸誡，論命者當首重「道德」而非「術法」，要以為人解惑、找尋解決之道為志業，千萬別淪為一般江湖術士，仗著自以為是的「太專業」。更提醒大家要明瞭福禍本相倚，命沒有好壞，只要放對位置而能知命、認命、用命的話，皆能人盡其才、適才適用。且論命時不能一成不變，應品物流行、審時度勢、擇善而從，以提昇自我的應變能力；醫者父母心，論命者亦是。智慧與德行要調濟得宜、用得恰當，不傷財、不害民才不失君子風範；可見何老師對學生們的循循善誘、教化與薰陶，無不參酌著易經的智慧，來啟發我們為人處世之道。本人時時謹遵教誨，於論命時也心懷感念天地之心，每每皆能揮灑自如、暢所欲言。

在此特別推崇老師的《六十甲子象義》一柱論斷，因經個人十餘年的實戰體驗、運用，甚是得心應手。一個正確的理論是經得起時間考驗與比較的，在此特舉二則實例以印證《六十甲子象義》的準確度，很難不讓人嘖嘖稱奇、愛不釋手、拍案叫絕。

實例一：於農曆一〇八年二月二十七日。

乾造：「丙申、庚寅、壬子、壬寅」，八歲起運。

※論：年柱為「根」、為祖上宮位，年月逢沖，則「香火」或「風水」必有問題。且婚前運蹇、破敗，六親緣薄。答曰：父母早逝，手足有人夭折且無子嗣。香火問題於來問事之前已有處理，處理後當晚他太太就夢見了婆婆。

※論：婚後至五十八歲前運勢大致順暢，財運佳。五十八歲後運差（行丙申大運），宜注意身體、損友，投資失利。乃因五十八歲前走南方運，壬水「利西南、不利東北」，且丙申柱象義為「果實纍纍將豐收」，會招引壞朋友的覬覦。答曰：真的五十八歲後是多事之秋（前次來是問車禍和解之事），且身體開始走下坡，所以這次是專程來問身體的。

※論：身體須注意肝、腎臟問題，且己亥年犯陰煞（水化退神，易怪夢陰魔；亥水困木、憂鬱恐慌），建議去請求城隍爺幫忙處理。答曰：現在就是腎臟出了問題，已經快到洗腎的地步了，常夢到大水鋪蓋、有人要抓他，全身常感到冷。經去台南東嶽殿（嶽帝廟）處理過後，身體逐漸有改善了。經查問得知「嶽帝廟」有供奉城隍爺、酆都大帝、地藏王菩薩等神。

實例二：於一〇二年認識至今。

坤造：「丁巳、丁未、乙亥、戊寅」，八歲起運。

先生：「丙辰、丙申、丁酉、丙午」日元丁酉柱（自坐長生必有難），從小身體便多病痛。結婚前感情運差且常惹事生非，令母親很傷腦筋，結婚後反而勤奮工作（地支申到酉、財星化進神）。

※此女原生家庭經濟好，祖父留有一些土地（丁巳至丁未、土化進神），父母也來找過我，是傳統樸實之人。於壬辰（一〇一）年因懷孕而結婚（丁、壬合而有化），一〇二年是因離家出走、欲離婚之事前來，有告老公傷害罪成立，但至今還未離也不回夫家。

※這種種現象，我想除了何老師的理論外，應該是無人能解吧！

1、日主乙亥見辛亥大運地支伏吟、原地踏步。乙見辛亥為果實剝腐，故婚姻出狀況。

2、乙亥柱無論男女，結婚後坤造皆以乙木為用、亥為乾造。配偶大多會著重工作，因而容易因聚少離多造成感情生活不協調，關係逐漸疏遠；而且乙亥柱的女性也難找到高標準的對象，對夫家也有借地而居的心態。據我驗證：此女很外向、喜往外跑（乙木向陽），家裡待不住。夫家租屋、經濟差，由於是大夜班的工作，下班回家倒頭就睡，放假時也不陪伴，根本沒有交集。

以上二例為真人真事，絕無虛構。

學習「八字觀象」應以「象」為主，大自然為師、五行為輔，無須窮記公式，法自然論述自能生動活潑。當然，前提是最基本的八字五行架構要熟練，如果能拜讀老師所著《易經八字新論》、《易經八字證釋》、《易經八字還真》、《六十四卦應用》、《文王卦形態新論》、《易傳還真》……等大作，更不啻如虎添翼。這些著作深入淺出，因大致已去蕪存菁、由繁入簡，堪稱祿命術入門的最佳捷徑，八字初學者如能以此為啟蒙，必定能讓有心學習者事半功倍。

今適值《易經八字神斷》此書付梓之際，承蒙何老師不棄問序於末學，自酌才疏學淺故謹綴數言，除願此書能獲有志五術研究之同好共鳴外，保證對一般大眾的人際關係及人生歷程絕對有所增進與改善。最後預祝此書大賣（因我於其中也略盡棉薄之力，哈哈！）。

己亥年清明

鳳得 於台南工作室

靜言 序

進入命理界可用無心插柳柳成蔭來形容，乃因經過許多算命、問卜的心路歷程。未接觸命理前曾去找某電視台知名老師，他直斷我在某年間內定會「墜入紅塵」；也經歷命理師諫言小姑要改名，否則夫妻就會有生離死別之災，甚至直言剛出生的女兒是尼姑命；於惶恐不安之餘，不旦全家都改了名字，還四處求神問卜以詢問解決之道。

辛卯年，在朋友熱心邀約下去造訪一位她所謂的神算，這位命理師論命時解析我日主是庚金、為風。我什麼大師都訪求過了，卻未曾聽聞命理師如此解析命盤，因而引發我的好奇心，當下詢問是否有授課？命理師回答此套學理全球僅有兩個人會，一個是他自己，另一個是百年難得一見的奇人。所以此學術堪稱世間稀有珍寶且無與倫比，並說因同鄉而優惠、折扣特價為五十萬元學費。

基於好奇而上網查詢「庚金是風」的相關資料後，發現網路上盡是猖獗的山寨盜版資訊。爾後輾轉找到「中國易經推廣教育學會」詹冧鈺主任，幾經波折後，終於找到命理師口中所形容百年難得一見的奇人何棰鑨老師。

由於時間因素不允許，未能至台中或台北參與何老師親授的易經八字課程而深感遺憾。幸得何老師還有發售DVD教學影音版，便能利用空暇之餘在家觀看影片、自學研讀，以彌補心頭之憾。後來證實那位所謂的神算只是何老師的徒孫，而且是半路出家，其所學甚至未及三分之一。

癸巳年九月我一位學生準備結婚，想求證與男方彼此八字合盤，並問何時能夠懷上小孩。當時運用了何老師的學術理論，論斷男方祖墳有問題，求證之下竟回答說多年前掃墓時祖墳便憑空消失；我告訴她祖墳還在，是因下雨、土壤鬆動而下滑移動至旁邊有樹木的地方，因雜草叢生而未被發現，並論斷甲午年（雷火風卦宜日中）農曆五月懷孕機率極大。

甲午年清明節前夕學生傳來照片，如我所言，祖墳真的在樹木旁找到，終於可以掃墓了；也恭喜她順利在農曆五月懷上小孩。實例應證：二〇一三癸巳年，國曆十月三日，於甲午年完全得到驗應。乾造：「甲子、丙寅、甲戌、甲子」，大運己巳。

今適逢何老師推出《易經八字神斷》，由於結合「易經甲子神占」牌卡，更能讓自學者利用牌卡上的圖象、籤詩，增加學習的樂趣與記憶，相信此書定能廣為熱銷以嘉惠大眾，並能將先賢智慧發揚光大，甚而大放異彩地千古流傳。

最後也要感謝何老師對我學術的肯定，由於他本人只樂於研究學術而鮮少以此為業。所以，極盼望我能幫助社會弱勢或替迷惘者解惑，使之否極泰來、為其在人生旅途中找到曙光。

此種熱舉自當義不容辭，且要盡心盡力做到圓滿；而前提是：一般問題只要找自己信賴的老師即可，倘若是難解的疑難雜症，我很樂意為大家服務（ＦＢ搜索靜言）！願天下喜樂、平安吉祥。

中華易經研究所總監：

首席易經八字、占卜、開運講師

育達科技大學-時尚造型：

高階藝術講師

己亥年庚午月 靜 言

王莉蓉 序

睽違七年有餘，很榮幸有此機會再度提筆，於何師大作《易經八字神斷》出版前夕，獻上深摯的祝福與敬意。容我再次介紹自己，我乃何師前些大作《六十四卦應》、《易經八字還真》、《文王卦形態應用》、《易傳還真》、《六十甲子象義》之御用校稿者是也！

距離老師沒到台中授課的期間大約五年多，所以彼此間見面的機會銳減；拜科技日新月異所賜，盛行多款的通訊軟體，雖僅藉著其中簡單卻傳神的貼圖交流，自覺師生之情有增無減！

說來慚愧，這段期間因工作忙碌又有感自己不是塊學「易」的料，再加上莫名其妙的工作量增加，在客觀評估過自己「熱情有餘、智慧不足、努力不來」的劣勢下，覺得應該先把「易學」放在內心最「深」處珍藏，並借孔子名言以按捺自己：假我「退休後以學易」，必將餘生換此「深」！（有點乞丐許大願的心虛感）。

反觀近幾年的老師，幾乎都處於身體違和的狀態中，期間聽說有幾次差點「七日來復」（此處容我曲譯為「七天後回家」），話在事後說來相對輕鬆，請老師切莫見怪，因喜見老師日漸康復，做學生的遣辭用字也就不覺鬆散了。

猶記十多年前公司遷新廠時植了幾棵離根移植的墨水樹（俗名通天樹），多年來只見春夏的鬱鬱蔥蔥、秋冬的黃澄、禿枝；突然有一年第一次開滿茂密黃花，把樹態綴飾得豐盈、華麗、濃香撲鼻，當下竊喜得此眼鼻之福，豈知，原來這是植物遇到生命威脅時，以全生命綻放的展現，求達「傳宗接代」的使命。沒想到若干年後，這種傾囊傳承、無私大愛的情節，竟然再一次在我生命周遭上演！

「大師就是憂民」！與老師斷斷續續的訊息來往中，得知他於臥病期間經常無法起床，一天中能得些舒服時，唯一惦記要做的事就是起身書寫；只為將畢生研易所悟、所證，毫無保留地與後輩和愛易者分享，心中唯一的期盼，竟只是希望後學的我們能因為「易學」而樂於「學易」，能因得見易理真貌，進而善用所知、而至終身獲益無窮！如此熱血情操看在學生眼中，內心除了萬般不捨外，更有的是滿滿的敬佩。

承蒙老師厚愛，得此殊榮優先看過本書手稿（應該說是電腦稿才對）。猶記七年前我在《易傳還真》的序中，將老師比擬為書生（感覺當時老師還蠻陶醉的～玩笑話喔），七年後怎麼轉身一變，儼如「股市分析大師」？這個頭銜絕對會給得心服口服。不知道是誰說的：「複雜的事情簡單做，簡單的事情重複做，就能成為股市贏家。」我在看完幾篇檔案後暗自碎念：天啊！老師這次竟然完全顛覆以往嚴謹的「學究」風格，而選擇從「坤卦：易知則有親，易從則有功；有親則可久，有功則可大」的角度為著書出發點，這就好比請一位神人級教授去編撰低年級的教材一般。我們先不討論是否大材小用，我直覺老師除了「易理功夫」大增外，心靈層次也必定是同步昇華、回到初始之心，今日吾等才有幸閱讀到如此親民的精采著述！以閱讀此書後對於人心的正能量來呼應「可久則賢人之德，可大則賢人之業」，坤卦最崇高宗旨瞬間躍上紙面！

令人愛不釋手的還有「六十甲子牌卡」（甚至以「隨時都想把玩」來形容也一點都不誇張）。老師突發奇想，廟裡有籤詩為信眾解惑，如果能再結合「六十甲子」與「六十四卦」的象義解說，俾使更廣義地釋疑、揪出病因、即時用藥，那麼，自己三十載深度的易程之旅能對百姓有所貢獻，投入的心血也才具有意義，「六十甲子牌卡」於焉產出！

每張牌卡的「象示圖」都不一樣，是老師逐一取景拍攝或同好友情贊助得來（筆者其實有點「當知盤中飧，粒粒皆辛苦」的暗示，哈哈），所以諸眾可安心享用、但切莫刻意轉用喔！請發揮看圖說故事的想像力，既然《繫辭傳》告訴我們「是故易者：象也；象也者、像也。」那麼，只要邏輯沒有偏離自然現象，任何對「象」的聯想都是有助深入易理的。

「書生就是賣弄」！老師似乎不想褪下「書生」的外衣，竟然還給每張牌卡置入白話文的「七言絕句」，這段期間的我們有點時空錯置的迷亂與一絲絲的確幸，似乎「之乎者也」還難不倒自己、還對得住歷任的國文老師！貼心的老師除了要給你「好看」外（圖），還跟你「好說、歹說」（絕句中的吉凶悔吝），期以圖文並茂的方式，深入淺出引導初學者自學、自占而能無師自通；針對有基礎的同好，也能因這種「自然學習法」（以天地自然為師），就算在記性退化的未來，卻反增與時俱進的覺知與喜悅！

在此贅言殊多，皆因難掩心中崇敬與推介，與老師亦師亦友十餘載，感謝老師不因我資質駑鈍而鄙睨，更感謝有幸從師、道法自然而得平靜、知命之心境及運程。最後，我要引用我在《易傳還真》序中的最後幾句話與各位結緣：有意「一探易林」或「沉浮易林」者，保證看完本書後「易喜充滿」，並祈望諸眾也能享有我內心這般的喜悅！（七年前如是、七年後依舊如是）

中華易經研究所　王莉蓉

自序

八字學大家都耳熟能詳，自古至今，小孩子出生後往往都會請命理師排個命盤，以瞭解一生的概況；當今也甚多藉由命理來做為迷惑時的參考。坊間比較正統的祿命術是「四柱八字」和「紫微斗數」，因這兩種論命系統沒有因朝代背景而中斷，餘之學術大致都是東拼西湊而成，較沒有完整架構。但正統命理學因融入了易經、天文、地理、氣候、人文景象而易學難精，致使各種自創門派林立地在門縫中求機率。

余初學八字祿命時曾拜讀《滴天髓》、《子平真詮》、《造化元鑰》、《窮通寶鑑》、《神峰通考》等經典著作，其中字字珠璣，總覺得一旦能辨明五行強弱、定出格局，則人之一生定當難逃慧眼，且能「兩眼判明吉凶禍福，一筆斷定窮通富貴」。尤其上述巨著立論嚴謹、條理分明，更常引證天地自然法則，如「春木餘寒猶存，喜火溫暖調候，則有敷暢之美；藉水資扶，而無枯乾之患。」我常感慨地說，一種看似無誤的理論要害人最容易！還原古代時空背景，除了謀取功名外極難富貴顯達，況古代有嫁雞隨雞、嫁狗隨狗的認命觀念，故鮮少論及感情和人生所面臨的瑣事。

八字學的最大優點是以天干、地支為基礎理論，並結合了《易經》的八卦方位和辭文象義，即能探索人生中的任何事物，並可契於節氣、配合中醫理論以做為養生應用，可謂全方位的命理指南。當今五術氾濫已極，書籍或授課者已遍及各域且真偽難辨，相信諸位讀者身邊也不乏已學過五術之人，但有幾人能通解其義呢？初學者也許因能論準一些表面瑣事就以為已精通其奧，但再假以數年必感寸步難行。學問中必須富含智慧才能受用終身，否則即使窮背公式而能未卜先知又當如何？倘若您只是好奇者或尚未踏入五術門檻，也沒有太多時間或金錢投入學習，建議先研讀《易經》，即可因逐漸增長智慧從而改變人生觀，可免重蹈覆轍而步入諸眾後塵。

筆者研究五術至今已三十餘載，幸運的是入門就鍾愛《易經》，且愛不釋手地讀上千萬遍也不厭倦！於貫通象義當下，即廢寢忘食地將易理證釋於各類五術中，每每皆能產生令人嘖嘖稱奇的讚歎。如此便勿須再埋首古籍來窮背公式了！自從出版《易經八字》一系列的書籍以來，發現真正想深入研討的人極少，大致都希望一朝一夕就能對自己的命運狀況瞭若指掌。為了便於讓大眾能夠迅速掌握自己的命運趨勢，於是再度花費數年完成此著作。內容盡可能地以白話、淺顯易懂的方式來描述，且「理論」與「應用」兼具，非常利於初學或進階者研讀。

六十甲子中每柱都有吻合該柱自然象義的詩句，藉此詩句即可輕而易舉地明瞭每柱的吉凶概況，也能掌握最佳的進退時機。著作期間承蒙台中王莉蓉師姊和台南邱鳳得師姊鼎力校正，同時也要感謝留美權威巫淑玫中醫師指導疾病篇應用。

此著作除了能迅速理解八字外，筆者尚自創占卜牌卡並附上詩句，讀者可無師自通地藉此排除生活中的種種疑慮。創作牌卡與詩句的動機是：常看到諸多信眾遇到挫折時都會到廟裡抽籤解惑，卻苦於無法理解其中涵意又求助無門！因而晚上屢屢夢到似乎有神靈要我來完成此項任務，於是花費兩年的時間將它完成。初學者可誠心地隨機抽出一張牌卡，其中就會出現契合的詩句，必定讓您驚訝不已；若常到廟裡抽籤卻又不解其意時，也可以對照此書內容或牌卡詩句，則能更加明確。期盼此書對徘徊在人生十字路口者有正面的助益，更可藉每柱的解說做好防患措施，祈望大家皆得以平安喜樂。

己亥年辛未月　何棰鑨　敬上

第一章

認識陰陽五行

對八字學或陰陽五行稍有概念者，往往會覺得重複讀這些天干、地支形同贅言，但是若能悉心讀完，您必然會恍然大悟、茅塞頓開。舉凡所有的功夫都要紮穩馬步，不可能一躍登天！況陰陽學說必須道法自然，絕非窮背公式所能洞悉。

第一節 天干基礎

十天干：甲、乙、丙、丁、戊、己、庚、辛、壬、癸。

甲為陽木、乙為陰木。屬春季、居東方、應用數字為三、八。

丙為陽火、丁為陰火。屬夏季、居南方、應用數字為二、七。

戊為陽土、己為陰土。屬四季、居中宮、應用數字為五、十。

庚為陽金、辛為陰金。屬秋季、居西方、應用數字為四、九。

壬為陽水、癸為陰水。屬冬季、居北方、應用數字為一、六。

天干：可以判斷表面所見得到的一切事物，如外表容貌、行為、事業屬性及錢財多寡與人身安危。天干代表物象，地支則是季節和方位，當天干與地支相重後便會形成各種景象；如春夏期間必然春雨綿綿、百花盛開，秋冬當見纍纍果實及至遍地冰雪。由於天道本變幻無窮，致使地道事物興衰成滅，所以天干與地支相重後若出現不合理的景象，即可視為命盤中的「病」，如此就要運用陰陽調濟概念來下「藥」了。

第二節　地支基礎

十二地支：子、丑、寅、卯、辰、巳、午、未、申、酉、戌、亥。

寅為陽木、卯為陰木。屬春季、居東方、應用數字為三、八。

巳為陽火、午為陰火。屬夏季、居南方、應用數字為二、七。

辰戌陽土、未丑陰土。土主四季居中宮、應用數字為五、十。

申為陽金、酉為陰金。屬秋季、居西方、應用數字為四、九。

亥為陽水、子為陰水。屬冬季、居北方、應用數字為一、六。

地支：可以判斷內心世界，如善惡、忠奸，表面難以眼見到的事物都會暗藏其中。天干只能代表現象，不可當做季節和方位，倘若命盤中出現壬午柱，而壬主北方、午屬南方，即使該造的用神是水、火是忌神，我們依然要建議往南才會出現貴人，因天干只能代表現象，是告知該貴人的名字中可能會帶水字邊或住在靠水的區域。假若不具備這種邏輯，那麼就會變成只有北方會下雨，南方永遠都不會有雨水了。

第三節　五行相生

水生木、木生火、火生土、土生金、金生水。生是先天本能，猶如女性生小孩一般；但或許大家都忽略了生小孩的前置作業，即「一陰一陽之謂道」，而陰陽本是相剋，也因而才會形成相生。

甲是樹木、乙是花草，逢壬癸水皆可生木。但壬為長流水，主長期性的培育；癸則為無根之雨水，乃機緣性的扶助。乙是花草，屬短期榮枯的植物，所以謀事易虎頭蛇尾，就算用壬來長續生扶亦無濟於事，倒不如用癸水給它現成好處來得恰當；因此，乙見癸當視為「正印」，而甲木參天可磐桓千古，見壬水當視為「正印」。

丙是太陽、丁是星辰，逢甲乙木皆可生火。太陽在寅卯時昇起，故謂木生火，但現實生活中，花草樹木會去點燃陽光嗎？事實是太陽昇起後草木方可茁長（火反生木）。應用時乙宜配丙，因花草乘陽氣即可隨時開花結果；甲木本質逐長漸茁，遇丙只會疲憊不堪（故謂寅巳刑）；丁火長生在酉，夕陽光含遠紅外線，能緩步引領甲木至秋域而結滿纍纍碩果。

戊為高山、己為平原，逢丙丁火皆可生土。自然現象是陽光施普大地以育萬物。己宜用丙，即太陽照耀大地、萬物皆可普受其惠，見丁則會產生偏頗、不均現象；戊之高山宜以丁火星辰輝映，才會呈現山不在高、有仙則靈之境況。但應用時丁為己之「正印」，因己冠帶在未、臨官在午，而午未皆暗藏己土；戌中暗藏丁火為「偏印」，乃太陽西下後所形成的餘溫，故鮮少有正路功名者。

庚為氣流、辛為雲霧，逢戊己土皆可生金。造成氣流的主原是太陽蒸發海水所致，一旦氣流飄浮至天際後則會變成雲霧。高山有一體兩面，陽光不及的山腰處會形成辛金雲霧，地勢的高低則會導致溫差而產生庚金氣流。命盤中見戊戌、己未，無形中就會形成庚辛金，因地勢加上太陽昇降就會產生氣流，陽陷後戊戌之高山便會棲息雲霧。倘若不培養「無中生有」的想像力，還真不知僅有的八個字能看出什麼究竟！

壬為江河之水、癸為天上雨霖，逢庚辛金皆可生水。氣流和雲霧都夾帶著水分，當冷熱氣流相遇時就會形成蒸氣、雨水。庚見壬與見癸的現象不同，以天象言：庚金本當生壬水，因熱氣流往往會形成狂風暴雨，而天上密雲只會形成雨霖。其理乃庚金謂為將軍，必須遠赴沙場作戰，所以見壬水之象為「血流成河」，象徵必須勞碌奔波方有所獲；而水主言律，倘若見癸水則為「說客」，可不費一兵一卒即可「作戰成功」，乃能言善道、最佳業務員象也。

第四節　五行相剋

天干相剋：甲乙木剋戊己土。戊己土剋壬癸水。壬癸水剋丙丁火。丙丁火剋庚辛金。庚辛金剋甲乙木。

生剋之道實為福禍相倚，因生乃由剋而成，所以剋也是生的要件，如金無火煉將如何生水？「生」的表面字義含生扶之意，使人感覺可以輕而易舉得到庇蔭，但「剋」為剋制、限定，謀事若能得到適當的剋制反而容易成就大事，所以目前的「剋」即未來之「生」。

甲乙木可剋戊己土，戊之高山若種植大樹，雖會吸收土壤中的養分，但也能做好水土保持；倘若高山只見雜草乙木，若逢大雨侵襲，恐會造成土石流，故甲見戊當以「正財」論之。己土為平原，宜栽植乙木花草才易欣欣向榮，倘若只見己土而不見乙木，景象則形同沙地而無培木之功，故己見乙當以「正官」論之。

戊己土可剋壬癸水，俗云「兵來將擋、水來土掩」，乍看下似極合乎道理，但仔細想想，地球上的水分就佔百分之七十，而土何能以寡敵眾？自古就有河川氾濫致使死傷無數之例，所以土剋水只是一種狹義的概念。古今典籍常言當以未、戌燥土禦水方見功效，每每看到此謬論便感慨不已！大家都知道己或未是平原之土，地勢相對低漥，逢水侵伐時就會變成一片爛泥，表示自己都泥菩薩過江、自身難保了。戊或戌主高山或堤防，我們去海邊時很容易就可看到海水沖擊堤岸景象，那就要硬碰硬、一較高下了。辰是低漥水庫或海洋，凡逢大雨侵襲大地時，洪水必然會沿著溝渠導入澤中，所以用辰制水叫「引君入甕」。丑是冰天雪地，水流至此域就會凝結成堅冰，故謂「子丑合化土」；土主思想，而水為懷智之盜寇，用丑制水乃採教化、感召模式使其欽服。所以未與戌人元暗藏丁火（不懂水性），辰與丑皆暗藏癸水，暗藏乃主身懷之絕技，如此便知誰是禦水高手了吧？！

壬癸水可剋丙丁火，易經中的水火既濟卦與火水未濟卦都是水與火相重，既濟卦辭曰「初吉終亂」、未濟卦彖曰「不續終也」，皆言太陽具日昇日落情性，當太陽始昇時恰為春夏時序，此際有育物之功；太陽傾陷西方後則為黃昏或秋冬時序，喪失育物功能。所謂的水剋火，就是夕陽傾陷海平面時所形成的海天一色景象，也就是坤卦上六曰「龍戰于野，其血玄黃」之象，主水火交戰，易應意外、血光。河圖數二七同道火，二為生數，主黑白、是非，亦主第六空間事物；七為成數，主陽間色彩及今世事物；火與水其道相對，亦主天地無為育物之心。癸為太陰星，屬極陰之質，而癸水又為天上雨霖，乃水循環所致，所以也象徵現世報。我們常有自認自己是好人的執泥心態，但好壞皆由天地評定而非自我認為。我們可以不假八字用神，僅藉癸水來考證一下：只要八字中有癸水者，今世若行善積德，福報立即降臨，反之則禍害顯著。所以命盤中出現癸水往往必有一敗，或因心念所致吧！如能深悟此理，因果循環自可不言而喻。癸主陰雨，此際丙火太陽會消失，丁火溫度亦隨之下降，主天道之火竟然任由癸水剋之，實因癸猶幽靈領天命而執行因果，致使神佛依然要順應天道而避之。

丙丁火可剋庚辛金，剋的名辭應融入季節概念，非僅憑表面字義所能透悉。天干丙辛合化水、地支巳申合化水，水是育養萬物的主要元素，而火剋金就是驅動水的主要因素。剋含約制而使其得生之意，如庚金長生在巳，於火旺之域為何會形成庚金？深思其意，那不就應該是火生金才對？因此離火與乾金相重的卦才會謂為「同人」，所以丙庚是志同道合者，但與好友同謀必須彼此約束、克制。丁則與辛為「同人」，但也主前世的自己或冤親債主，因辛乃子水所化（辛金長生在子），而水本含記憶所致；丁則是天上星星，當我們看到星辰的光度時已經過無數光陰，由此或許可讓大家更進一步去省思什麼叫火剋金吧！

庚辛金與甲乙木的關係絕對是相剋嗎？應當視季節而定才合理。庚為氣流、亦主傳播，春夏季逢之可致使花草樹木遍地開花、茂盛；倘若秋冬逢之，則會形成肅殺之氣來剋伐木。雲霧密佈時會遮掩陽光，致使枝葉枯萎、柔弱不堪；但高山上的樹木如果長期不逢雨季，就會面臨生存危機，唯賴棲息山中的辛金雲霧化霖以潤。故山風蠱卦辭曰「先甲三日，後甲三日」，先甲就是甲木的前三干辛金，後甲則是甲木的後三干丁火，所以逢「甲丁辛」格可得到天地能量的蔭庇，而非古著十干選用法「甲丁庚」互用之謬論。

第五節　五行的特性與特殊格局

八字用神大致以身強、身弱為辨別吉凶的主要因素，且以「通關」、「扶抑」、「調候」為三大原則，並有諸多的特殊格局。沉淪此法則中雖有一定的準確度，如以強弱論，這是二分法，必有猜中的機率，但諸多久濡此法之大師，為何常持相反意見而爭得面紅耳赤？易理本以寡為用，是故，震卦一陽二陰而謂陽、巽卦二陽一陰而謂陰，以示一君眾民之道。例乾造「已丑、丙寅、癸未、乙卯」，乃一癸以濟萬物之象，一眼即知非尋常人物，故有眾多命理界理事長及大師級人物拜於門下。諸物皆含象義，若能洞悉其意，吉凶自然顯矣！還沉溺傳統法則者宜慎思，方免費盡心血而無功。

一、木的特點

木性曲直：曲指彎曲、直指伸直。木有向陽與向濕的成長特性，遇陽氣時可「挺直」向上生長；遇陰濕環境就會「彎曲」盤繞而長。曲直格詩訣：「甲乙生人寅卯辰，又名仁壽兩堪許；亥卯未全嫌白帝，若逢坎地必榮身。」傳統論命法則中，曲直格的成格條件是以木為重，日干除了必須是甲乙木外且要生於春季，地支則宜見寅卯辰或亥卯未合木局，柱中或大運流年不能有庚辛、申酉金剋之。

說卦傳謂「乾金為木果」，意指木成長到秋季所結成的果實，所以命格中滿盤皆木卻不逢金，豈非成為雜樹一叢？干支五行所含藏的現象極為深奧，若不法於自然而僅窮用公式，必然會淪於時準、時不驗的窘況。如：逢「庚辰」，乃春季傳播之氣，可使叢木更加茂盛，況辰土亦可培木之根；見「庚戌」則為肅殺之氣，且戌為九月收斂之土，當然不利木的成長。「庚申」更是七月的颱風，倘若命盤根基不穩必遭剋伐；「辛酉」可視為八月的果實，逢之必然為喜不為忌。

二、火的特點

火性炎上：火主太陽，當旭日東昇時，太陽必定冉冉而上。歌訣：「夏日炎炎火焰高，局中無水是英豪，執行木地方成氣，一舉崢嶸奪錦袍。」炎上成格條件是以火為重，即丙丁日坐寅午戌局，命格或大運流年不能見亥子水沖旺，否則必破敗受苦。

說卦傳曰：「天地定位，山澤通氣、雷風相薄，水火不相射。」火性炎上、水性潤下本不具相剋情性，但太陽終究會西下，因而形成水火交戰景況。倘若見「癸巳」或「壬午」雖不具相剋情性，但亦恐杯水車薪而無濟於事。逢「壬戌」為火已入庫，「癸亥」已至冬季又見天干癸水霜雪，依舊難達既濟功效。火主離卦、含生離死別之意，所以滿盤皆火實非吉兆。

三、土的特點

土性稼穡：稼穡指農作物，而農作物莫不依附在土地上生長，倘若土地不育萬物，豈非成廢墟？歌訣：「喜逢財地嫌官殺，運到東方定有凶，財星得遇堪為福，官殺如臨有禍連。」稼穡格指戊己日主生在四季之季月，四柱要辰戌丑未全，忌見官殺星、喜金水火；不宜見木來剋伐，否則必有傷殘或傷亡。

辰戌丑未代表四季之土，其功能有別；倘若命盤中只見丑戌土，逢木運當然不宜，因丑為冰天雪地之土，戌為秋季氣歛之土，此際植木則無存活機率；反之，辰是三月之土、利於培木之根，未為六月之土、利草木茂盛。宜觀知自然法則方能道盡天機。

四、金的特點

金性從革：革為革命、革新之意。澤火革卦六二爻曰：「巳日乃革之」，巳為火旺時序，凡革新事物宜等待此季，因巳為庚金長生之域。歌訣：「秋月金居一類全，名為從革喜連歡；如無炎帝來破壞，定作當權宰輔官。」從革條件為庚辛金日主生在孟仲秋季，且要逢申酉戌或巳酉丑會、拱成金局，忌行木火死絕之運。

要探討從革格時要先明瞭自然界的象義。庚金為氣流，也是太陽和樹木行光合作用所形成的氧氣，此際上升的氣流也會逐漸推移天空的辛金雲霧，使大地變得晴朗有朝氣，易理用這種天象來形容除舊佈新；辛金是太陽西下後所形成的雲霧，此際也因瀰漫著二氧化碳使人昏沉，易導致行為過失。易經澤天夬是乾兌兩金相重，而夬意為決斷、要除去兌金之意；我們可藉由夬卦九三爻來明瞭庚辛金的涵意，爻曰：「壯于頄，有凶。君子夬夬；獨行，遇雨，若濡、有慍，无咎。」壯于頄，有凶：頄（葵）：顴骨，用以保護鼻子，仿象金為呼吸系統、故謂鼻；又將乾視為正義者，上兌為口、為造謠叛亂者，以此引喻至陌域作戰，便任用當地士兵為嚮導官，卻惹來袒護鄉親之嫌。君子夬夬：夬旨為除去，夬夬指要斬草除根。乾體九三因本質剛健方能勇往驅敵。獨行遇雨：九三居乾卦之極又鄰上兌，故曰獨行。乾卦陽氣上升便可化除兌雲以成為雨霖；喻兩隊廝殺，敵方血流成河。若濡，有慍，无咎：濡（如）：沾溼。九三與上六相應，殺敵時衣服已沾滿血跡。慍（運）：怨恨。衣服沾滿血漬就可以證實全力以赴，便可解除同袍疑議。

命格中並見庚辛金時，兩個五行是無法並存的，再見丙火太陽就會形成亂流以驅散辛金雲霧。世間事物本好壞並具，猶從革見火就如同發現體內產生病變，或之前所謀之事已埋下弊端，此際理當斷臂求生。有一點也值得我們反思一下，倘若命格中並見辛、庚金就極易形成大腸癌，而丙丁猶如科技儀器，倘若未即時透過儀器檢查而發現病況，那到底是福還是禍呢？

五、水的特點

水性潤下：其性寒涼、時序為冬、與火違行。老子曰：「上善若水，水善利萬物而不爭，處眾人之所惡，故幾於道。」但水可載舟亦可覆舟。歌訣：「天干壬癸喜冬生，更值申辰會局成；或是全歸亥子丑，等閒平步上青雲，不見四庫官星美，申字當權貴無倫。」潤下格局不可見到戊己土或辰戌丑未官殺星，如見申子辰或亥子丑會成汪洋最美，西方助局也不差，北方旺局權勢高。

命格中水勢猖狂之際，若用土禦恐因形成「水多土蕩」、「沙石同流」而功虧一簣。唯四庫土情性有別，逢丑辰之禦水高手理當不懼。乾造：「癸亥、癸亥、癸亥、丙辰」，有位學員在網站平台看到眾多大師在評論此造是什麼格局，有人論從格、專旺格、潤下格……；正值爭議不休之際，他當場直斷：請問您是不是在海關工作？當事人回曰自己是海關人員沒錯，一時眾人啞口無言。綜觀卦象：坎水為車，而癸水可視為轎車、亥是大貨車，但此造三組癸亥並排，那不就是聯結車之象也（以癸為車頭、亥為車身）；再加上天干丙火為官員，水土相並為關界（國界或省份大致都以水為界），眾亥水排列等候入辰庫不就是海關之象嗎？真是將觀象法發揮到淋漓盡致的實證。

第二章

十神由來

十神即正財、偏財、正官、偏官、正印、偏印、比肩、劫財、食神、傷官。十神可明確地歸類六親及一切人、事、物，並可透由合、刑、沖、破、害來預知一切人、事、物的變化，方能及早做好防範。

十神理論是由「一陰一陽之謂道」而來，即一甲、二乙、三丙、四丁、五戊、六己、七庚、八辛、九壬、十癸，而契於河圖一六共宗水、二七同道火、三八為朋木、四九為友金、五十共守土。組合後就構成：甲為夫、己為妻；庚為夫、乙為妻；丙為夫、辛為妻；壬為夫、丁為妻；戊為夫、癸為妻。因而甲見己、庚見乙、丙見辛、壬見丁、戊見癸就成為「正官」。

十神建構理論極為嚴謹且有依據，因此自古延用至今。但大家或許都忽略了「一陰一陽之謂道」是一種理想，因陽剛之「甲男」娶了一位包容性極強的「己妻」，必然能長相廝守、白頭偕老。古代具三從四德和嫁雞隨雞、嫁狗隨狗的觀念，所以即使有再大的委曲也只能忍氣吞聲廝守到老，因而並沒有發現其中的問題。

儒家教導「中庸思想」、國父提倡「世界大同」，這些都是偉大的宏觀理想，但未必能如實實現。所以甲夫、己妻也只是理想而非應用學理，否則，天下夫妻皆能剛柔並濟、白頭到老，何來「怨偶」一辭？

自從提出正、偏「財、官、印」必須相反為用的理論後，常遭到各界學者的抨擊，甚至上課時有開館授徒的學員當場反嗆道：如此一改不啻是自斷財路，客戶會認為我們連正、偏都搞不懂了是要怎麼論命！他們聽完我的講解後，雖然已知道應當將正偏反用才合乎自然情性，但在教課或自己著作中卻隻字未提，深怕因此斷了財源。無奈的我，只能繼續為力爭真理、正義而孤軍奮鬥了。

第一節　十神解說

十神又稱「六親」，用以表述命盤中的人、事、物。日主天干代表自己，通稱「我」、為命盤中的「主體」，圍繞日主的七個干支為「客體」。以日柱天干的五行對應其他干支關係，就會形成不同的星性型態，其型態為：我、我剋、剋我、生我、同我、我生。

我剋：陽見陽、陰見陰，稱「正財」，
陽見陰、陰見陽，稱「偏財」。

剋我：陽見陽、陰見陰，稱「正官」，
陽見陰、陰見陽，稱「偏官」。

生我：陽見陽、陰見陰，稱「正印」，
陽見陰、陰見陽，稱「偏印」。

十神對照表

出生日	甲	乙	丙	丁	戊	己	庚	辛	壬	癸
正印	壬	癸	甲	乙	丙	丁	戊	己	庚	辛
偏印	癸	壬	乙	甲	丁	丙	己	戊	辛	庚
正官	庚	辛	壬	癸	甲	乙	丙	丁	戊	己
偏官	辛	庚	癸	壬	乙	甲	丁	丙	己	戊
正財	戊	己	庚	辛	壬	癸	甲	乙	丙	丁
偏財	己	戊	辛	庚	癸	壬	己	甲	丁	丙
劫財	乙	甲	丁	丙	己	戊	辛	庚	癸	壬
比肩	甲	乙	丙	丁	戊	己	庚	辛	壬	癸
傷官	丁	丙	己	戊	辛	庚	癸	壬	乙	甲
食神	丙	丁	戊	己	庚	辛	壬	癸	甲	乙

同我：陽見陽、陰見陰，稱「比肩」，
陽見陰、陰見陽，稱「劫財」。

我生：陽見陽、陰見陰，稱「食神」，
陽見陰、陰見陽，稱「傷官」。

第二節　正偏原理

十二長生法為長生、沐浴、冠帶、臨官、帝旺、衰、病、死、墓、絕、胎、養（要讀「掌生」而非「常生」，否則變「長生不老」，如何能與衰、病、死消長不息）。十二長生訣是用來統計五行運行於十二個月份中的旺衰現象。「長生」是物質形成之域，亦似人出生的地方，具備這種概念後我們就不難理解，為何要將正偏之財官印相反為用了。

要談十二長生的由來就要從天地始闢講起，因開天闢地後萬物才會始生。後天乾卦居西北宮位，其前一個宮位是兌宮，此階段為混沌時期，因兌卦的地支是酉、生肖屬雞，故謂混沌狀似雞蛋。西北乾宮為日傾月升之域，因陰陽兩氣於此交會，於是化生萬物；乾宮的地支為戌亥，戌中藏丁火、亥中藏壬水，因構成丁壬合化木而萬物始生。所以甲木是十天干的第一個五行，象徵地球之水分在南北極結成堅冰後，浮出陸地時地表皆是樹木，如此才得以育養往後的萬物。

既知甲木本生於亥域，亥理當視為甲木的生母，因亥藏壬水，故甲見壬當謂為「正印」。丙戊長生於寅，而寅藏甲木，因太陽由此域昇起方可逐照大地，故丙見甲宜謂為「正印」。庚金長生在巳，因庚為氣流，是太陽驅動的，故庚見丙宜謂為「正官」、見巳中戊土則為「正印」。壬水長生在申，壬是申月狂風暴雨形成的大水，故壬見申宜謂為「正印」。

十二長生有陽順陰逆法則，因陽為質、陰為氣之故。天地由北方子支定位，當有質之水往前流時，無形之氣則是逆行的；我們看太陽是順時針運行，但實際地球是逆時針自轉的，因此形成陽順陰逆法則。乙木長生在午，乙為花草或是樹木的枝葉，生長至午月時需賴雨霖滋養，而雨為癸水、午中也暗藏丁己，故乙見癸為「正印」、見己為「正財」。丁己長生在酉，丁為星星或燈光，當太陽由西方西域下山後，就能看見天空的星辰，此際也賴燈火照明，所以丁見酉為「正財」。又如辛金長生在子，子為夜晚，此際會形成雲霧瀰漫現象。癸水長生在卯，乃因春雨綿綿才得以育草木，故癸水為卯之「正印」。

以易經觀象法則去探索整體命盤概況時，其實五行季節變化才是重要關鍵，十神只是用來輔助類化事物，所以即使一時無法適應將正偏改過來亦無妨。大家不妨藉由周邊一些比較熟悉的人來驗證，即可立見真章。將正偏相反後觀盤，命盤只得「偏財」、「偏官」者必定感情、事業不順；只得「偏印」者則無法學以致用，且常借地而居或搬遷。但因八字的組成條件太多，相信所有的公式皆無法百斷百驗，只是讓讀者客觀、簡易地去分析，相信可使您少走許多冤枉路，或許也能讓藏在心中的疑惑一併掃除。

十二長生表

天干 / 地支 / 十二運	甲	乙	丙	丁	戊	己	庚	辛	壬	癸
長生	亥	午	寅	酉	寅	酉	巳	子	申	卯
沐浴	子	巳	卯	申	卯	申	午	亥	酉	寅
冠帶	丑	辰	辰	未	辰	未	未	戌	戌	丑
官臨	寅	卯	巳	午	巳	午	申	酉	亥	子
帝旺	卯	寅	午	巳	午	巳	酉	申	子	亥
衰	辰	丑	未	辰	未	辰	戌	未	丑	戌
病	巳	子	申	卯	申	卯	亥	午	寅	酉
死	午	亥	酉	寅	酉	寅	子	巳	卯	申
墓	未	戌	戌	丑	戌	丑	丑	辰	辰	未
絕	申	酉	亥	子	亥	子	寅	卯	巳	午
胎	酉	申	子	亥	子	亥	卯	寅	午	巳
養	戌	未	丑	戌	丑	戌	辰	丑	未	辰

第三節　十神情性

一、**正官**：正直保守，品行端正，遵循法規，任勞任怨，注重紀律，光明磊落，沉默寡言，不善變通，生活刻板，注重理想，目標實現。

命盤見正官星，謀求事物較能持之以恆，自己也會想創業當老闆。坤造主異性緣佳、感情較順遂；年月柱逢正官星容易早婚或有青梅竹馬的情侶。

二、**偏官**：默默耕耘，三心二意，心性仁慈，人情味重，不具魄力，宗教思想，偏好玄學，個性偏激，容易樹敵，處事衝動，缺乏謀略。

偏官主無法掌權之事或委曲求全的工作，格局佳者為副階主管。坤造偏官星多現者一生情感不順。

三、**正財**：講求信用，固定收入，正當保守，感情穩定，掌握欲強，腦筋靈活，生性執著，講求效率，現實利益，刻苦耐勞，應用謀略。

正財為我願意或適合謀取的錢財。年月柱出現正財星主早年謀求順利、異性緣好，感情與財運皆穩定。若在日時柱才見到正財星，主中年後諸事才會好轉。

四、**偏財**：豪邁不拘，心浮氣躁，用情不專，冒險投機，油腔滑調，委曲求全，不重原則，拖泥帶水，風流成性，圓滑幹練，不務正業。

偏財為將就環境、委曲求全所謀得之錢財，例：年輕人剛出社會先暫時打工謀職。年月柱若偏財星多現，無論男女，感情皆易無疾而終。

五、正印：溫文仁慈，正直無私，心智聰慧，欲望權威，好學不倦，穩定成長，重視名譽，瞻前顧後，墨守常規，不善應變，事親至孝。

主我樂意追求或學習之事，也為我能掌握的權力。年月柱見正印星主求知欲高，不但功課好且能學以致用，也容易擁有汽車和不動產。

六、偏印：執泥一面，性情孤僻，疑心病重，意志不堅，冷漠刻薄，不通人情，不滿現狀，虎頭蛇尾，多學少成，喜走捷徑，思想奇特。

主無法掌握的權力，猶副階主管；經常搬遷，在外租屋借地而居。格局佳、命格又具正偏印者，主不動產多或有房屋出租。偏印星多見者，喜追求多方資訊或經典，且易寄託宗教或玄學論說。

七、比肩：自尊心強，行為自主，凡事主動，立場堅定，重視情誼，較講義氣，冒險犯難，不懼強權，行事果斷，不滿現狀，接受挑戰。

比肩是陽陽、陰陰並見，象如男人只會做男人的事、女人只會做女人的事，並無特殊之處。命盤見比肩卻不見劫財者，主從事熟悉事務或堅守其職，但無創意巧思。

八、劫財：扶傾濟弱，不落人後，雙重性格，理論精闢，反應靈敏，注重運動，冒險犯難，善於言表，勇往直前，獨斷獨行，見風轉舵。

主多重技藝或高超技術，象如男人會做女人的事，女人也能承擔男人的事。劫財主能力好、腦筋動得快，但一生常周旋於錢財、感情諸事之間。

九、食神：喜好表現，崇尚和平，寬容善良，生活灑脫，無拘無束，缺乏耐心，行動力弱，善於巧辯，思想領域，不重外表，隨心所欲。

陽陽、陰陰並見必然無法盡洩，主多做少說、務實不誇大。也主不良的表現，一生總在默默耕耘中得到收獲。

十、傷官：具創造力，革新求變，個性放縱，博而不精，不守禮法，愛出風頭，感情用事，追求鮮事，舉止傲慢，破壞法規，勞碌奔波，風流好色。

陰陽同見必盡洩，主誇大不實或良好的表現。見陽生陰是有實力的表現，陰生陽則屬虛而不實，乃虛張聲勢之行舉。

第三章

八字及占卜應用解說

可用手機下載獨家設計專用的免費八字排盤軟體：Play商店搜尋「易經八字」軟體，輕觸視窗的年、月、日、時柱皆會跳出詩句；電腦則可搜索「中華易經命理網」，內有各類免費程式及教學影片。可輸入出生年、月、日、時並排出八字命盤。

六十甲子中每柱都有：象義、情性、事業、六親、姻緣、疾病、地理、大運。初學者可以先不用理會「象義」之理論篇，可先依日柱元神「癸亥」察看自己一生的概況，因日主代表自己的過程；結婚生小孩後或四十六歲以上者，可參考時柱「乙卯」以瞭解子女、交友、人際現象。（附表為例）；尚未結婚或三十歲前則可以酌參月柱「辛未」的現象，因四柱排列也代表所經歷譬如二十六歲時是行「甲戌」大運，則要至甲戌柱最後面的大運篇，察知該十年的窮通及要注意的事宜。

學過八字的人可依每柱的象義套入宮位以瞭解六親情狀，也可藉由十神的關係去對照該柱情性，待應用自如後即可暢所欲言。猶記二十年前剛打好初稿時，就有全球各地的知名人士前來函購，甚至有遠至美國華人街的命相師、日本、韓國、馬來西亞、新加坡……（當時售價六千、真抱歉）。自今靠此本「初稿」與《六十甲子象義》及「教學影帶」賺到家產的人已不計其數。為了嘉惠更多群眾，再投入數年光陰將它整理得更周全、更白話，祈望能為命理愛好者做出些許貢獻。

陰女 **易大師** 【西四命—兌命】
陽曆2019年07月14日02時51分【星期日】
陰曆2019年06月12日丑時生【1歲】
逢丁、王年10月13日交運

偏印	元神	偏印	
辛 丑	壬 子	辛 未	
己癸辛	癸	己丁	
偏劫偏 官財印	劫 財	偏偏 官財	

偏官	正官	偏財	正財	傷官	食神	劫財	比肩
79 己卯	69 戊寅	59 丁丑	49 丙子	39 乙亥	29 甲戌	19 癸酉	09 壬申
乙	甲丙戊	己癸辛	癸	壬甲	戊辛丁	辛	庚戊壬
傷 官	食正正 神財官	偏劫偏 官財印	劫 財	比食 肩神	正偏偏 官印財	偏 印	正正比 印官肩

38	37	36	35	34	33	32	31	30
2056	2055	2054	2053	2052	2051	2050	2049	2048
丙子	乙亥	甲戌	癸酉	壬申	辛未	庚午	己巳	戊辰

陰女易經八字神斷【西四命—兌命】
陽曆2019年07月25日05時49分【星期四】
陰曆2019年06月23日卯時生【1歲】
逢甲、己年2月10日交運

食神	元神	正印	正官
乙 卯	癸 亥	辛 未	己 亥
乙	壬甲	己丁乙	壬甲
食 神	劫傷 財官	正正食 官財神	劫傷 財官

正官	偏官	正財	偏財	食神	傷官	比肩	劫財
76 己卯	66 戊寅	56 丁丑	46 丙子	36 乙亥	26 甲戌	16 癸酉	06 壬申
乙	甲丙戊	己癸辛	癸	壬甲	戊辛丁	辛	庚戊壬
食 神	傷偏偏 官財官	正比正 官肩印	比 肩	劫傷 財官	偏正正 官印財	正 印	偏偏劫 印官財

10	9	8	7	6	5	4	3	2
2028	2027	2026	2025	2024	2023	2022	2021	202
戊申	丁未	丙午	乙巳	甲辰	癸卯	壬寅	辛丑	庚子

第一節　宮位說明

年【己亥】年柱為祖上宮位，行限為一至十五歲，主「先天」遺傳基因，可論斷祖源及早年的家庭環境。年柱離日主較遠，可視為「香火」及「風水」事宜，約八歲後年柱就會往月柱行進，交易後則吉凶顯矣。倘若年月逢刑、沖、合、害或化退神，「香火」或「風水」必有問題。

月【辛未】月柱為父母宮位，行限為十六至三十歲，主少年時的環境及求學階段，此階段與父母親的關係較密切，可用以察知家庭情狀，約二十三歲後月柱就要跟日柱交易比較。月柱比鄰日柱，亦可藉以測知「陽宅」格局。

日【癸亥】日柱天干謂為元神、代表自己，地支為夫妻宮或自己的內心世界，日柱行限為三十一至四十五歲，約三十八歲後就要跟時柱交易比較，觀交錯是否得宜，即可評斷出吉凶現象。

時【乙卯】時柱代表子女及外面接觸的朋友或事物，行限為四十六至六十歲，約五十三歲後就要與年柱交易，兩柱相互交錯，即可窺曉其人追求目標為何。

第二節　六十甲子能量應用說明

六十甲子中每柱都附能量數值，如甲子為「十二」、甲寅為「九」。這是我用科學能量儀所測出來的每柱先天能量，為了求得更準確的數值，特別再委託一位靈修三十餘年的「徐師兄」，分別針對個種現象逐一測試，以力求其準確度或誤差不可過大。但要先說明這與命格高低並沒有絕對關係（只作參考用，因尚需配合整體命格。但用於先天福報或今世作為其準確度甚高），所以即使自己八字中的日主或四柱中能量總值不高也不用太在意。

為了驗證能量測試後的準確度我用了好幾種方法！

一、徵求多位身體狀況不一的人來測試，結果帶病者的能量為三至七，甚至會更低；身體狀況特別嚴重或運勢低、卡陰者會呈現負能量。一般人的平均值是十到十五之間，經常運動或年輕力盛者約在十五至三十之間，精進修煉者大概在三十到四十五之間，少數特殊靈修者或運勢正處亨通階段者則會達到五十至七十左右。

二、我用幾間經過規畫後的陽宅來測試，而陽宅有四個吉方、四個凶方，測試後其正負能量竟然完全吻合，於尋找方法後竟然可以改善。

三、家中閒置一塊「X好運」的牌匾，有次一位通靈的學員來訪，她看著那塊牌匾直說為什麼要擺這個東西，那個牌匾顏色及字體都不對，致使有不好的靈體附著，當時我以其怪力亂神而一笑置之；機緣下和師兄一起測試後竟然真的呈現負能量。

四、我找了一堆書籍及著名五術大師的書來測試，其中有位南部教八字老師的著作（學費二十五萬），測出的能量僅三；另一本陽宅堪輿書（學費三十萬），測出的能量是五，其他呈現負能量者竟比比皆是，心疼之餘只能建議讀者要格外謹慎，不要著相於跨大言論及文辭之美，以免勞神又傷財。好奇之下取出拙著，測出後的能量竟然高達近三十以上，但這些數據值純屬參考，唯每項數據至少皆經過重複兩次以上的測試所得，而所測答案絕對無愧天地良心。

雖然家族是幾代傳承的製香事業，但我一向是不太迷信的，也不喜歡怪力亂神，學習五術只是抱持探索真理的態度。上課時常跟同學開玩笑說：當初會研究命理是因為「大家樂」盛行，目的是想算明牌，後來不知不覺就「誤入歧途」而無法自拔了（但至今尚不太相信算命、風水這回事，只是不斷地在考證學理真偽）。

經過客觀地統計「科學能量儀」所測出來的結果後，我又從周遭找出數十個熟悉的八字來對照，發現顯示後的準確度非常高，才會千拜託萬拜託，請「徐師兄」逐一測出六十甲子每柱的能量並記錄下來。每柱中能量較高者，體質或福報也許與生俱來就比較好，但因果方面因涉及層面較廣泛且理論較深奧，必須具《易經》學理基礎才能理解，因此只能在進階的《六十甲子象義》一書中詳述。

山水蒙卦辭曰：「初筮告，再三瀆，瀆者不告，利貞。」辭意為：要堅信無欲時所占得之答案，倘若結果不吉而再三占卜則不願告之；應深思反省第一次所占，並力求改善方法。當我測出自己日主和四柱能量並不太高後，雖然有些沮喪卻也非常欣慰，因為可趁有生之年及時警惕、修省。八字命盤屬先天，是與生俱來且無法改變的，當測出自己能量較低時，宜修心養性、多運動健身，則可藉由後天行為加以改善，而能量較高者則宜更加珍惜，再創來生高峰。

至中老年後身體狀況相對會逐漸走下坡，所以要留意該「大運」的能量高低以及早做好防範；平時除了可藉適當的健康飲食補充營養外，經常性運動、保持好心情、生活作息正常，也都有助於改善的。相信抱持正念、行善、養身的概念，都可以提昇正能量，如此，每個人都有機會追求健康美好的人生。

第三節　易經甲子神占

《易經甲子神占》旨在闡述中華國粹，宏揚先賢智慧。每張牌卡皆費盡心思，內容結合「易經卦理」、「六十甲子」、「自然圖騰」，以圖文並茂的形式來表達所含括的意境，並可藉此解讀自然界所包羅的一切現象，是全球首項獨一無二的自創占卜工具。牌卡中以「六十甲子」與「六十四卦」為基礎理論，其功效之神奇不僅只能用在占卜，更可解讀八字學理和做為坊間它項占卜的代替工具，可謂一卡在手、功用無窮！

占卜前請先靜心默想欲問之事，並恭唸請神咒：「恭迎伏羲祖師定體明乾坤，敬請文王周公示用轉吉祥。」（牌卡的盒上亦可見），這句請神咒似乎與眾不同，是筆者在半夜接到訊息後即刻起身記下的，經無數次驗證後確定其效用果然不同凡響。各類的占卜工具，所得結果準確與否皆攸關心態，切記：用三分的誠心，得三分的感應；以十二分的誠心，得十二分的感應！祝大家皆得以趨吉避凶、吉祥如意、平安喜樂。

第四節　應用方式解說

一、初學者可以先練習單純問題，即虔誠地隨機抽出一張牌，對照詩句吉凶以為應對，並從四句詩辭中找出您欲問的事項，相信定會讓您有意想不到的答案；但牌中大致只會出現兩句相關的詩句，因牌是契應所有事物，所以不相關的詞句不用理會。有對待性的問題可抽出三張牌卡：第一張代表自己，第二張為欲問的人、事、物，第三張則是結果或協調方法。有學過八字者，可把第一張的天干當做「元神」來對應其他十神，即可未卜先知地預測出欲問的瑣事吉凶。

二、可抽出五張牌卡來占卜八字，要以年、月、日、時為排列順序，最後一張牌卡可當做大運，即可不用生辰而預測出近期運勢與吉凶。也可以直接取出與自己八字命盤相同的牌卡，再將四張牌卡中每柱的詩句對照本書內容，即可瞭解六親概況和目前運途吉凶，以做為進退及應對之參考。

三、抽出九張牌卡佈於九宮格上，順序為一、中宮，二、後玄武，三、前朱雀，四、左青龍，五、右白虎，六～九則依地支丑（東北）、辰（東南）、未（西南）、戌（西北）之方位佈完九宮，如此便知陽宅哪個方位有弊端，並可找出調整的方案。

四、可用十二張牌卡排出紫微斗數命盤，即可測出十二宮位的概況，測出吉凶後也可以用易經理論尋找改善方法（請參考吳中誠老師的序文）。

五、《易經甲子神占》牌卡中的詩句也可以對應廟宇「傳統籤詩」，則能更寬廣地瞭解自己欲問之事。對易經比較熟悉的人，可用「六十四卦」為主要論述理論，並可依上述的方式占卜各類問題；亦可將象義、圖騰融入塔羅、象棋及色彩改運密碼中靈活應用。

此牌卡匯聚各種理論與象義，並集諸家占卜方式之優點於一身，可增加占卜內容的豐富性與互動性，並可突破既有的占算模式而成為最新潮流的占卜技法。當自己或親朋好友有迷惑時，可藉此尋找到最佳的應變對策；熟練後便能料事如神，即可身藏絕技以遍行天下！

第五節實際例子應用解說與練習

占卜實例一

戊戌年，某媒體主管問己亥年事業推廣如何？

抽得牌卡：一、丁未　二、癸丑　三、丙戌

一、天干癸丁交戰：主人事糾紛；二、地支未丑戌三刑：代表變動極大和職務不穩；三、丙火入庫於戌，且由丁至丙為火化退神：代表火將熄滅、喪失舞臺之象。筆者斷其來年清明節後會因公司人事問題致使動蕩不安；果於己亥年戊辰月主管和助理兩人皆離職，應戊辰月乃戊土合去癸水官星之故。

占卜實例二

某人問投資國外虛擬貨幣吉凶如何？

抽得牌卡：一、庚申　二、辛卯　三、癸丑

一、庚申（乾為天）為颱風襲捲：象徵來自國外且是大筆的金額，回曰：已投資一百多萬。

二、辛卯（澤雷隨）：隨卦是跟隨他人之道，象徵是朋友引薦的，回曰：是二十幾年前介紹我到公司上班的老朋友。三、癸丑（山澤損）：癸丑是結冰之象，損卦也明示已經損失，回曰：已經一年多沒消息了。

占卜實例三

己亥年問近期運勢如何？

抽得牌卡：一、戊辰　二、丁巳　三、丁未

以第一張天干「戊土」為元神，那麼「辰未」就是「比劫」、代表兄弟姊妹。第二張丁巳至第三張丁未為火化進神，斷是否想異動找房子做事業？回曰：正想覓點找店面開寵物店。筆者建議今年尚不宜！因己亥年巳印逢亥沖，找不到合適的地點。回曰：確實找了很久一直沒找到，而且租金也太高。再看丁未詩句「犬牛相遇多異變」，犬就是戌年，與未逢刑又辰戌沖，代表比劫之兄弟姊妹有意外。回曰：去年妹妹過逝了。斷其是否因癌症病逝？回曰：您怎麼知道的？因戊辰詩句「山阻風行易致蠱」，乃因罹患肺腺癌而辭世。斷其居宅氣流不暢且在房屋角落處有幽靈，宜保持空氣通暢且可點一盞黃燈；回曰：的確如此，雖知有幽靈，且已請多位高僧誦經制煞多遍，最終人還是走了，真的太慢認識老師了。

占卜實例四

占陽宅風水如何？

抽得牌卡：一、中宮—丙午離為火　二、前朱雀—雷地豫　三、右白虎—庚寅天雷无妄

斷房子採光良好，住後企圖心會變強且人緣會變好；因豫卦辭曰「利建侯行師」，即牌卡詩句「建侯行師當乘勝，攻城掠地擴疆域」。回曰：真的是如此！再斷居家的右邊白虎方有型煞且風煞很大，即牌卡詩句「無妄之災總難免」，但你那個方位剛好有陽臺，只要放三棵黃金椰子盆栽即可化除（因寅為木、數為三），結果全部命中，且至今皆平安順利。回曰：之前花兩千元去占塔羅牌，答案全部都不對，今天果真大開眼界了。

占卜實例五

何時會開運？

抽得牌卡：一、戊子　二、壬子　三、己未

戊子牌卡詩句「雲中月圓幽靈繞，引渡往西樂昇平」，已告知身上卡很多陰物，由「戊子」得知陰物是在山上卡到的。回曰：我是原住民，至少有五個通靈人士說有許多幽靈跟著我。第二張「壬子」：自坐陽刃、本身沒宗教信仰又是不信邪的人，所以都置之不理，致使從出社會至今謀業諸多不順。「壬子」至第三張「己未」乃水利西南，又子未害會刑出辛金「印星」，我說：

您機緣未到凡事無法強求，待中年時有宗教概念後自然就會去處理，即可大展鴻圖。

占卜實例六

投資的房子吉凶？

抽得牌卡：一、己丑　二、丙子　三、丁亥

天干透丙丁為印星，地支又亥子丑三會水局，丑為地基、子亥為地下幽靈，又丑中辛金與子亥中暗藏的壬水構成「辛壬癸」地下三奇，我心想怎麼會有兩個地基主（辛癸是坎兌同宮、為原來的地基主，壬水則為外來入侵者），故問：您的房子是不是很寬，跨越兩個地基，否則怎會有二個地基主？回曰：我房子的確很寬，但有沒有兩個地基主我就不知道了。十餘天後占主驚訝地來電告知，房子已購置六年，經我解說後詳細去了解，這間房子竟然還有別人的戶口（有戶口會影響稅則），連當初賣他的仲介都不知道，如今當謹慎去處理。

占卜實例七

按牌卡抽出八字命盤論斷。

抽得牌卡：一、丙午　二、丁酉　三、庚子　四、癸未

有位朋友來論命八字時，用牌卡抽出她的命盤，第一張祖上宮位是正官星「丙午」柱，詩句

曰「繼明天下可登科、身藏利刄闖江河、廉節無懼雲蔽日、一生自重名利得」，她當場起雞皮疙瘩且淚流滿面，而曰：我父親是偵辦一九九六年周人蔘電玩弊案的法官，因涉及貪污弊案的官員甚多，唯她父親雖分文未取，但為考量眾多家庭恐將支離破碎、毀於一旦而不願做證供出同事，因此被上司陷害而列入共犯；期間因每天都上頭條新聞，於是家人因出門就受到歧視而耿耿於懷。

第二張「丁酉」，為月柱父母宮，詩句曰「初吉終亂夢成空、喪馬勿逐靜候冬、善緣廣結甜果現、異宗求同方建功」。初吉終亂夢成空：她父親本具「包青天」美名，一心想為民伸冤，卻淪為階下囚。喪馬勿逐靜候冬：馬是午火，象徵正大光明，也為一個人的名譽；一九九六年為丙子年，而丙之太陽運行不息、紫微謂「天馬」，喪馬為子水剋丙火，也是「明入地中」之象，因而蒙冤；勿逐靜候冬：此際強求也無濟於事，因丙子年為太陽已落陷，但太陽本運行不息，來日太陽高掛天際時自可真相大白。善緣廣結甜果現：她父親清廉而廣獲同澤敬佩，入獄半年期間因大家都心知肚明他是含冤的，所以也極為禮遇。

至二〇一六丙申年為太陽高掛天際，該年法官雖然含冤而逝，在教堂為父親辦追思會時，她隱約聽到耶穌在她耳旁道：他是無罪的，且有釘在十字架替眾生贖罪之大愛精神。從那刻起，藏在心中二十年的大石頭終於落下了，且依稀看到父親身著白袍，胸前還有個非常大的十字架，頓時才體會出父親的偉大博愛精神。

她本來是虔誠的佛教徒，也具「虛空老母」的靈體，自從耶穌事件後改信基督教。天地神佛可能都如發射站一般，隨時都在發射訊息，但世間凡人卻不一定能接收到。此造日主為庚金，凡命盤中見庚、申金者，與耶穌的頻率比較容易互振共鳴。異宗求同方建功：句示宗教雖然不同，但都在教導世人行善積德、建立功業，只要方向對了，一切就隨自然因緣吧！

占卜實例八

某女子問為何久病不癒？

抽得牌卡：一、辛亥　二、壬子　三、壬午

有位學員抽出此三張牌卡，呈現金水旺剋去午火的現象，此牌卡「壬子」見「壬午」為陽刃透干剋去午火，此象極凶。此人長期病魔纏身且失眠，每晚都三點多就起床而無法再入眠，所以整天全身無力、無法工作、痛不欲生。學員雖知凶象，卻不忍心告訴她，於是求救於我。

牌卡出現「辛壬癸」地下三奇，我一看便知是幽靈纏身（卡陰），於是請主人拍下家中的佈置給我看。我看她大門位置尚可，因有看到招牌，所以問這間店生意很好吧？回曰：生意是不錯。看到主臥室後讓我非常驚訝，竟然牆壁整排都擺滿塑製的衣櫃，且一半是紅色系，一半是藍色系，跟牌卡所呈現的水火交戰竟然一模一樣，而且衣櫃還面對著整張床，所以建議她盡速移除。

此位學員去看過她家陽宅，格局確實有些問題，但大家要特別注意，陽宅除了巒頭、理氣外，室內擺設也非常重要，甚至連窗簾顏色太暗則會完全遮掩光線，或色系與裝潢顏色不協調都會出現問題，因顏色也具五行能量，這些都值得大家去留意。

占卜實例九

占新修祖宅的風水吉凶？

抽得牌卡：一、中宮—甲戌　二、後玄武—甲申　三、前朱雀—辛未　四、左青龍—丁亥　五、右白虎—風火家人　六、左後方丑宮為己未　七、左前方辰宮為甲午　八、右前方未宮為丁丑　九、右後方戌宮為戊申

斷一：中宮甲戌猶阿里山神木，此宅必定坪數大且室內佈置得古色古香；回曰：祖宅位於苗栗獅潭鄉，是山邊大面積的空曠地勢。因該人也是五術老師，他道：神奇的是中宮甲戌也為宅主，而他有六個兄弟姊妹，召集翻修此宅的二姊日主正是甲戌，真的好巧！

斷二：後玄武—甲申是澤風大過卦，此方有對到型煞；回曰：此方的確對到壁刀，正為此傷腦筋。

斷三：前朱雀—辛未，前方有小廟；回曰：是土地公廟。

斷四：左青龍為丁亥、象為燈塔，且有指引迷途之象，問該方是否有一盞燈光？回曰：是一

間教堂，其屋頂有一盞燈長點不滅。

斷五：右白虎方為風火家人卦，是否家族都在此域聚會談心？回曰：是的，因那邊比較寬敞。

斷六：左後方丑宮為己未，必有寬闊的平原草地；回曰：的確那邊正如您所言。

斷七：左前方辰宮為甲午，該方光亮且有樹木；回曰：那邊是大門來路，真的採光好且風光明媚。

斷八：右前方未宮為丁丑，丙為政府單位，丁則是較小的公家機構；回曰：是警察局。

斷九：右後方戌宮為戊申，乃水風井卦之象，是否有一口井？他聞言後當下站起來拍案叫絕，直說當今社會還能斷出有井，真的太不可思議了！

我說：您的祖宅是旺丁之宅，因陰宅重山、陽宅重向，而您屋前的宅卦出現甲午、辛未、丁丑，已構成甲丁辛格局，即山風蠱卦「有子考无咎」之象，所以會旺丁。這下他嚇呆了，並嘖嘖稱奇道：我兄弟中共生了十一個男丁，想生女的都生不出來。於是一口氣買了六十副「易經甲子神占」牌卡，想積極去推廣，以便於學員入門及為諸眾解惑。

因篇幅之故，往後會陸續提供新的驗證實例或現場占卜影片，歡迎加入臉書《易經八字新論》或《易經六十甲子神占》群組，共同來研究、分享心得。

六十甲子各柱象義

甲子：十二

冬木潛藏蓄謀昂　狂妄逆理必見傷
兔臨龍護助虎變　屆時名揚利亨昌

【象義】

甲子的自然現象是寒冬獨立不懼的樹木。天干甲的五行屬木、代表春季；地支子是農曆十一月，節氣是冬至、小寒，時間是晚上十一至凌晨一點，在易經元亨利貞四象中是屬貞的冬藏季節。子水為冬季液態的水，會逐漸凝成固態的堅冰，象徵意志堅定，謀求極具耐心但心性執著。固態的冰雪須見夏天的丙丁火才能溶化，即逢新鮮、亮麗的事物才能瓦解其心防；謀求階段要孤軍奮鬥，且要久頤待時，才能得到良朋益友的資助而求得亨通（因春季來臨枯樹會重萌新葉，葉子為乙木、比劫）。

風雷益卦彖曰：「凡益之道，與時偕行。」益卦是教導順從自然法則而獲得利益，與「順天者昌，逆天者亡」同義。六十甲子中每柱皆含有象徵，猶甲子為冬天的老樹，此際為冬藏時序，宜「冬木潛藏蓄謀昂」先默默高尚其志，倘若逞強謀求必然會「狂妄逆理必見傷」，但四季是循環不已的，適逢春夏即可「兔臨龍護助虎變」，可將平時蓄養的才學發揮而「屆時名揚得亨昌」。

此柱自坐十二長生「沐浴」位，命理將沐浴喻為桃花，一生要防桃色風波。甲子須配春夏柱或逢春夏季節姻緣才會出現，否則心理桃花會大於實際。此柱自坐「偏印」，象徵求知欲望高，但不易學以致用，一般是異路功名居多。甲子為寒帶植物，寒帶植物因要敵禦寒風侵伐，所以樹皮會比較黑且厚；象徵表貌仙風道骨、不怯生但不善外交，乃因寒木寡欲且孤立無援也。

【性情】

同宗同氣、意志堅定、好學不倦、特殊才藝、獨立自主、心思細膩、穩定保守、幻想不實、流於空想、人老心幼、積年累月、成敗得失、轉守為攻、思想執迷、不喜交際、心直口快、不擅表達、自以為是、個性懶散、易迷易陷、多學少成、有始無終、屯積居奇、狐潛鼠伏。

此柱可契於易經䷧雷水解卦或䷂水雷屯卦。解卦象曰：「君子以赦過宥罪。」象義為甲木長生在亥，必須歷經亥子丑寒冬的黑夜過程，至立春寅支後才能逐見光明；象徵幼年時期個性叛逆，挫折及意外事件多，且易因外界環境引誘而迷失犯過。平時處事也不夠細心，往往會大意失荊州，宜「夕惕若厲，无咎」，即要終日省思平時所為，才能避免養成習慣而積惡成弊，和發生重複過錯。

屯卦辭曰：「勿用有攸往，利建侯。」象義為冬季樹木必須先蓄養、紮穩根基，待茁長後則不懼一切惡劣環境的挑戰，所以平時要多鑽研才藝、培養一技之長，再待時發揮；也象徵中年後可由勞力轉為智慧、技藝形態事業，而此過程往往是平常累積興趣而成的經驗，致使經濟漸入佳況，人生中也會對宗教玄學產生興趣。

【事業】

具堅定的意志力，對自己的事業會鍥而不捨的去鑽研，以求精進。適合從事：公職、技藝、設計、業務、策畫，及學術研究或屬流程規畫性質之事業。

學習或創業過程難免會走些冤枉路，所以要先投石問路、先求穩定，不宜衝動盲目擴充，以減少不必要的損失。可成立個體性質事業或在私人公司任職，但因企圖心不足，致使競爭力不強而不易受到上司器重或升遷。年輕時期易從事勞力奔波形態的工作，至中年後易轉型智慧形態之事業。

思想行為和言語太過直接，宜防不知不覺得罪人而不自知，應善求修飾才不致產生溝通爭端。女命的人際關係及事業手腕大致比男性優越（尚需配合命格）。創業初期往往因能力或經驗不足而選擇合夥，但要特別提防朋友的表面功夫，因樹木逢冬枝葉必然會凋零（比劫），易出現大難來時各自飛的現象，因此一生中都容易吃朋友的虧，故在事業經營上應以保守為宜。

甲木坐子，天干甲木象徵春季，也是自然界的「正財」星，乃商業行為，象徵求財的欲望；但地支坐冬季、氣斂子域，往往因思想不夠靈巧積極而難以配合實際行動。卦象似「水雷屯」，易為圖厚利而囤積貨物或學術技藝，等時機成熟再抬高價錢出售，但倘若是投機行為，則會求益不成反得損；反之，技藝營銷或學術類則可日益月滋。

【六親】

祖上緣薄，父母間代溝大、感情不睦。與父親思想差距較大且少交談，和母親關係較密切且可彼此細訴心聲。兄弟姊妹情誼佳，知己朋友也不少，但實質助力皆不大。少年時期環境較差，在求學階段挫折較多，也易因一意孤行導致行為偏差。交友要謹慎，不可太過重義氣或只相信表面功夫，而造成不必要的傷害。

【姻緣】

男性處事雖然不是很積極，但能體諒他人，談吐又風趣，所以可獲得異性青睞。女性有魅力，商業能力強，擇偶傾向處事幹練又具內涵的人。甲子柱自坐桃花星，異性緣極佳，求學階段就有與異性交往的機會，但往往無法有情人終成眷屬，所以交往過程感情不宜陷得太深致使無法自拔。甲木久溺水中必然欲振乏力，倘若命格中四柱不逢春夏時，此柱即使是男命的「財星」或女命的「官星」，也不見得就會出現姻緣，所以往往會因已值適婚期而將就選擇對象。但本身自坐桃花，無論男女皆宜防桃色風波。婚配對象選擇參考：牛、虎、龍、雞的生肖。

男性：喜歡年青貌美，身材好又豐滿的少女，也常因環境因素而促成雙方交往。另一半容易有婆媳代溝，自己如同夾心餅乾不斷被擠壓致使處境左右為難，但會因為創業分居而解除窘境。天干甲木向陽，地支子水內斂，致使情性思想差異大、生活缺乏情趣，若無法溝通得宜易導致婚變。

女性：能力雖然很好，但個性純真，對感情抱持幻想。婚後易因互動不佳而淡泊婚姻。甲子日的個性很直爽，但主觀意識很重，所以夫妻易因不善表達內心情感，致使生活缺乏情趣，因而雙方都有可能選擇宗教或學術做為心靈依歸。子女不多，生男的機率較高。

【疾病】

先天宜注意風濕、筋骨、肝膽、脾胃、失眠、眼疾；後天要小心因車禍、意外引起的肢體傷害。甲木與己土為天干五合化土，甲屬頭、膽；己屬腹、脾；地支子水屬會陰、耳、腰、液、溺。甲己合的自然現象就如一棵樹木依附在什麼土壤上、吸收怎樣的水分，成長後必然就會呈現該有的景象；倘若土質水分不良，就會產生病變。後天八卦以東北艮宮劃分事物終始及前世今生因果，而地支子水居艮宮之前，乃屬幽域；天干甲木居艮冬之後，象徵萬物已獲重生，所以

「甲」重「子」則成「水木自親」及「人鬼同行」，象徵與鬼神玄學淵源深厚。

解卦象曰：「君子以赦過宥罪。」陽面事物是悔過自己的行為，但所有經典都是「以陽證陰」，即用看得到的事物去證實看不到的事物，以求得陰陽相對論。所以解卦實義是要時常向前世的冤親債主懺悔，才能免除一切業障。

此柱木久浸水中，必然日久弊積，子支又為深夜，所以中年後易患失眠症，可利用針灸或按壓神門穴、三陰交及安眠穴來改善失眠問題。又肝屬木，木喜調達，平常要注意心情的放鬆，除了有好的心情和睡眠外，也可藉由平時的飲食調理肝膽經絡。養肝血宜多食用綠色食物、新鮮蔬果，除了新鮮蔬菜水果外，豆類、蛋白質等營養素亦可促進受損肝細胞的修復而增強肝功能。平時宜多運動、拉筋、敲打肝經以幫助肝經的氣血通暢。就醫時可往東南方。

守護神明：三清道祖。太上老君。

【地理】

公園綠地、市場攤販、公寓社區、超商學校、宮殿寺廟、低窪地勢、水繞玄武、虎高龍闊、鬧中取靜、明堂逼窄、右水到左、逆水型局、門行文曲、房臥巨門、雜物倉庫。

自古以來五術皆以八字學做為一切宿命的參考依據，但現今門派林立，且大多已拋開八字學的框架，例如姓名學可以預設性別、生肖後，就先取好名字待用；堪輿學理也是以一應百，當然此中也有瞎貓碰到死耗子的機會。八字以五行為理論依據，其中包含星相、天文、地理、四季、節氣、方位，及干支相重後所形成的象義，致使甚多終身研究者知難而退或將就瞎矇謀業，當然自己行運佳者依然會門庭若市。

就八字與地理的關係言，例如水來生木時，一般人就會著相於有形的五行字意，即不假思索地取水生木為用，而不會考慮到其他因素。俗云：「風生水起好運來。」由此可知風與水的關係是密不可分的，而其中的風就是庚金，水則是指會流動的壬水或亥水；那到底是水動生風還是風起生水呢？我們去勘察地理時，首要作業是「入山尋水口、登穴觀明堂」，這個動作就是要藉有形的物體來辨明無形之氣的走向，因水的流向會形成氣流，而氣流遇到明堂、案山及龍虎砂手的高低、長短，風向就會被影響，如此便知是否為「藏風聚氣」之穴場了。

將八字五行中的木火土金水歸納後，就如同是一幅自然的風景圖畫，觀象明察後就知道無形之氣的導向。倘若因無法明辨五行所含括的象義就取水生木為用，往往就會引來庚風剋木或澤風大過卦象曰「澤水滅木」的無妄之災（大過卦大象成坎，中爻互乾卦，象義為秋季的狂風暴雨會摧殘樹木，故不宜論為金生水、水生木）。

將甲子柱立太極點於正北方位，子支的虎邊就是戌支高山，所以來水必然會由右至左流；即震為雷卦辭曰：「震來虩虩，笑言啞啞。」震來虩虩：白話解說就是震卦甲木是從那裡來的？後天八卦的乾宮是先天八卦的艮宮，因而易理謂艮為虎。我們都知道甲木長生在亥，但或許不知其理為何？乃因後天乾宮分布戌亥兩支，而戌中暗藏人元為丁火，亥中則藏壬甲，當丁與壬合後就會化生甲木（倘若格局中化成乙木，則象義與現象會不同），所以「震來虩虩」就是描述萬物始生於嚴冬的景象，此情節猶從老虎身旁走過一般的危險。

易理謂「往來」時皆含括陰陽的前因後果，「來」指從何處來，「往」就是要往那裡去。既知甲木由亥而來（故亥水應該是甲的「正印」，而非古代宮廷謬傳至民間的「偏印」），亥經子丑寒冬後，往前就是春夏季節，此際便可因茁茂成長而「笑言啞啞」了，即心中有難以言表的喜悅。

甲子柱環境中的地勢若是右水到左則比較利於發揮，因為此流向的水局會應先苦後甘，待蓄養時日後即可致欣欣向榮；反之，若是左水到右，必然會帶動左側的東北丑方寒風，而迎來一番寒徹骨，所以只能委曲求全、穩定守成。此柱也不容易找到明堂寬廣或無刑煞的環境，倘若居宅又過於狹長，加上北方鬼風來襲和室內採光不良，必然疑心病重且鬼魅纏身，宜多加留意並予以調整改善。

油杉：此樹種歷經幾千年寒暑變遷，其基因依舊未變，《說卦傳》云坎卦為「堅多心」，坎為智慧，又象徵意志堅定、強韌不拔；長期研發學術或百年老行業極適合種植此樹，因此樹的能量值極高，可增強創作者的正面思考力，並增進鍥而不捨的精神去追根究底地鑽研。

【大運】

少年時期行此大運，行事不夠積極，行為也較懶散，致使學業不盡理想，往往要藉助課後輔導予以加強，但智慧會逐漸增加。此運對異性抱持幻想與期待，但八字中沒有春夏柱者，只能求心理桃花罷了。此運家中經濟大致還算穩定，但自己或六親易有意外或桃花事件。

創業時期行此大運，倘若事業有成便沒有往常的鬥志了，只想在穩定中求發展，也易有犯桃花的機遇，宜修身養性，減少交際應酬，即可避免行為弊端和節外生枝之事。以往從事勞碌形態的人，會企圖轉為智慧、技能形態事業，但此運競爭力不強，只利於穩定守成。

步入這個大運的初期總會遇到波折，但只要堅定信念，總有撥雲見日的機會，自己計畫的事情也可以慢慢達成（倘若與本命形成天干「甲己」合，則六親多刑傷，也要注意行車安全或意外事件）。

甲寅：九

憔木逢春枝又開　榮枯休咎前因埋
風和日暖鴻圖展　終覺從茲故人來

【象義】

甲寅的自然現象是枯木逢春枝又開。天干甲的五行屬木、代表春季；地支寅是農曆一月，節氣是立春、雨水，時間是早上三至五點，在易經元亨利貞四象中是屬元的春耕季節。初春餘寒猶勝臘月，大地的種核也因寒暑交迫而奮豫萌長，象徵必須歷經一番寒徹骨的脫胎換骨過程，才能茁壯茂盛。寅的季節是立春，象徵新的一年又開始了，但後天八卦丑艮寅宮位是所有事物的終始點，所以過往的榮枯休咎因果，依然仍在循環不已。

十二長生法甲木「胎」於酉支，胎猶如母體懷孕，自然現象是樹木生長至農曆八月就會結滿纍纍果實，而其中過熟的果實自然會掉落於山坡地中，這個山就是戌支，所以戌是甲木的「養」位；後一個地支亥是「長生」位，即剝果腐爛後所遺留的種核，經戌土覆蓋和亥水的滋潤後，又會生根待時而萌，且這種形態亦「剝而後復」地在反復行進。

既知此理後，甲木見亥理當視為「正印」，即自己的出生地或親生母親，及屬自己喜歡追求的學問，而非坊間謬傳的「偏印」。寅是甲木的「臨官」位，此季深埋土下的木核終於可以冒土而茁茂了，至農曆二月卯季樹木則能展枝茂葉，故卯謂為「帝旺」位，象徵最茁壯時期，所以卯也稱為「陽刃」，象徵已有能力帶刀至戰場廝殺了。但陰陽理論講述旺極而衰、物極必反道理，故「陽刃」亦含乾卦「亢龍有悔」之意。

【性情】

深謀遠慮、日積月累、認真負責、求功心切、爭強好勝、生涯多勞、重獲生機、比權量力、直來直往、專斷獨行、勇邁有餘、權通不足、意見分歧、有苦難言、橫衝直撞、新舊銜接、再接再厲、食古不化、妒忌誹謗、爭端不和、不落人後、頑固不通、重新再來，死裡逃生。

此柱可契於☳☳震為雷卦，辭曰：「震來虩虩，笑言啞啞。」辭意為甲木由冬域始生，驚險情節猶從老虎身旁走過一般，直至春夏季節脫離險境後，內心才有難以言表之喜悅。此柱性情直率、理事緩慢，但行動積極、環境適應力強，內心充滿使命感，喜歡探尋真理及當領導人，具有奮發向上之心。

生性執迷，平時培養的興趣往往和自己利益有關，發現對自己有利的事物，就會鍥而不捨地深入研究，一旦沒得到預期效果時則會遂而放棄，即震卦九四爻曰：「震遂泥。」象徵榮譽心強，但為了追求成功常常會得意忘形、大膽一搏，以致摔倒在地，沾了一身泥巴；即易受外在環境感染而導致成敗，也象徵環境和想法表裡不一，外在氣魄雄壯，內在環境蘊藏諸多不欲人知的事物。

生活簡單、樸素，追求安逸平穩的生活，處事獨來獨往，外表穩重有權威，待人接物細心，但因個性不善應變而容易誤判時勢。若能減捨欲望、專職其事，則不失為安逸穩定之賢才。

【事業】

具分析、執行、支配、企畫、模擬、思考及編輯能力。可從事園藝、策畫、公職、建築、銷售、五術、玄學、司機、開發事業、水電工程。

體力強旺、毅力堅定，凡事皆能自動自發，且富研究探索耐心。甲寅乃寒春向陽，要成就大事宜多接觸公家機關或媒體資訊。

謀事會三思而後行，但決定的事會執拗去做，倘若抉擇錯誤，往往也會直至撞到頭破血流才會毅然決然放棄。遇到困難時較不懂得運用方法去突破，故只適合從事性質較單純的工作，可為實踐家、不適合做理論家。一生事業成敗都與本身個性有關，因本身個性執著，為人處事或謀業往往只憑自己的感覺。建議多參考別人的看法，不可執泥己見，宜擇善固執才是成功關鍵。

【六親】

家庭觀念保守，與祖父淵源較深，但相處時間不長，且六親多刑剋。和父親關係密切或受影響較大，與母親思想有代溝，兄弟姊妹感情好，易各自出外創業，但成就落差大。有困難時可得到兄弟姊妹或朋友拔刀相助。

【姻緣】

常在聚會中結識異性朋友，也易因近水樓臺而交往。交往之初往往會認為彼此的興趣和思想一致，久之才發現理念不同。倘若戀愛時期太長會歷經挫折，恐會造成有情人難成眷屬之結果。此柱有「三人行則損一人，一人行則得其友」之現象，所以倘若有第二春亦不失為良緣。婚配對象選擇參考：牛、兔、馬、雞、狗的生肖。

男性：事業心及家庭觀念重，擇偶傾向善解人意、性格樸實、言行一致的對象。婚後夫妻同心經營，但配偶的交際能力較好，所以事業方向會參考妻之意見。但命格再逢卯乙木就易有桃花機緣，宜節制行為以防婚變。

女性：雖具三從四德，但有自己的理想與抱負，婚後因不想侷限於家庭主婦身分而選擇興趣之職業，因此常與家庭產生衝突的行舉。配偶對自己的行蹤及掌握欲非常強烈，但往往偶會在社交中出現暗桃花。夫妻對子女管教嚴格，但意見分歧，幸最終能達到共識。

【疾病】

甲寅柱天干地支皆屬木，形成木旺、剋土、洩水和木旺金缺現象。身體狀況貴在五行中庸，則一生寡病少災。此柱本身元神就比較旺，但旺與不足皆是病因，所以容易出現肝膽功能異常、經絡系統循環不良、手腳受傷，及脾胃功能不良而產生胃躁脾濕現象。老年人或重症者要特別留意照顧，因此柱有死裡逃生的徵兆。寅季寒氣猶勝臘月，早晨可吃驅寒養生粥，中醫俗稱的「神仙粥」：一把糯米煮成湯，七根蔥白七片薑，熬熟加入半杯醋，可防治感冒保安康（此方源自清朝太醫院經驗方）。平時宜多運動、多曬太陽，身體健康就會帶來好運氣。

守護神明：準提菩薩。碧霞元君。太歲星君。

【地理】

學校園區、宗廟寺院、公車總站、商家林立、公家機構、民宿營區、交叉路口、來脈有勢、穴居中亭、明堂開闊、龍虎不均、直來直往、來大去小、砂手不聚、逆水格局、暗巷凹風、新舊並陳、明暗不一。

陽宅、風水前或後方有河流，地勢有些落差，且周遭新舊房舍並立。自己的宅舍宜注意新屋接舊屋而形成宅氣混雜，也要留意廚廁位壓吉方而影響人事、財運及生兒育女。家中佈置古色古香，但中宮位置不宜太暗或擺置雜亂，易影響財運及健康。

松柏：俗語「松柏長青」，用以比喻福壽雙全，象徵長壽又具堅貞節操，所以非常適合種植在公司或宅院門口，會讓環境顯得十分清幽；但絕對不能種單棵，會形成喪偶或孤獨之象，因宅相似「口」，再加上一「木」則成「困」象；植二棵則為「林」；種三棵便成「森」而成子孫滿堂、和樂融融之象。

【大運】

少年時期逢此大運為學習技能之運，有創新圖變的改革思想，但易為就讀學校的決擇而煩憂。凡事若能按部就班、安分守己，做好分內的事情，即可一帆風順。但長輩多刑剋，且易出現身體危機。

創業時期行此大運，有新的計畫或事業轉型的現象，若堅持信念，逢春夏流年運勢就會轉強，也有百花盛開的機會，但無論事業或身體方面（含六親），皆易有死裡逃生的過程。

凡事宜及早做好規畫，因此運含脫胎換骨、重新再來的現象。倘若要變遷，宜往東南方向發展，比較容易獲得良機。宜注意家中南方或西南方，不可堆積雜物，會致使氣流不暢或採光不良而影響運勢。

甲辰：十

地潤天和生氣張　表面風光憂鬱藏
運中逢得貴人助　中壯鴻圖定飛揚

【象義】

甲辰的自然現象是春天茂密的樹木。天干甲的五行屬木、代表春季；地支辰是農曆三月，節氣是清明、穀雨，時間是早上七至九點，在易經元亨利貞四象中是屬元的春耕季節。子曰：「顯諸仁、藏諸用。」此意乃言樹木和人的成長元素極為相似（空氣、陽光、水），所以觀木的成長現象即知其他五行的榮枯。此季的氣候是地潤天和，象徵可得天時、地利、人和，一生多際遇，事業可無限擴展延伸。

此柱自坐十二長生「衰位」，因甲為樹幹，此際樹根的水分必賴樹幹傳送至枝葉儲存，而樹葉蓄藏的總水分佔整株樹木的百分之九十以上，致使葉茁幹衰現象；象徵表面風光，對周遭事物卻有力不從心之歎，所以要集結親友或協力廠商，以達功成名就之績效。

巽卦居八卦東南方位，屬陰卦，所以歸屬巽卦之辰支要體陽用陰；辰為水庫，支藏人元為戊乙癸，而水庫周遭是戊土高山，但卻以低窪地勢納水為用，所以體為「正財」，用卻含「偏財」情性；乙為「劫財」，自然現象是樹木之根滲於水中，應用時主當賴人際成就事業，但也是團體中有異己滲入之象；癸為「偏印」，象徵無法學以致用，但因逢季春之良辰，故會為事業所需不斷自我充實，含臨陣磨槍、臨時抱佛腳現象。

【性情】

奮發圖強、慷慨豪邁、善待員工、體貼弱者、圓滑幹練、機智敏銳、攀龍附鳳、如沐春風、善用其物、沾親帶故、勇往直前、喜新厭舊、附庸風雅、朝思暮想、異想天開、唯利是圖、中飽私囊、同歸於盡、寄人籬下、資源回收、記取往事、悲喜交感。

此柱可契於☳☴雷風恆卦，象曰：「君子以立不易方。」震卦五行為甲木，方的五行屬土；甲木乘於暮春辰土，此際風和日麗，枝葉可快速生長得青翠茂盛；致使謀事時會乘勝追擊，且內心佔有欲強，想追求的事會鍥而不捨。但自我保護心態強烈，做事常會留下後遺症而帶給周遭困擾。

壯年時期心懷遠志，謀事勇往直前，也會因事業所需和想提升生活品質，而須廣泛地自我充實。待人處事直接，謀求講究現實利益，富投機或喜走捷徑傾向。一生擅於發揮自我專長，也偏好神祕玄學事物。

【事業】

有生意頭腦，且具良好的判斷力，適合從事業務開發、生產製造、歸納、設計、策畫、創作、研發。創業初期缺乏經驗和資金，環境也比較困乏，必須先借地而居後再乘勢攀升。因擅長掌握周遭資源，也有堅強的意志和決心去克服困難，所以能勇於面對環境的挑戰。因敏銳度高而深知品物流行的道理，致使謀求時能見風轉舵而不易被社會淘汰。但事業處高峰時容易得意忘形，常因缺乏風險意識而遭損失。

甲木以辰土為根基，而土主信用，但辰逢申子時會因合化成水局而消失土的作用，所以講求信用為其成功的不二法門，否則會喪失立足之地；主平時容易因信心滿滿、輕易許諾別人而導致失信，故言行要謹慎，切莫得意忘形以防不測之災。

【六親】

宜注意祖源斷承、香火傳襲事宜。與祖父關係好，祖母易較早逝。父親助益大或淵源深厚，但與母較易溝通，一生常因長親或配偶身體欠安而憂慮煩心。兄弟姊妹、朋友意見多，理念不合助力寡，易為利益發生衝突，宜妥善溝通協調。

【姻緣】

結識異性是經親朋介紹或在團體聚會中認識的，也有可能為填補心靈所需而選擇對方。起初跟對方並沒有一見鍾情的感覺，但對象是耐看的人，會因長久交往而墜入愛河，但過程中節外生枝事宜是難以避免的。婚配對象選擇參考：鼠、牛、馬、雞的生肖。

男性：脾氣溫和、事業心強，一般事業重心都會落在自己身上，且工作繁雜，需安內攘外。婚後可得到配偶的幫助，家務歸妻管理，夫妻同心協力興家。但家中瑣碎事物多，且常為六親健康憂煩。

女性：相貌清秀、異性緣佳，也極注重生活品質與心靈層次，擇偶傾向具領導架勢且言行一致的對象。在感情方面偏重感覺大於實質，開心時會任勞任怨去做，但個性太過倔強，也容易記恨生活中的小過失，凡事又不願委曲求全，容易導致婚變現象。

【疾病】

甲辰天干屬木、地支為土，暗藏人元為戊、乙、癸。土主脾胃消化系統，但四庫土中之辰戌土腸胃功能較差，因辰主春耕之土，消耗的養分及工作量較大，有運作過度而不堪負荷現象；戌土為九月秋季收斂之土，容易形成消化排泄功能不健全。乙代表樹根或枝節彎彎曲曲的部分，象徵神經傳導系統，亦似人體淋巴經絡及自律神經和肝膽免疫系統；癸水代表濕氣重，所以也要注意手腳、關節、風濕、半月板、香港腳、富貴手、帶狀泡疹等問題。

平常會培養自我興趣，也會注重養生及陶冶性情，但宜注意慣性動作引起的職業傷害。辰中癸水的現象為夏天不宜多食冰品，喝冰飲及長期待在冷氣房會致使濕氣入體而影響脾胃功能。平時要多運動、拉筋甩手、爬山以改變體質。身體若出現狀況，宜往東南方就醫，春天後就會好轉。

守護神明：普賢菩薩。東華帝君。中壇元帥。

【地理】

樹林小徑、公園綠地、公寓社區、製造工廠、公園寺廟、里民中心、超商賣場、停車場地、高山脫脈、來脈平坦、穴落上亭、明堂寬廣、龍虎環抱、水繞玄武、左水到右、逆水型局、前高後低、室內寬闊、古色古香、中西合璧。

居住的地方大致坪數大，中宮亮麗、裝潢擺設典雅，水局若是左水到右，可獲近利市三倍之功，即風水催官篇云：「巽水一勺能救貧。」大門宜行中間或靠右側虎邊，較利於事業發揮。室內若擺設五斗樹紋櫃子可招來貴人，但花草不宜種植得太茂密，會小人纏身，也要留意西北方的刑煞。

龍柏：常綠喬木，樹幹直立生長，株高可達一至六公尺，樹冠呈塔形或圓筒形，枝條具旋捲性且向上盤曲如「盤龍抱柱」般，故名為龍柏。龍就是辰土，乃聚陰之域，如大宮廟皆立龍柱，以便藏蓄陰兵陰將，所以居宅絕對不可以擺置龍造型的飾物，否則極易卡陰。陰宅地原本就是幽靈棲息之域，所以墳墓周遭較適合種植龍柏。

【大運】

少年時期行此大運，易因求學或謀職須借地而居或遠赴他鄉，乃委曲求全之運。此運也有機會與異性交往，但大多屬人生過客，難以有情人終成眷屬。

創業時期行此大運，可一掃過往陰霾而獲得良好時機，為開創茁壯之運，要好好把握機會。這個大運要面對環境形態變遷的挑戰，故要不斷自我充實以提高戰鬥力。但此運須肩負家庭的經濟壓力，但也會提高營運或服務利潤，乃近利市三倍之運。

行此大運居家大門來路宜行中間或靠右側虎邊，較利於事業發揮。住大樓公寓者，不宜由地下一樓停車場為出入口，否則會諸事阻滯，還會導致身體病變、意外、投資失利；大門開在龍邊者，亦會出現類似狀況。

甲午：十二

天生懷藝英姿襯　草木盛開百豔爭
日中勿憂眾人拱　密雲金闕萬重深

【象義】

甲午的自然現象是五月芒種開花的樹木。天干甲的五行屬木、代表春季；地支午是農曆五月，節氣是芒種、夏至，時間是早上十一至下午一點，在易經元亨利貞四象中是屬亨的夏耘季節。此柱的五行是木火相生，但萬物皆以稀為貴，所以極盼有水的滋潤，而五月的季節只賴雨霖滋育，所以此柱當靠癸水「偏印」育養，因只得偏印，所以很難學以致用，故謀業後會視職場環境需要再加以惡補學術。此柱謂「真傷官格」，象徵才華洋溢，且有獨特的專長或魅力，方能引得群眾青睞。

此柱自坐十二長生的「死」位，此際樹幹將養分輸送到枝葉，所以乙木將由此「長生」而形成「子旺母衰」現象，象徵因懷藝在身而需服務周遭，自己卻常累個半死。俗云：「花無百日紅，人無千日好。」與易經雷火豐卦辭曰「宜日中」同義，常旺於一時後，卻有突如其來的災禍，以致無法守恆，所以一旦有成果時宜妥善安置。

【性情】

活潑樂觀、多才多藝、博學多聞、能言善道、聰明足智、豪邁激情、活力充沛、誇大主觀、生動好勝、清逸秀麗、領悟力強，自視甚高、任性驕傲、好管閒事、受人誤解、遭人誹議、多言自傲、自我標榜、愛出風頭、敦厚篤實、仁義道德、樂觀進取、審美力佳、風流君子、重義疏財、講求效率、執行力強、重視名利。

此柱可契於☳☲雷火豐卦，辭曰：「勿憂，宜日中。」甲午為乘陽氣而茂盛的樹木，但太陽必定有昇有落，象徵雖然可擁有舞臺，但無法持之以恆，故當把握時機，有收獲後就要堅守。

行事客觀理性，但內在心浮氣躁，屬外柔內剛者。待人處世機靈，好奇心強，喜好新鮮事物，善於靈機應變，思想新潮不喜受拘束，為人和氣春風，表達欲望強，也善於製造團體氣氛。雖富領導力，但意志不堅、易受環境動搖，在外風頭出盡、在內孤獨沉靜。在得意時往往就是人生顛峰，宜守住成果為要。

【事業】

勇於挑戰高難度事物且不畏艱難，具行動革新、交際、推廣、分析、評估、講解、操作能力，適合從事仲介、政治、公關、代書、壽險、電腦操作、機械製造、工廠加工。

行事積極、鬥志高昂，不喜囤積事物，抱持今日事今日畢心態。平時會因工作需要而累積學識以待時發揮。因口才好、談吐流暢、行銷手腕佳而能獲得事業舞臺。此柱為五月芒種開花的樹木，要至八月才能結成果實，但過程會歷經七月颱風的考驗，所以往往認為唾手可得之事，卻常遭到無預警的傷害，這也是此生所要面對的課題。

【六親】

祖上緣分深厚，與母親較易溝通，但母親健康可能比父親差；兄弟姊妹中也不乏優越人才，但助力寡。男命與丈人家互動好，女命易有婆媳代溝，六親少靠多刑傷、宜防心血管及中風疾病。

【姻緣】

男性比較直率、思想單純、富任勞任怨精神，但敏銳度不足，且不善應變。女性能言善道、長相嬌美，人際關係好又善於交際應酬。感情優劣容易建立在經濟基礎上，婚姻也常受環境和長輩的影響。婚配對象選擇參考：牛、虎、雞、狗的生肖。

男性：凡事尊重配偶的意見，有些疼妻懼內傾向。謀事較切實際，且熱愛工作、盡忠職守。

但事業有成時，易逢時勢考驗，所以中年時期大致會轉換工作跑道，且妻子的身體較差。

女性：會因不甘寂寞或想一展自己才華而成為職業婦女，婚後常因經濟壓力或人事問題造成婆媳代溝，也常為夫君之事勞憂，有背夫債傾向。因相貌很討人喜歡，所以桃花運旺，但容易為情所苦，也要小心婚外情，但多數是桃花劫，會致使破耗損財現象。倘若離異，與子女緣分淺淡。

【疾病】

甲午柱天干洩於地支，形成火旺、洩木、水弱、金受剋現象，要注意心神不寧、恐慌躁鬱、皮膚過敏、心腦血管病變及心臟、小腸、眼睛、大腸、呼吸道、咽喉、支氣管、筋絡、筋骨問題。另外火旺土焦又水乾，要注意脾胃、腎臟膀胱及男人攝護腺、女人子宮輸卵管的問題（女命體弱者易流產或有產厄）。此柱水火不濟，易引起偏頭痛及眼睛毛病，原因是頭部神經血管化學物質的相互作用。當接觸到刺激時，中樞神經會引起腦部血管收縮，於是引發了疼痛。改善方法除了睡眠充足使身心放鬆外，可按摩太陽穴、率谷、外關及足臨泣四個穴位，以達到疏緩偏頭痛的症狀。

守護神明：上元天官。普化天尊。南天駱恩師。

【地理】

農田果園、觀光農場、政府機關、宮廟寺院、商品展售、超商賣場、廣播公司、表演場所、電子專賣、高壓電塔、果菜市場、商圈社區、明堂開闊、龍長虎短、右水到左、水繞玄武。

易居住於郊區再往市區發展事業，家中明堂寬亮，書房為文昌位，故有好學不倦的現象。但外型局易對到尖形物（壁刀、電線桿），室內明暗落差大，南方若有高物阻擋或種植大樹會豐極而衰。

紫檀：學名檀香紫檀，為名貴珍稀木材，具有極高的收藏價值。紫檀木要成材須經過幾百年，所以長期在戶外吸取了日月精華。紫檀的氣味清淡悠香，是典雅、雍容華貴、大器端莊的象徵。古時大家閨秀或豪門顯貴多選紫檀做衣櫃，衣物納其間，日久生香，悠然享用、妙不可言。清朝年間的中藥店多將紫檀碎屑做為藥材出售，由於紫檀質材堅硬又具香味，若在陰氣過盛的方位種植紫檀，可達「驅邪化煞」功能，而且此植物的正能量極高。

【大運】

少年時期行此大運可發揮才藝、展露頭角，對科技資訊也有獨到見解。平時因擅於製造團體氣氛而易成為領導人物，但有些叛逆不受約束的傾向。若逢求職或考試，中秋過後運勢較旺。

創業時期行此大運，起初會遇到一些波折，但會雨過天晴的。無論自己創業或任職都必須為事業忙碌奔波，但會遇到貴人提攜而展現自己的專長。此運若有獲利宜投資不動產，待來運即可高價出售（行此運或日主，男命較佳，女命宜防婚變）。

甲申：九

仁義相牴干戈起　未獲心意誓不息
藉用支柱撐大樑　披甲遠征迎不懼

【象義】

甲申的自然現象是遭受颱風侵襲的大樹。天干甲的五行屬木、代表春季；地支申是農曆七月，節氣是立秋、處暑，時間是下午三至五點，在易經元亨利貞四象中是屬利的孟秋季節。樹木由春天成長至申月已經變成大樹了，但此季是颱風季節，有樹大招風、硬碰硬之殃，宜盡速尋求支撐，才能穩固根基。

此柱自坐十二長生的「絕」位，自然現象就是要跟敵人拚個你死我活，所以野心與人生起伏皆大，也易有功敗垂成現象。此柱自坐「正官」，象徵有老闆命或可當領導人，但申金是七月的颱風季節，此際果體雖成，但尚未到達甜美階段，即事業稍見規模後，就會面臨環境無情的考驗，如樹大招風而逢不測之災，所以一生中常有置死地而後生的創業人生過程。壯年時期易有功成名就的機遇，但宜善守成果，方可免於氾濫。

【性情】

氣勢宏偉、行事果決、機警敏捷、冒險犯難、不畏艱難、仗勢猛進、仗義疏財、待人直爽、不拘小節，脾氣衝動、情緒不穩、不顧仁義、喜好奪權、身材不高、衝勁十足、後繼無力、孤苦無援、欠缺深慮、性格深沉、嫉惡如仇、陷於境遇、永終知敝。

此柱可契於易經☱☴澤風大過卦，象曰：「君子以獨立不懼，遯世无悶。」象徵極具野心和魄力，喜歡挑戰高難度或有風險的事物，但過程中總會遭到樹大招風的考驗，所以人生歷程必然會傷痕累累，故誥誡功成名就時宜適時隱退，不宜妄為強征。

行事剛硬果決，不喜傳統禮儀規範，好大喜功，外表嚴肅、內在信心不足，也常有出乎意料之舉動，凡事不按牌理出牌。中年時期容易遭到挫折，只好轉換事業跑道或兼職他業。

【事業】

具領導力、鞭策力、決斷力和堅強的執行力，處事主觀，對未來前景有豐富的想像力，易為公司的老闆或主管。可從事貿易、金融、外務、警政、直銷、教育、工廠，及屬業務管理之行業。

個性非常極端，運勢強時會得意洋洋，且姿態高傲、得理不饒人；運蹇時就表現得楚楚可憐，像縮頭烏龜一樣。表面謙遜，待人隨和，但無形中就會露出高調作風，所以與人相處常會因利益而產生衝突，在事業上也易因意料不到的事而蒙受損失。平時言行舉止要加以修飾，凡事不可太過急躁，野心亦不可太大，不要太過強於表現，自可避免許多不必要的糾紛和損失。

【六親】

與祖上關係密切，可得長上器重和祖產，但家族中易有祖輩或兄弟姊妹中有自小夭折者，若逢陰靈干擾，宜妥善安置或繼承香火，方不致影響家運和健康。內心對長上尊敬孝順，家中重責由母親承擔，母親壽元可能較父親長。少年時期父母親常為其行為煩心，成年後會麻雀變鳳凰，但挫折也很大。兄弟姊妹感情平平，成就懸殊極大。

【姻緣】

易在職場上或透過朋友間接認識對方，有一見鍾情、一拍即合現象，但交往久了才發現個性越來越懸殊，因此衝突不斷，宜妥善處理調節。男性事業心強，但易招口舌是非；女性需注意孤傲不通人情而常產生挫折，中年期間易發生別離現象。婚配對象選擇參考：鼠、牛、龍、狗的生肖。

男性：疼妻且珍惜感情，但會為事業忙碌而奔波於外，也常因工作需要而變遷環境，一生中經濟起伏大，也常面臨事業轉折風波。

女性：一般是職業婦女或女強人，常為配偶的行為和事業風險擔憂，亦有代夫出征現象，甚者會背夫債。易因醋勁太大、疑心病重而引來不必要的爭吵，亦有大難臨頭各分飛現象。

子息男女皆有，但易流產或因墮胎而損傷子女。對子女教育極為重視，且會默默規畫未來前途。子女成年後皆能獨立，但因思想創新而致使叛逆。

【疾病】

甲申地支剋天干，外在要注意意外事件產生的傷害；申金暗藏人元為庚、壬、戊，內在問題要注意頭部、心腦血管、中風及肝膽、四肢、筋骨問題。另外金太旺、洩土、剋木，也要注意大腸排泄系統問題，若水多土盪則要留意脾胃消化系統及膽腎膀胱問題。

常因個性急躁、操之過急，易引起神經病變或蒙遭腰椎肢體傷害。平時要調養身心，心平氣和則是平安、健康、長壽的不二法門。養生食物：枇杷、杏仁、水梨、柑橘、蜂蜜、蓮藕、核桃、芝麻、山藥、百合、白木耳。

守護神明：八卦祖師。達摩祖師。精忠岳王。

【地理】

農場果園、木造屋舍、廟宇教堂、高級住宅、製造工廠、商圈賣場、競技場所、娛樂場所、聲色場所、犯罪之地、凌亂地形、明堂開闊、左水到右、大來小往、側臨巷道、水繞玄武。

易出生於農村，成年後會往商區發展，但不喜住在吵雜之地。明堂開闊、地戶深鎖，但風煞太大，側方也有刑煞。周遭地形有些詭異，明堂及後方皆有流水，也因水局來大去小而會賺錢，但外局刑煞多致使六親多刑剋。

羅漢松：是松科常綠小喬木，四季常青、針葉狹長、色澤深綠，枝幹蒼勁、壽命較長，是盆栽常用的樹種。羅漢松葉片僅長二釐米、樹形優美，喜暖和潮濕的環境；較耐蔭，喜歡肥美疏鬆、排水良好、微酸性的砂質土壤。工廠或公司行號可於庭院種植十八棵羅漢松，且要分別於左右各種九棵，因九是極陽之數，取其形成「十八羅漢陣」而可百敵不侵。

【大運】

少年時期行此大運，懷有特殊才藝，但好動叛逆且喜歡領導群眾。此運具有風險性，要注意交通安全，行車速度不宜太快，也要避免受同學影響致使行為失序。凡事宜守常，方能避免無妄之災。

創業時期行此大運，要特別留意膽大妄為而蒙遭損失，也要注意人事糾紛，若沒妥善處理會影響前程。此運為將軍作戰之運，必然會為事業奔波忙碌，但功過顯矣！因此運必須接受颱風的考驗，倘若橫衝直撞不善加思索，除恐有不測之災外尚須收拾殘局。唯本命格局根基穩固者，必能獲得碩果（生於春季或地支三會、三合木局）。

甲戌：十八

磐桓邅阻越石階　登高奮長未得歇
時來運轉得榮祿　繼守清高防變節

【象義】

甲戌的自然現象是由春季成長至暮秋而變成了神木。天干甲的五行屬木、代表春季；地支戌是農曆九月，節氣是寒露、霜降，時間是下午七至九點，在易經元亨利貞四象中是屬利的季秋季節。此際太陽雖然已經日落地平面了，但樹木也已經成長至極，象徵事業可逐步攀升，處事幹練因而會倚老賣老。

此柱自坐十二長生「養」位，因此季的樹木成長至極，已在胎息養晦，但其落果剝腐後就會培育更多的新生命，象徵一生都在培養人才，也賴群眾擁戴而獲得成就。此柱自坐「正財」，易成老闆或領導人物，也因乘於高山上，因而眼光看得遠、掌控欲望大，在地方上也頗具知名度。但居高峰時待人處事易看高不看低，且常以外表及自己的感覺評估人。木剋土為「財星」，有死要錢之象，如將大樹拔起時，通常根部還會抓著土不放，像如臨死前手中還要握著錢才肯離去。

【性情】

聲名遠播、身心不閒、直爽豪情、堅忍不拔、處事老練、獨立自主、珍重情感、專一執著、慷慨大方、交際手腕、生意營謀、眼高手低、口快心慢、克勤克儉、投機心態、愛惜金錢、重視信用、端莊樸實、累積財富、正當保守、證券股票、房產家業、福祿有餘。

此柱可契於☴☶風山漸及☳☶雷山小過卦，漸卦辭曰：「漸，女歸吉，利貞。」漸是敘述樹木由春成長到暮秋時已猶如神木，此際也獲得纍纍果實，宜貞守既得成就。

小過卦辭曰：「飛鳥遺之音，不宜上，宜下，大吉。」取象太陽似飛鳥在天際游移；音的五行屬水，指太陽傾陷於海平面時則會逐而遯息，但黃昏日落時也是成就已見之際，故曰大吉（象徵可獲得太陰星蔭庇，因此柱含甲丁辛）；日落月昇時光線已明顯不足，所以施行小事才能獲吉。

行事循序漸進，採取穩紮穩打策略。握有權柄及智謀，責任感與正義感皆重，凡事重視心靈感受，但常以直覺判斷事物喜惡。喜好無拘無束、自由自在的生活，謀事獨來獨往，但容易相信鬼神、有迷信傾向。漸卦辭曰：「君子以居賢德善俗。」象徵功成名就後容易變節。

【事業】

具深謀遠慮、前瞻性眼光，適合貿易、企畫、講師、經商，行銷，律師、工廠製造，及具執行、策畫性質之工作。

創業之初常在艱困中求發展，但壯年時期會因自己的判斷而獲得環境之利以得成就。天生個性較執著，也常以自己的理念為目標導向，故不適宜合夥，易因意見不合而引發爭執。秋冬的老樹枝節已僵硬，故不善應變，且經營觀念執著守舊，所以當事業有成之後，宜集思廣益，多參考專家的意見，才可以立於不敗之地。

甲戌之大樹是由春季始萌所至，所以功成名就必然須靠日積月累。土是木的根基，土主思想和地域，倘若思想觀念和選擇的地理位置不對，事業也易毀於一旦。

【六親】

祖上緣分淺薄且無蔭庇，父母親易白手起家，但感情不睦。父親穩健有權威，自己的行事作風易受其影響。與母親較易溝通，家中瑣碎事務皆由母親處理。兄弟姊妹感情好，但因觀念思想差異大，且常因意見不同而發生衝突，故不宜與兄弟姊妹或朋友合夥謀求。

【姻緣】

熱中追求感情、錢財，工作環境中異性多於同性，易在工作或聚會中認識對方，也因彼此具英姿風采或有特殊才華而互相吸引；但一旦交往久了，才發現思想行為會產生心口不一的現象，內部隱情也相對容易被揭穿。婚配對象選擇參考：鼠、虎、馬、猴的生肖。

男性：喜追求亮麗、條件好之伴侶。剛結婚時極具家庭觀念且愛妻疼子。一旦事業版圖逐漸擴大後，與異性接觸的機會就越來越多，這也是導致出軌的因素。倘若出生時辰落在春夏，易有第二春或婚外情。

女性：偏好富有威權的對象，婚後幫夫顧家。事業有成時，會因圖自己樂趣而產生踰矩、節外生枝之事。子女不多但素質佳，命格並見申酉易桃花或產生婚變。

【疾病】

甲戌柱猶阿里山的神木，此象容易形成枝幹腐蛀現象，易導致脾胃、頸椎、關節、頭痛、腹背、胸肺、肝膽、腫塊、骨骼疏鬆。宜防登高或長期移動物品產生關節病變，或由高處摔下而引起脊樑受傷，及類風濕性關節痛。中年後宜注意肝火、心火旺所引起心血管疾病和偏頭痛之併發症。急性痛風時不適合做任何運動或轉動關節以避免發炎。平時可以按摩三陰交、太衝、太白、公孫穴來增加局部血液循環，以達間接消炎減緩疼痛功效。

守護神明：三官大帝。三山國王。李鐵拐。

【地理】

高山神木、山間小徑、高樓大廈、批發賣場、製造工廠、大馬路旁、隱密場所、明堂開闊、後臨巷道、右水到左、逆水格局、直來直往、升降電梯、死角暗處、水繞玄武。

居住的地方寬廣，但室內格局門多且相通，也有多處陰暗角落。在風水學上認為門對門會致使口舌是非的爭執事端，但這種論法不過是現代人容易發生的大數法則。雖然陽宅學是有提到「鬥口煞」，但倘若相對的兩個門皆是吉門時，是否也可以視為「嘴親嘴」的諧調現象。只可惜一般的門居凶位者多，又現代人比較沒有倫理觀念，自然或然率就高了。

兩門相對能使氣流貫通，其中的凶門就會干擾到另一間的磁場，所以有人認為，前後門貫通或門對門時可架起屏風來阻隔氣場相通，以避免人事糾紛和錢財流失。個人認為，風是無孔不入的，難道會因為架構屏風或門簾就可以阻隔氣場相通？所以宜視方位吉凶加以調整才是根本之道。

櫻花：經常會在京都木工作家展覽會看到使用山櫻花木來做為食器的素材，如手雕的木匙、木叉、木盤，這些器具保養簡單，只要稍微上油便具光澤而令人驚豔。台灣常見的櫻花品種花期從每年的國曆二月開到四月，但氣候因素開花期也可能會延至五月。櫻花樹材雖適合製成器具，但家門口不適合種植櫻花樹，因秋天月圓全家團圓之際，卻值枝葉凋零景象，象成家運支離破碎而毫無生氣。

【大運】

少年時期行此大運乃興家求進步之運，但求學過程易有波折，學業也會遇到瓶頸，但只要持續努力即可蒸蒸日上。若要升學可選擇知名度較高的學府，對未來發展有極大助益。此運對異性也抱持好奇心，有伺機追求的現象。

創業時期行此大運，事業或工作遇到難關時，可先審視人事及環境問題，妥善處理後即可步步高陞、更上一層樓。此運若是謀職者，可在較穩定的大公司任職；若是自營事業，可穩定成長或已是頗具知名度的地方人士。

於功成名就時，易產生節外生枝情節。甲戌如立於高山之大樹，倘若做虧心事，必然會眾所皆知，故行為要有所規範。此運易獲貴人提攜，但不可合夥創業，容易意見分歧，甚者會反目成仇，事業有成時宜置產保值。

乙丑：十二

老樹生機本不顯　再逢堅冰更無言
踏雪尋梅覓知音　獨門商機展笑顏

【象義】

乙丑的自然現象是嚴冬僅存的老樹，其過程是草木由春天成長至寒冬，已成為不懼嚴寒的老樹精了。天干乙的五行屬木、代表春季；地支丑是農曆十二月，節氣是小寒、大寒，時間是凌晨一至三點，在易經元亨利貞四象中是屬貞的冬藏季節。丑土主艮卦、為山、為石，但乙丑不一定是高山上的樹木，宜視周遭干支而定，倘若未後見乙丑，則是平地大樹的樹根盤根錯節之象，因土下幾公尺處有不透水層，樹根就會露出土面以吸收水分跟氧氣；象徵會往周邊攀延以求生存，與乙木「藤蘿繫甲」之象相類似，但乙卯是往上靠人際關係擴展事業，乙丑則是往下用學術或技藝謀求。

此柱自坐十二長生「衰」位，即樹木的生態本張顯於春夏，至冬季則生機受困，但樹木生長至冬幹也已茁壯；象徵久歷風霜、經驗老道。此柱自坐「正財」，為精明能幹、對妻財掌握欲強。老樹必須磐桓土中才能穩固整株樹木，又因生長於惡劣寒冬環境，會導致心態較敢，乃「始求深也」之象。

【性情】

剛毅不屈、堅忍不拔、機智敏銳、外貌沉穩、擅用資源、掌握機遇、重視錢財、說服力強、嫉惡如仇、深沉內斂、圓滑幹練、得利求名、暮氣沉沉、交際手腕、眼光銳利、不畏困難、自足節儉、記憶力好、珍惜情感、專一執著、生意謀營、談天說地。

此柱可契於易經☴☶風山漸或☱☵澤水困卦，漸卦上九爻曰：「鴻漸於陸，其羽可用為儀，吉。」卦意將上巽取象為鴻鳥避冬時，飛行隊伍會呈現人字形以降低風阻，才能順利飛抵彼岸；引喻飛行秩序能顧及團體利益，此舉可做為人的榜樣；五行象義的自然現象為小草由春成長至冬，已成不懼嚴寒的神木了，象徵耐力極強、專業能力好、外表又具權威，很容易打動人心，是商業營謀人才，但宜從事較冷門或獨特性質的事業，才能「獨門商機展笑顏」。

取象困卦是由序卦傳而來，困卦的上一卦是升卦，《序傳》曰：「升而不已必困，故受之以困。」即樹木成長至冬就會變成神木，但此際生機也受困了；因歷經惡劣環境，因而養成深沉、猜忌之心，個性也顯得孤僻難相處，且常得罪周遭親友而不知，致使人際關係不佳。

相貌仙風道骨，帶些江湖術士之鄉土味，且能言善道，會倚老賣老。雖重傳統道德觀念，但為了行銷會結合現代經營模式。一生追求精神領域，平時節儉且善於理財，但時勢所需時則會動用大筆資金，且人情事故繁雜、額外開銷大。

【事業】

具耐力與執行力，適合從事文化、醫務、護士、編輯、設計、技術、教師、軍警、法官、督察、政治、生意、作家、演說、五術、宗教。

從事較冷門、獨樹一格的行業較佳，當不景氣時依然能孤立而存，因特性堅忍不拔又不懼寒冬之故。對偏門學術興趣濃厚，也易擁有獨特技能，為了挑戰環境會不斷地學習、充實自己的內涵。謀事獨來獨往、不喜攀附權勢，對周遭的人事物觀察敏銳，本性好勝又勇於自我充實革新，適合從事富挑戰性的行業，乃典型生意人。

【六親】

祖上緣薄六親多刑剋，父親體質不佳、性情比較孤僻。母親韌性強，任勞任怨為家庭付出，家中大小事情打點得很好。兄弟姊妹助益不大且各自成家奮鬥。交友方面要特別小心，因朋友良莠不齊，若交到壞朋友，易因行為渙散而引來牢獄之災；倘若遇到貴人，可致使功成名就。

【姻緣】

在聚會中或經朋友介紹認識，對方穩重亦有獨特的魅力，因覺得可以託付終身而交往。男性談吐剛中帶柔、因容易打動人心而博得芳心；女性少笑寡言，人際關係不佳，所以難得良緣或會形成患難夫妻。婚配對象選擇參考：鼠、蛇、雞、豬的生肖。

男性：不光只憑外表順眼，會以顧家、嫻淑善德者為優先考慮。婚後配偶也能將家裡整理得井然有序，甚或因太過盡職，致使互動間有些尊敬或畏懼，凡事亦會聽從配偶的意見。

女性：會選擇責任感重又有一技之長的對象。婚後宜注意言行，易因挑釁而引起糾紛。初期經濟狀況不佳，結婚生子後事業則逐漸起色。子女兩三人、男女皆有，往後都能獨立。

【疾病】

乙木乘於丑土寒冰之上，易產生血液經脈傳導不良，造成神經病變、筋骨酸痛、肩頸僵硬、咳嗽耳聾、腎臟膀胱、四肢傷殘、腫瘤癌症、中風、植物人，及肝硬化和囤積造成之疾病。

以中醫而言，防病應該先排除寒氣。排寒的至理名言：戒除「冰冷寒涼，炸烤燒辣，濫情濫補」。

冰冷寒涼：長期食用冰品、寒涼食物會降低體溫，久而久之就會耗散元氣，寒氣聚積體內，傷了陽氣而不自知。

炸烤燒辣：肥甘厚味，長期食用易引起身體慢性發炎，其根實為寒為虛。濫情濫補，損害陽氣又病從口入，補藥吃錯變毒藥。脾屬土、肝屬木，脾胃無法承載肝木時，應當先實脾，一味降肝火，如何讓貧瘠的脾土運化升溫呢？

平常宜多休息，避免工作過度勞累，並藉由運動產生熱能提升陽氣，也可多食用熱食，既可驅寒又可導氣於全身，即可化解先天體質冰寒之弊端。

守護神明：太乙真人。元始天尊。華嚴菩薩。

【地理】

鄉村農田、陰廟寺院、公寓別墅、賣場超商、小型工廠、家行小徑、明堂逼迫、右水到左、側臨巷道、逆水格局、廁壓天醫、門行禍害。

易居住於大馬路的巷道內，屬鬧中取靜之地。明堂易逢較高的建築物阻擋，有些逼迫現象。家中格局中宮若採光不足，會導致性情孤僻、思想異於常人，且宜注意廁所壓錯方位，易導致身體病變與六親刑剋。

榆樹：葉、枝、幹、莖都具有一定的觀賞價值。它的葉子細而密、厚而硬，新葉鮮嫩且樹皮似不規則鱗片，枝條柔軟下垂、隨風起舞，莖幹即使半朽蝕爛或千瘡百孔，依然堅強、挺拔、縱老不死！由於它具有以上這些特點，用作盆景就顯得蒼勁古樸而備受讚賞。

清朝和珅是豪商也是極品官員，由於宅院廣闊又有池塘，便在池塘邊種了幾棵榆樹，而風水學水主財，當秋季黃葉掉落至池中時就會呈現黃金片片景象（謂黃金入於澤庫），因而富可敵國，往後榆樹便成為最佳的「招財樹」。榆樹寓意有「餘」的諧音，象徵福祿有餘，且榆樹的果子又叫「榆錢」，意指家裡的錢永遠都用不完。

【大運】

少年時期行此大運，學習能力強，若能選擇冷門科系較利於往後發揮。與人相處宜選擇鼓勵，不宜因知識廣泛而高傲，往後即可成為知音好友。此運六親多刑剋且易得慢性病，致使生活品質不高。

創業時期行此大運，若出現問題宜婉轉處理，才不致引來不必要的麻煩。此運可憑堅忍不拔的意志謀事，從事較冷門事業或擁有獨特技藝較能發揮功用。但此運為嚴寒冬季，易產生身體阻滯所引起的併發症，平時宜注重養生，且要運動健身，以改善循環代謝不良的疾病。

乙卯：十

驚蟄雷鳴草木咸　平原春色綠綿延
逢羊遇豕皆有穫　冰天雪地宜守嚴

【象義】

乙卯的自然現象是春天茂盛的花草。天干乙的五行屬木、代表春季；地支卯是農曆二月，節氣是驚蟄、春分，時間是早上五至七點，在易經元亨利貞四象中是屬元的春耕季節。驚蟄雷鳴草木會延綿而長，但凡事皆以稀為貴，所以沒懷技在身很難與群眾競爭，倘若選擇人際擴展事業或擁有技能比較容易發揮。

此柱自坐十二長生「臨官」位，亦稱「建祿」，象徵身強體壯、活力充沛，足以與人一較高低。天干乙木為樹木的枝節或樹葉，地支卯木為樹木根部，樹根負責吸收周遭水分以供應全體養分，而水是「印星」，象徵喜歡廣納知識及探尋與職業有關的人脈。此柱自坐「比肩」，主懷技藝，且會廣結善緣以延伸事業觸角。

【性情】

志氣高昂、機智敏捷、活躍大方、豪爽健談、平實親切、心思靈巧、計謀巧妙、文武皆通、變通力好、模仿力強、衝勁十足、虎頭蛇尾、坐三望四、好高騖遠、投機心態、鑽牛角尖、易成易敗、招來誹謗、口舌爭論、華而不實、多生是非、貪小失大。

此柱可契於易經☴☳風雷益卦，因乙木屬巽卦、地支卯木為震卦。益卦象曰：「君子以見善則遷，有過則改。」遷無庸置疑是指搬離原居地，象徵出生地的地理位置不佳，宜遷居後才易獲得機遇。卦象下震之上互坤、上巽之下互艮，而先後天八卦中「巽坤」同宮、「震艮」同宮，即示大樹要種在艮山，草木適合植於坤地，所以理當將上卦巽草「遷」至下坤、下卦震木要「移」植艮山，方能「善」盡其用，否則將會造成損益兩極現象（將此理契於十神論說：甲木剋戊土、乙木剋己土，皆宜論為「正財」）。象義啟示營謀或居宅宜慎擇環境，適才適所才能達到最大功效。

有過則改：誥誡除了慎選優質環境外，人格培養、品德教育也是成功的養成要素。此卦震巽為春夏季節，此際猶血氣方剛之齡，行為思想尚未成熟，若有過失要及時修正，方能發揮陰陽體用合一的功效。易經象辭是教導如何改善修為，猶此柱應變能力強，也善於巧辯，即使自己有過失也要爭到贏，故宜勇於認錯，才不會樹敵。

觀察能力強，謀求易見風轉舵、追隨流行趨勢。生平好交朋友，但因內心欲望強烈而易跨及利益，因此容易引來紛爭。與人相處不宜好大喜功或只因利益而交往，應該真心交流，友誼才能歷久不變。

【事業】

具分析能力，領悟力也強，可從事保險、編排、組織、整合、歸納、買賣、行銷、設計、仲介、直銷、外務、行政、會計、出版、百貨、倉管、公關、超商，及具人事管理之事業。

事業擴展速度快，但有易得易失的現象，宜注意人際繁雜又欠缺理財觀念而導致錢財損失。平時也不要太過雞婆，以免引來人事問題，有獲利時宜置產方可避免損失。

【六親】

與祖上思想有隔閡、關係冷淡。父親較嚴肅寡言，但擁有一技在身或是營商之人；母親交際手腕較好，跟左鄰右舍互動佳，帶些靈異體質或第六感強烈。與父親情分較佳，母親的身體常有小毛病，但壽元可能比父親長。同性手足較多、情分平淡，在經濟資助上心有餘而力不足，手足亦有早別或分離損傷之傾向（母親流產或墮胎）。

【姻緣】

對象易在職場或經長輩朋友介紹而認識，因對方談吐、外貌皆具風采而交往，但過程中感情爭端多，也常為節外生枝事宜所苦，且易有第三者介入之傾向。姻緣變化很大，所以不宜早婚。婚配對象選擇參考：蛇、馬、羊、猴的生肖。

男性：戀愛時期配偶思想行為單純，婚後賢淑顧家，本人因需面對環境的磨練而變得能言善道且善於交際。宜妥規畫未來前景，使對方有安全感，但需防中年期間因荒唐行舉導致婚姻破裂。

女性：身材中等、長相亮麗、活潑大方、性情豪邁，婚後為職業婦女居多。經濟狀況逐漸穩定後，易因交友複雜而生變數，致使情感難以持之以恆或易產生出軌現象。

【疾病】

乙和卯都屬木，然而木旺會形成耗水、生火、剋土及金缺現象。歸納後的病源為脾胃衰弱或肝火太旺，易導致食滯消化不良的症狀。其次，震也主氣，可推斷為精神病或歇斯底里。

乙卯主手腳，應用時宜視乙為手、卯主震卦為足，易因外來因素造成四肢受傷。乙或卯木也主自律神經，若失調易導致失眠、莫名心慌、焦慮。精神長期處於緊繃狀態，又長久面對電腦手機，會導致肩頸僵硬疼痛，如此惡性循環都是憂鬱症與慢性疲勞的前因。宜透過伸展胸鎖乳突肌促進淋巴循環，學習放鬆肩頸肌肉，則能預防及改善自律神經失調。

平時宜放寬心情、接近大自然，並可以按摩肩井穴、風池穴、膏肓穴等，來緩解肩頸僵硬不適。也可以藉由吹風機熱風吹肩膀放鬆肌肉，再配合專業醫師診治。

守護神明：孫臏真人。關平太子。太歲星君。

【地理】

草地花園、休閒公園、商區夜市、業務公司、電子賣場、公寓住宅、人潮聚集、市場學府、運動場所、龍闊虎逼、明堂雜亂、側臨河道、室內不整、明暗懸殊、門行絕命、先女後男。

居住的地方不大或周遭環境有些雜亂，室內雜物太多。明堂亮麗但後面採光不足且較雜亂無序，易導致人事經濟糾紛，及六親刑剋和財來財去的現象。居住空間擺設的物品具有形象，這些形象往往會反映在家人的內心狀態，例如家中擺設太多玩偶就容易產生幻想，造成童心未泯，致使晚婚或不婚現象。倘若不願正視居宅雜物，也會造成謀求魄力不足、裹足不前的現象。所以居宅除了方位吉凶外，環境舒適與否也會影響居住者的情緒，因而間接影響事業的成敗。

九重葛、榕樹、木棉、薔薇、玫瑰，這些植物有的有刺、有的屬性極陰，若植於室內或太靠近宅舍，除了易卡陰外，也易形成針鋒相對的現象。

【大運】

少年時期行此大運會極想展現自我才華，但因個性比較叛逆，行為不守規範，所以學業成績不盡理想，也易有輟學或轉學現象。人際關係雖好但良莠不齊，宜謹慎擇友，方不致誤入歧途。

創業時期行此大運，如果之前有尚未完成的事，此運時機已至，應該妥善計畫。若是初期創業，在事業上易有多元化的抉擇，宜慎選自我興趣的工作，因此運有虎頭蛇尾的傾向，若不慎重必然導致徒勞無功。已有既定事業者，會擴及周邊產業或兼職他業，也積極在推廣行銷。

此運宜堅守正念，慎防多管閒事或跟會作保，信用借貸也容易拖垮經濟，不宜隨人起鬨或被新鮮事物迷惑，才能避免損失。與兄弟姊妹或好友合夥會不歡而散，夫妻相處也要多溝通、互相禮讓，方不致因小糾紛而擴演成婚外情或離異現象。

乙巳：二十

黃裳元吉百花開　名利雙收現前來
最忌高飛忘返路　進退有據殃遠排

【象義】

乙巳的自然現象如坤卦六五爻曰「黃裳元吉」，即大地草木茂盛、遍地已開滿花朵，此番景象猶將大地披上鮮豔衣飾一般。天干乙的五行屬木、代表春季；地支巳是農曆四月，節氣是立夏、小滿，時間是早上九至十一點，在易經元亨利貞四象中是屬亨的夏耘季節。乙木見丙火即可開花結果，象徵才華洋溢、鋒芒畢露、言行灑脫，容易得到現成的好處，但有好景不常的傾向。

此柱自坐十二長生的「沐浴」位，傳統命理將「沐浴」解釋為小孩出生時會先洗澡，又將裸體視為因不穿衣服而謂為桃花，此論點有些荒謬，因難道有剛出生就會犯桃花之理。事實上「沐浴」就是古代的成年禮，中國古代成年禮從西周就已存在，儀式中男子有「冠禮」，即滿二十歲時會予以加冠，族群即承認其已成年，之後就可以娶妻；女子有「笄禮」，則是在滿十五歲舉行笄禮，及笄後即可以許嫁。所以就視「沐浴」為桃花星。故此柱喜好春風，人緣及桃花旺，且可得貴人及現成好處，但俗云：「人無千日好，花無百日紅。」故此柱亦含盛極而衰的現象。乙巳自坐「傷官」，主木火通明，象徵文筆好也懷特殊才藝，能展現自我才華，但壯極宜貞守成果，方可免於功虧一簣。

【性情】

聲勢壯大、靈巧活潑、口才流利、能言善辯、行事投入、策略營謀、喜走捷徑、好高騖遠、虛幻不實、誇大三分、掩飾力強、得意忘形、見風轉舵、自視不凡、睥睨他人、恃才傲物、任性驕傲、一意孤行、狂傲乖張、好管閒事、尖銳傷人、剛愎反覆、受人誤解、遭人誹議、觸犯法網、隨遇而安、追求自由。

此柱可契於易經☳☰雷天大壯或☴☲風火家人卦。大壯卦辭曰：「大壯，利貞。」取象人緣好、思緒敏捷、為人熱情、樂善好施、廣結善緣，且易逢到好時機致使氣勢壯盛如天，但氣勢旺盛時往往就容易得意忘形，故辭曰詰誡宜善守既得成就，因所有事物皆無法恆久不墜。

家人卦象曰：「風自火出，家人；君子以言有物，而行有恆。」風自火出：巽風和離火是春夏的產物，此際太陽旭昇後便會照射於海洋，被太陽加溫後的海平面就會形成水蒸氣而上升，於是周遭的水就會不斷地遞補上來，如此循環之下便會形成風，但火與風皆是無形之質，且亦無法歷久不衰，故以「行有恆」勉之。巽離是木火旺盛之際，需賴水來調濟，幸前言水循環景象中被蒸發後的氣流已夾藏水氣；行有恆：指離卦太陽雖恆久運行不息，但卻有日陷時分，故象辭誥誡要踏實經營，不宜間斷努力目標，才能永保安泰。「言有物」取象二三四爻互坎水、為言律；乙巳屬傷官格，但傷官必須配印（印星代表內在涵養學問），言論中才能襯托出內涵。

聰明中帶點迷糊，才華洋溢之際則易自我膨脹、誇大喜功，且易憑藉外表或自我感覺判斷事物，因而常不探究實際現象而遭蒙損失；易經每卦中皆有「象曰」，是教導如何用行為來彌補該卦五行不足之處，而此卦之缺失則須以「言有物，而行有恆」為修省法則，即要加強「印星、比劫」的力量，才能立於不敗之地。

【事業】

具投機冒險魄力，且觀察力強又善於商談，適合從事創造、設計、營造、仲介、業務、債券、稅務、監督、繪圖、美工、經紀商、門市經營及代理性質行業。

當氣勢旺盛時往往已達人生高峰，此際不可好高鶩遠及擴張信用，宜堅守正道、不可投機取巧，不然會因太過自信而造成損失。一生中患得患失、大成大敗，與人相處不可太過吹噓，處世營商皆要注意信用，言行務實才可以持盈保泰，因此命之人雖然可以獲得良好時機，卻也有好景不「長」之現象。

【六親】

可得祖上器重及助益，母之健康較父親佳，父親個性比較沉悶寡言，母親人緣好，且將家裡打理得井然有序。兄弟姊妹助力不大，但成就懸殊。六親中外表看似健康、內實體質衰弱。

【姻緣】

易在業務場合團體聚會中認識對方，因具獨特魅力或郎才女貌而互相吸引，有一見鍾情、一拍即合傾向，因而有情人終成眷屬。男性善解人意、熱心助人、相貌堂堂；女性美麗大方，但有些嘮叨，擇偶傾向神思清爽、剛強嚴正、做事果斷的異性。婚配對象選擇參考：虎、龍、羊、狗的生肖。

男性：因欣賞對方談吐及外貌而成為伴侶，男性能得到妻室幫助。中年前氣勢旺盛又不信邪，也不易採納配偶的意見，屬大男人主義者。運蹇後則會依賴配偶，致使怨言極大。平時若不修飾行為、尊重對方，婚姻易導致變數。

女性：助夫興家，家中大小事物處理得井然有序，但常為配偶好高騖遠的思想行為憂心，甚者會因經濟因素而有離異的念頭。

彼此異性緣都不錯，感情上屬浪漫幻想主義者，易因標準過高而影響家庭。雙方相處宜理性溝通，火氣大就容易擦槍走火。生女兒機率較高，子女富文學氣質，易往外地求學或發展事業。

【疾病】

乙巳柱乃耳聰目明之象，象徵才華洋溢、體泰安康，但本柱畢竟洩秀太過，易造成水不足現象而導致肝炎、膀胱、角膜炎、偏頭痛、牙齒痛以及筋骨脫臼。此柱的人比較鐵齒，通常是不輕易投醫的，心想忍忍就過了，因只不過小毛病而已。

有一偏方或許可以試試，例偶爾牙痛時，可以用蒜頭切成玉米粒或米粒的大小，加上胡椒粉，鹽巴各三分一的量，搗碎成泥，包裹在手臂的脈搏上，極有功效。

其次就是要降肝火養腎氣，可以用黑色食物配上綠色食物，例如，白果芥菜木耳湯、蒲公英黑豆湯。若要降肝火，必須不熬夜，保持心情愉快，不吃易上火食物，亦可飲用菊花決明子茶來降肝火。天然成分就能幫助消炎，打造出抗酸化、抑制癌細胞增殖的好體質。

在腎方面，腎陰和腎陽必須平和，要避免房事過度。食用燥熱食物易引起腎陰不足而上火，建議平時多食用山藥、黑芝麻、黑木耳、枸杞、核桃等食物，有助降腎火。

守護神明：太乙天尊。飛天大聖。張府天師。三太子。八家將。

【地理】

稻田農場、草木林立、花卉市集、才藝場所、公家單位、中高學府、水果攤販、理容院所、服飾店家、配電場區、五光十色、龍虎平均、明堂寬廣、先順後逆、室內簡樸。

易居於郊區、家中擺設簡單、樸素，後因創業所需而遷往都市，周遭種植草樹，廚房易壓延年方。風水或陽宅為進田筆案山，龍邊空曠無欄，虎邊較飽滿，後有河流。道路或水局為右水到左，先環抱後反弓流出，因此易出外發展，但初成後敗，須防他鄉患難。

玉堂春：古代中國傳統習慣，喜歡在家中庭院種植玉蘭花、海棠花、迎春花、牡丹花和桂花來象徵「玉、堂、春、富、貴」，因此「玉堂春」兼具玉蘭、海棠、迎春這三種花語。「玉堂春」花瓣為白色又具富貴象徵，所以常取為雕刻觀音之樹材。

【大運】

少年時期逢此大運為風雲人物，生性瀟灑、俏麗，也易有才子佳人際遇，亦可得長輩師長器愛。在交友方面要謹慎抉擇，否則會因惹事生非而耽誤學業和前途。

創業時期行此大運，倘若前運勞碌、事業有成，此運即可坐享其成，且易逢貴人提攜，亦有風流才子風範。此運易逢到好時機，但評估事物不宜太過樂觀、也不宜投機，有收穫時應善守成果，因此運容易旺極而衰。

乙未：十五

平原土中草根滲　入木三分亦可真
門庭若市顯繁景　先迷後得求更深

【象義】

乙未的自然現象是大地草木茂盛。天干乙的五行屬木、代表春季；地支未是農曆六月，節氣是小暑、大暑，時間是下午一至三點，在易經元亨利貞四象中是屬亨的夏耘季節。乙未象徵是第一期農作物收成的季節，同時等待著下期的播種，故有「騎驢找馬」的情節。

此柱自坐十二長生的「養」位，即未支的土壤可以育養萬物；象徵可將自身擁有的才技服務群眾、培育人才。此柱自坐「正財」，象徵重視情感與錢財，但不貪非分之財，可廣聚善緣、四海一家親。

【性情】

剛直正氣、直言直語、處理圓融、辛勤經營、重視內涵、企畫鑽研、求知欲高、深思熟慮、觀察力強、謙和待人、慷慨解囊、處事幹練、自以為是、思想詭異、口沫橫飛、嫉惡如仇、勤儉持家。

此柱可契於易經☴☷風地觀或☳☷雷地豫卦，觀卦六三爻曰：「觀我生，進退。」象徵觀察事物能力強，可藉所察覺的事物鑑為自己的事物或作為進退之道。豫卦辭曰：「利建侯行師。」即聯結諸侯，擴展國家版圖以穩固江山；契於事物則為廣結善緣以增進財源。大致是自給自養，初期創業者經濟壓力大，上班族則較平順。一生中會為改善環境和經濟奮鬥，人緣好、朋友多，學習事物緩進，為注重道德、講求信譽之人。

易經六十卦中的卦象皆具五行象義，如木配土的卦就會涉及外域營商或置產，此象與八字理論極為契合，因木剋土為財星，土又是自然界的印星（房子、不動產）。木若乘於土上者，象徵已成為大樹，此際急需穩固根基，所以一旦賺到錢就會擴展事業版圖和置產；木居土下者，為種核急迫想破土而出，形成的自然心態就會急於營謀賺錢，所以第一念頭不會想到置產，因尚為秧苗小樹，不急需擁有大片土地。

【事業】

具學習精神，領悟力強，適合從事業務管理、會計帳目、櫃檯人員、公務人員、五術中醫、外務公關、行政業務、遙控開鎖、超商管理、保險事業。

工作形態屬技能智慧大於體力者。工作易轉型或兼副業，房子與不動產也容易異動，工作形態為短期重複性質。

能善用周圍人際關係擴展事業，以致業績能蒸蒸日上。但在經濟上宜妥善規畫，得機運時雖可快速獲利，但並不代表有投機之偏財運，所以在投資上易判斷錯誤，故凡事不可自以為是，方可彌補自己的疏忽而避免損失。

【六親】

與長上淵源深，或許有些家產，但助益並不大，大致要靠自己的能力興家。父親個性固執、堅守崗位、克儉持家；母親健康較父親差，但懂人情事故，異性緣也不錯。兄弟姊妹不多、緣分平淡且各自獨立。此柱女性比男性處事圓融，且桃花較旺，成就也較高。

【姻緣】

男性敦厚樸實，擁有特殊技能，但個性有些乖僻自傲。女性重感情，追求生活美滿，所以結婚時有愛情大於麵包之傾向。會在偶然的聚會中認識對方，但女性桃花比男性重且感情較豐富，交往時就有可能已有多位男友。婚配對象選擇參考：兔、龍、猴、雞的生肖。

男性：學習能力強，謀事果斷且認真向上。配偶個性偏於內向，婚後家庭觀念重，也會擔起家中繁瑣事務。但自己有些大男人主義，易產生溝通障礙而缺乏情趣。

女性：婚前異性緣就很好且桃花旺。婚後會分擔家計，也要幫忙扛起家中重擔。配偶有些嘮叨，故常因其思想偏執而抱持著無奈感。子女二至三人，雖須勞心勞力去照顧，但尚屬乖巧。

【疾病】

皮膚病變、脾胃脹氣、靜脈硬化、手足受傷及躁鬱症。胃脹氣會將橫膈膜往上擠，使得肺氣交換不充分，由於身體缺氧，無形中要使用更多的輔助呼吸。易出現呼吸不暢、胸悶、頭暈頭痛、疲勞倦怠、注意力不集中等症狀，大小腸、卵巢、子宮也容易受脹氣壓迫而引發腹痛或疝氣。

脾胃不好、經常脹氣的人，可以多按摩腹部及天樞、中脘、足三里、上巨虛等穴位，或灸中脘、關元、氣海穴皆可改善。平時在飲食方面少吃會產氣的食物和刺激性及辛辣食物。

乙未柱為草木生長於燥土之上，容易導致枝葉枯黃，中老年後易患骨質疏鬆症，若有小病應即時就醫，切勿因小失大。

守護神明：神農大帝。文殊菩薩。顯應祖師。

【地理】

競技場、家具店、遊樂區、平價超商、醫院診所、商家林立、銀行郵局、公園綠地、公寓社區、環境簡潔、要道支線、明堂整齊、後臨小巷、屋型不整、廁壓吉卦。

謀職時通常會在人潮聚集之地，居住的地方是簡潔的社區；經商者周遭為百業林立的商家。左水到右的水局生意較好，但易因廁所置於側後方的吉卦上而產生罕見疾病，也易導致口舌紛爭。

福祿桐：葉片形狀分成三種，分別是圓葉、細葉和羽葉福祿桐。圓葉福祿桐又稱圓葉南洋森，是較為常見的植物，其莖幹挺拔，葉片鮮亮多變。圓葉福祿桐擺放在室內可吸收人體的穢氣；羽葉福祿桐則可化除室內的煞氣。福祿桐本身的正能量相當高，所以廣被應用在風水上，因為它具吸取空間中負能量的特性，但當汲取飽和後植物便會枯死，形同「代人受過」之象徵，所以很適合種植在客廳、臥室、書房、陽台或陰煞旺的地方！當福祿桐吸收過多煞氣後就會呈現負能量，可以在盆面上鋪上黃色細石即可維持正能量，但能量會較以前降低，所以建議多買幾棵汰換，並定期移到室外曬太陽，除可增強能量又可免於「精盡樹亡」有勞無功之遺憾。

【大運】

少年時期行此大運尚屬平順，讀書雖不是特別用功但成績尚可。此階段對異性特別好奇與期待，但心儀的對象往往追求者也多，由於競爭激烈，就得展現個人魅力與手腕了。

創業時期行此大運，謀職或經營事業大致還算平順，但沒有太突出的作為，所以會朝多元化模式經營。之前若有置產土地會增值，可獲高利潤。此運會先迷後得，往往因平時的興趣而誤打誤撞成為自己的事業，但這個大運女性會比男性發揮得更好。

乙酉：十四

勞碌奔波得所養　秋收須藏冬食糧
只緣春來枝又發　同苦容易甘難享

【象義】

乙酉的自然現象是秋天樹上僅存的果實。天干乙的五行屬木、代表春季；地支酉是農曆八月，節氣是白露、秋分，時間是下午五至七點，在易經元亨利貞四象中是屬利的秋收季節。乙酉柱之象為樹木已由春天成長到八月之秋天了，但過程中會歷經前柱甲申之七月颱風的考驗，以致成為樹上僅存的果實，也象徵人生會歷經風險的考驗，但因堅持不棄而能略有所獲。

此柱自坐十二長生的「絕」位，絕是一件事情的盡頭，但俗云絕處逢生，所以自然現象是樹上的碩果掉落於地後，種核會再待機重萌；即謀求中常會碰到瓶頸，但總能伺機轉型。此柱自坐「正官」，象徵有敬業精神，無論職業貴賤皆能欣然接受，且會盡心盡力去做，其工作形態如農夫收割後，就會再進行下季播種，所以屬短期、反覆性質行業。

【性情】

處事靈活、恆心毅力、注重率效、信守承諾、細心緩慢、言行有威、輕名重利、工作刻板、好奇心強、矛盾心態、多學少用、共苦難甘、懷恨在心、有苦難言、忍辱負重、獨自承擔、有恩報恩、不善應變。

此柱可契易經☳☱雷澤歸妹卦，象曰：「君子以永終知敝。」象義為忠肝義膽一路相挺，直到一切穩定後，對方卻不懂得珍惜，與「路遙知馬力，日久見人心」同義；另一種現象是謀事之初真相未明，直到終點才知道沒有結果而後悔莫及。

富敬業精神、收入穩定、事業心重，很會經營人際關係而容易獲得資助。一生追求安逸自在的生活，處事重人情世故，逢委曲時也不會與人斤斤計較，屬追求精神領域大於物質面者。對神祕事物極具興趣，平時雖然節儉，但有需求時不會吝嗇自己，屬逆來順受、忍辱負重、聽天由命之人。

【事業】

個性率直，安分守己，敬業精神佳，為優良員工或校長兼敲鐘者，適合從事當鋪、保險、會計、業務、水果商、餐飲業、軍政警界、機械操作、農產耕作、行政事業。

男性大致從事勞力、技術性質之行業；女性為人際、業務或屬行政性質之行業，賺錢能力與成就大致比男性高。選擇的工作一般都會由初而終，但會因時勢所趨感到無奈而更換跑道。工作形態免不了勞累或奔波，但都能竭盡心力去完成。此命格雖然不見得能大富大貴，但大致還算安逸，乃衣祿無缺之造。

【六親】

與祖上關係好，家道淵源深厚，但家族中易有伯叔、姑婆輩或兄弟姊妹中有自小夭折者，若逢嬰靈干擾，宜妥善安置，方不致影響家運和健康。與父親思想有隔閡、代溝較深，和母親互動良好，母親壽元大致比父親長。兄弟姊妹雖能彼此關懷，但手足良莠不齊、成就懸殊，亦有敗家傾向。家中容易意見分歧不睦，以風水論，乃廚房壓錯方位所致，若妥善調整即可改善。

【姻緣】

易在工作職場或經長輩朋友介紹而認識，男方欣賞對方賢慧且善於交際；女性中意對方忠厚老實、穩重成熟且工作認真盡職，因而成為眷屬。婚配對象選擇參考：鼠、龍、馬、雞的生肖。

男性：顧家且工作認真，交際應酬少，家中繁瑣事務都交由配偶處理。創業之初感情尚稱良好，但因妻子能力強且較蠻橫，生活中比較情緒化且多疑挑事，致使情路崎嶇。配偶思想太過主觀，當有衝突時，內心常會充滿無奈感。

女性：眼光並不太高，會以人品做為優先考量，婚後會任勞任怨地持家。但經濟一旦好轉和見聞寬廣後，往往會因環境誘惑而迷失，導致雙方都容易出現婚外情或心理桃花。子女不多、尚屬乖巧，但長大後會因事業所需或遠嫁而聚少離多，導致成為孤單老人。

無論男女對婚姻都抱持永續維持的心態，但到中年階段易累積生活中的瑣事而產生心結，若無法妥善協調，極可能因日積月累而產生負面想法而導致離異。婉惜的是彼此都沒犯太大的過失，或許是思想會決定一個人的命運吧！

【疾病】

乙酉柱是地支剋天干，首要宜取傷官駕煞，以火剋金護木為用，所以要先注重心血管保健問題，次要則是肝臟、肺部、骨骼、牙齒、神經系統和手腳受傷的防護。

平時的保健可嘗試食用天然食材配方養生，可用大蒜、薑、檸檬、有機蘋果醋和蜂蜜，搭配三味靈（三七、丹參、山楂），可相輔相成、效果加倍，對身體健康好處多多。

守護神明：千手觀音。準提菩薩。西方三聖。釋迦文佛。

【地理】

水果攤、理容院、服飾店、檳榔攤、加工廠、小商店、停車場地、農場稻田、鄉間小路、神廟宮壇、巷道凹風，觀音媽祖、祖先牌位、廚壓延年。

家中擺設簡單、樸素，明堂寬廣、周遭草樹茂盛，且有兩水或兩路交會。大門易行凶門及廁壓延年及文昌位，導致學業不佳、意見分歧、疾病加身。此造工作室或書房若置正西方位，可促成事業或利於文昌，但臥室則不宜，因會惡夢連連或禍害加身；客廳和書房採光明亮亦有助於功成名就。

花梨木：樟科，產於巴西雨林的特殊木材；又名「玫瑰木」，紅色的樹幹、紅色的木心、開著黃色的小花，以其獨特的木紋與氣味享譽全球。功效：止痛、抗沮喪、抗菌、催情、殺菌、利腦、除臭、殺蟲、激勵，可穩定中樞神經系統及平衡神經效果，又具鎮定、收斂、穩定特性，所以對躁進、過度興奮與抑鬱沮喪、低潮的心情都有平衡歸一的作用。由於木材高貴，所以常被拿來雕刻成佛像，藉由早晚朝拜、近距離接觸以吸收正能量，可有效提升免疫系統防禦力並增強身體的抵抗力，以達細胞活化、促進組織再生，從其溫暖的特性中獲益。

【大運】

少年時期行此大運，雖然很認真地學習但尚未能開竅，也易受家庭因素影響學業，所以並沒有很特殊的表現。此運一切事物尚能按部就班、堅守原則，但要注意意外傷害。

創業時期行此大運，往往要處理之前所遺留的弊病，待除弊革新後就可趨於穩定。此運宜堅守崗位，可投資但不能投機，若貪求非分之財易導致身敗名裂。此運宜注意六親身體，也容易有意外或喪服。

乙亥：十三

樹葉逢冬必凋零　乘舟渡洋商旅行
慎終追遠宗廟興　衣錦還鄉眾親迎

【象義】

乙亥的自然現象如漂泊的浮萍，也如大海之舟。天干乙的五行屬木、代表春季；地支亥是農曆十月，節氣是立冬、小雪，時間是晚上九至十一點，在易經元亨利貞四象中是屬貞的冬藏季節。此柱自坐十二長生的「死」位，象徵此域已因季節變遷而喪失生機，故需「乘舟渡洋商旅行」至外域另謀生計；滴天髓於乙木篇曰：「可春可秋。」即乙木無法過冬之意。此柱成長至冬季，因已無法適應環境而須遷徙他域另謀生機，與此柱自坐「偏印」必須借地而居同義。

先天八卦的離宮為後天八卦震宮，主甲乙木必會隨著陽氣昇落而興衰成滅。太陽本傾陷於戌乾亥宮位，因此誕生了《奇門遁甲》術，以藉乾坤大挪移改變方位、時間以巧奪天時。其實《奇門》就是指天干戊己土與分布於四季地支的丑辰未戌土，因土主斂藏後再予生化，其根源理論來自《連山易》與《歸藏易》中的戊己土作用。若大費周章去探討開、休、生、傷、杜、景、驚、死八門而不尋根究源，恐也無助於事。

【性情】

研究心強、喜歡思考、好學不倦、創意研發、執行力強、不滿現狀、環境變遷、趨利求貴、挫折感重、泛萍浮梗、任意不拘、思想叛逆、人事複雜、日思夜想、隨波逐流、虎頭蛇尾、心存疑慮、優柔寡斷、進退失據、鑽牛角尖、無福享受。

此柱可契易經䷺風水渙卦，辭曰：「渙、亨，王假有廟，利涉大川，利貞。」而取象「樹葉逢冬必凋零」，又將水上有木形容成用樹幹挖空成船，才得以「乘舟渡洋商旅行」；「王假有廟」則是設立宗祠，讓流離顛沛的子孫可以慎終追遠；象徵此造男命極重視香火傳承及宗親情誼。

渙卦六四象曰：「渙其群，元吉；渙其丘，匪夷所思。」渙其群：指遷移出生地、遠離親朋好友。元吉：元是春季利木成長之地，即由亥冬遠遁至辰巽巳的春夏之域而獲吉。渙其丘：上卦巽木久浸下卦坎水之中而漂浮不定，幸巽卦之下互艮卦（水旺必定木漂，逢土方能培木之根）。

本卦進行過程為下坎、互震、互艮而至上巽，釋象為坎上之震木乘舟遠渡重洋，經互艮終於上到彼岸，致使巽木因有了陸地為根基，方能開枝展葉而獲得成果。匪夷所思：親朋好友料想不到原本落難而逃的宗親，竟然在外域闖出一番非凡成就，而令人刮目相看。象徵此柱必須遠赴他鄉創業才會尋得良機。

【事業】

毅力與掌握求知欲望皆強，適合從事知識性、文藝、業務、整合、創作、行銷、技師、中醫、作業員、舞蹈瑜珈、筋骨理療。

有特殊才藝，執行力也強，且任勞任怨，但不見得會逢到好的時機，因此養成一意孤行的習性，也常埋怨環境不適。在事業上須紮根很久才能發揮，但不宜在故鄉創業，宜遠赴他鄉反而較能獲得良機。平時因不善靈活運用資金而易造成虧損，理財要保守為宜。

【六親】

難得祖上庇蔭，但也要留意香火斷承事宜，若不妥善處理會影響事業及健康。父母要求嚴格、期望重，但實質助力不大，要靠自己出外奮鬥。兄弟姊妹各自奔波但易懷才不遇，彼此一生聚少離多。

【姻緣】

易在工作場合經長輩或朋友介紹促成，男方欣賞對方身材好，或有特殊才藝且善於外交；女性會因自己本性比較漂泊不定而選擇忠厚老實、穩重成熟的人做為依靠。婚配對象選擇參考：虎、龍、羊、雞的生肖。

男性：顧家疼妻且工作認真，不喜繁雜的交際應酬，但會為了改善家庭環境而忙於事業，且需在外奔波，所以家中繁瑣事務皆賴配偶處理。謀事雖具毅力，但魄力略顯不足，無法展現男性的氣概，導致情路多挫折。乙亥之象猶舟船在海上隨波盪漾，所以性姿勢必然喜歡多變，配偶倘若無法配合，也是導致婚外情的因素。

女性：此造不容易找到高標準的對象，只能以人品做為考量。婚後雖任勞任怨顧家，但因人緣好、交際應酬多，又喜歡追求新鮮、亮麗、自由自在的生活，以致疏忽家庭，因此夫妻思想分歧，嚴重者易導致婚變。

床位不宜擺設在子午卯酉之正北、正南、正東、正西方，容易因環境誘惑而產生婚外情，甚則會導致離異現象。

【疾病】

乙亥為木久溺水中造成木泛、火土不足現象。易患腦部疾病、骨刺、肝臟、筋骨酸麻、足底筋膜炎及脊椎側彎。

西北戌乾亥宮位契於人體為督脈脊椎，然而現代科技進步，日用電腦手機的頻率增加，加上姿勢不良，以致脊椎側彎的年齡層已逐漸下降。父母應該特別留意青少年在骨板未完全癒合之前，把握治療黃金期加以矯正。

守護神明：蓮生活佛。濟公菩薩。蕭府王爺。霞海城隍爺。

【地理】

鄉村水邊、田園小徑、連接道路、轉彎路段、池塘泳池、娛樂場所、便利超商、社區公寓、明堂開闊、順水格局、直來直往、砂手斜飛，擺設簡潔。

出生於鄉村或居交通要道巷弄內，周遭有河流及花草樹木，宅之前後皆有通道或由地下停車場為進出入口。若廚廁方位安置不妥，易引起筋骨病變及肝腎疾病，夫妻也會常爭吵、感情不睦。

山蘇：根莖短而粗，緣葉自地下莖叢生，由中心向四方開展而成放射狀。**黃金葛：**又稱萬年青、綠蘿、黃金藤、銀藤葉；葉片上有不規則黃色或白色斑紋，所處環境光線越強其斑紋越明豔。黃金葛分為水種及土種，以風水上來說，黃金葛屬攀藤類植物，種植在家中容易導致口舌是非和小人纏身，一般不建議在住家種植。倘若是套房或住家的廁所壓在吉方，濕氣會瀰漫整個臥室，致使精神萎靡、腰酸背痛。建議在浴室內種植土種「黃金葛」或「山蘇」，因這兩種植物吸水性極強且可淨化穢氣，但浴室內必須安裝黃色光燈照射才不會卡陰，如此便能中和穢氣且達到化煞助運的效果。

【大運】

少年時期行此大運，學習事物理解性尚不足，往往只能死背公式，因而無法產生學習興趣，易導致曠課逃學。交友也要留意，容易被環境誘惑而迷失。

創業時期行此大運，若遇到瓶頸不宜苦守，要轉型才會逢到良機。此運在原居地謀求往往難顯其功，宜遷移他域發展，方有功成名就的機遇。女命行此大運易被外在環境迷惑而產生婚變。營謀若有獲利，投資不動產是很好的選擇，假以時日即可增值。但這個大運，六親易刑傷且有孝服。

丙子：十六

日陷凜冬徒虛名　表陽內陰性未明
東旭北潛終又始　遏惡揚善天地心

【象義】

丙子的自然現象是太陽已傾陷於海平面，也象徵是冬天的太陽。天干丙的五行屬火、代表夏季；地支子是農曆十一月，節氣是大雪、冬至，時間是晚上十一至凌晨一點，在易經元亨利貞四象中是屬貞的冬藏季節。丙子猶太陽已游移至另一個半球了，但地支子為深夜，象徵白天事業忙碌，夜間尚會研讀學術，也喜歡靜思而能靜以致遠，以增廣見聞來擴展事業。

此柱自坐十二長生的「胎」位，猶婦女已身懷六甲，也象徵一件事情正在醞釀中、將待時發揮。丙火屬先天乾卦，子水主先天坤卦，乾坤兩卦居後天坎離子午線，象徵陰陽兩氣由此交感而復見天地育物之心；也因陰陽兩氣交感而懷靈異體質（但不一是出現在日柱，月或時柱也有跡象）。

此柱自坐「偏官」，十神中的正偏並沒有絕對的好壞，只是得「正」者，從事任何事情比較名正言順且持久不變；得「偏」之財、官、印者，則常因工作或環境不適而須轉換跑道，人生過程也常需「借地而居」後再乘勢發揮。

【性情】

堅守節操、充實內涵、安分守己、權柄謀略、膽大心細、關懷弱勢、重守承諾、擅長謀營、言行耿直、心直口快、嘴硬心軟、自我保護、一心二用、浮誇不實、鑽牛角尖、觀前顧後、心事重重、疑心病重、重利輕名、危言聳聽、無意樹敵、突破困難、起死回生、嫉惡如仇。

此柱可契於易經☰☱天澤履或☲☵火水未濟卦。有學過易經的讀者或許會質疑我到底懂不懂卦象，因履卦中乾兌的五行是屬陽金和陰金，而丙子卻是水火相重，與履卦有何關聯！

其實，吾人演繹易經象義契於各柱已有數十年經驗，且眾多學員驗證後皆感奇準無比。我配卦的法則是象之涵意重於五行，猶丙屬離卦，可契於先天乾卦；子屬先天坎卦，可契於後天兌卦，相重後則成履卦；而乾或丙之氣本旺於春夏，但運行至西方兌域後則會喪失光明，因而環境中就會產生險象環生的情狀，此義乃履卦所要敘述的宗旨，相信讀者假以時日即可窺曉其中奧妙之處。

履卦辭曰：「履虎尾，不咥人，亨。」履是行走、履行諾言，取象丙火太陽或乾卦天體運行規律恆古不變、決不毀約。履虎尾：上乾為偏僻的高山荒野，此際太陽又運行至子支深夜，行於此路必然是險象環生，驚險情節猶從老虎身旁走過（乾的先天卦為艮、易理謂艮為虎，取象山中藏虎）。

亨：大象成離、離火五常主禮，仿象以禮待人或藉火照明可化險為夷。契於居宅：北方周遭若太過陰暗必然會憂慮多疑，可點一盞黃燈即可化除；北方低陷或有水池，易患腎臟病和偷盜鬼魅諸事。象徵此柱人生過程必然會經歷險境的考驗，也不易獲得良好時機，因此潛伏著暴躁的心態，尚要等待伯樂出現才能發跡。

未濟卦宗旨是水火不交而無養物之功，彖曰：「未濟，亨，柔得中也；小狐汔濟，未出中也；濡其尾，无攸利，不續終也；雖不當位，剛柔應也。」未濟，亨：無法藉由互助而成功，宜獨自努力以求亨通。柔得中也：二五爻雖相應，但皆不居正位。小狐汔濟：取象上離太陽已傾陷於下坎海平面，此際之險境猶小狐狸渡河一般地危險。不續終也：太陽具日出日落情性，無法永照大地。雖不當位：本卦六爻皆居位不正。剛柔應也：爻象由本至末，下陰爻皆可上比陽爻（陰爻為無形的心境、陽爻為有形的物質），詰誡雖然沒有理想的合作夥伴，但獨自堅韌不懈地謀求亦可獲得成就。

丙子猶冬天的太陽，象徵溫度不足，只能求利不宜求名。擅長操作固定技能，為人機靈熱心，平常會從小細節中觀察人的品性，但有些怪脾氣，偶會耍小聰明。行為易受限於傳統世俗規範，逢事較無主見，且易無形中得罪人，若能以禮待人，即可改善人際關係而獲得貴人賞識。

【事業】

具美學觀念和技藝，適合從事審美、管理、會計、秘書、餐飲、美容、行銷、導遊、修車、美工、醫護復健、調理身心、藝術行業。

抱持聽天由命的心態，凡事不會過於計較，只想做好眼前事務，故對未來前景較無長遠計畫，要逢貴人或時運才能發揮。評估事物容易憑藉外表，未深入探索實際狀況因而誤判事物。平時要多與人溝通、參考專家意見，謀求才能周全。

早年創業艱辛、中年勞碌有成，可與人合作但不要合夥，免得鬧到不歡而散，甚至會反目成仇。丙子柱是太陽已游移至另一個半球，象徵思想卓越、見聞廣闊，平時若能整彙成冊，就能與朋友講習，以增進彼此的人生觀和智慧修養。

【六親】

祖上謀事注重原則，行事一板一眼。父親為人直率，風趣多情，個性隨和不果斷；母親善解人意，處事重視傳統禮俗。可得長上疼愛，手足關係良好，大多以勞力或技能謀職，朋友不多、人際層面單純。家運若低靡不順，乃因溝通不當而造成敵對現象，宜釐清問題加以解決。

【姻緣】

因不期而遇或賴網路聯繫而認識對方，男性有一技之長，工作認真負責；女性異性緣好、聲音婉柔、談吐嬌媚，容易受到環境誘惑而產生桃花劫，故晚婚較妥。彼此工作屬性雖然不同，但因可互補或各有自由空間而交往。婚配對象選擇參考：虎、龍、雞、狗的生肖。

男性：配偶思想單純，交際能力好，也是自己愛慕的對象。婚後夫妻同心經營，家中事物多半由女人掌管，但配偶個性耿直、強硬，必須處處禮讓才得以安寧。本身脾氣雖不好，但心地善良且事業心及家庭觀念重。初期大致從事勞碌事業，但平常會無意中接觸到某種興趣，誤打誤撞後則轉型以此為業。

女性：女性比較會幻想，也有自己的理想與抱負，因此大致為職業婦女。婆媳溝通上有些隔閡，但大多會因分居而可化除。對子女管教嚴格，子息個性有天壤之別，男的是內向的宅男，女的外向又天真、活潑，且功課好、比較獨立。

【疾病】

丙火坐子之胎位，本身五行偏弱又受水剋，易產生心腦血管疾病及血壓、血液、心臟、血崩、中風的問題，嚴重者易大腦手術開刀；子中藏癸水，形成水強、剋火、洩金、反污土現象，所以易有腎臟膀胱、泌尿及生殖系統問題。倘若命盤中土不足，也易導致脾胃消化系統問題及糖尿病、身體浮腫、皮膚病變，另外也會有呼吸道、大腸、溏洩等問題。倘若身體已出現病症，會持續一段時間，這種體質不宜食用太多西藥，容易引起併發症。可用中藥針灸慢慢理療，平時也可以藉由自然療法及食療調理。就醫可往東、南方向，比較容易尋獲貴人。

守護神明：玄天上帝。陳靖姑。千里眼。

【地理】

河岸、漁港、池塘、機場、警局、舞臺、山坡地、紅綠燈、公墓地、水利地、山間小路、政府單位、小型社區、公園綠地、修車工廠、地勢平坦、明堂受阻、陰暗死角、屋形缺角、電梯公寓、門行五鬼、廚壓延年。

居宅比較靠近郊區或鬧中取靜之地，附近有廟宇或公家機關，與親朋互動少，謀職或上班的地方車流量大。大門若行中間容易犯幽事，且小人多、有敏感體質，若出現這種現象，可將大門調整至左方龍邊，除可馬上改善外，也會立即出現貴人。廚廁容易壓到吉卦，導致口舌糾紛多，也藏暗疾。水局來短去長，易離開出生地往外謀業，內格局要留意後方有陰暗死角，客廳採光和氣流宜保持通暢，即可排除疑慮。

【大運】

少年時期行此大運好奇心強，也想自力更生，凡事尚能按部就班，但容易沉迷於某種事物。宜專注技能培養，將來才能成就事業。

創業時期行此大運能量並不強，所以無法達到速成之功。適合以自我累積的經驗、技能謀業。生活中常周旋於黑白兩道中，也會有暗財，但易財來財去。此運富挑戰力，可近官利貴，但謀事易憑自我感覺，對新鮮事物較有興趣，出國機率大、可增廣見聞，但環境與六親易有隱疾。

丙寅：十七

寒木初春暖不及　奔波競業將財積
日昃暮秋方領悟　與時偕行自然吉

【象義】

丙寅的自然現象為陽光乍現，草木皆將隨之而長。天干丙的五行屬火、代表夏季；地支寅是農曆一月，節氣是立春、雨水，時間是早上三至五點，在易經元亨利貞四象中是屬元的春耕季節。易經坤為地卦六二曰：「直方大，不習无不利。」直：指木為曲直仁壽格，即木的成長特性若逢陰濕環境，枝幹就會長得彎彎曲曲，臨陽光普照就會挺拔參天而長。不習无不利：萬物都有與生俱來的生存本能，猶花草樹木見到陽光就會奮豫而長，這是不用學習的。象徵凡事都能自動自發，且會「與時偕行」，日出而作、日落而息。

此柱自坐十二長生的「長生」位，水雷屯卦曰：「剛柔始交而難生。」即萬物始生時易逢災難，所以自坐長生之柱皆含苦難現象。此柱自坐「正印」，象徵家庭環境有隱憂、內在壓力大，一生辛苦勞碌，但較無心機、重利不重名。太陽初昇之際尚無法普照大地，象徵較無遠見，且易執迷宗教或玄學。

【性情】

堅韌不拔、求知上進、任勞任怨、淡泊名利、多作少言、思想保守、正統內向、穩重守常、不善逢迎、忍辱負重、愛心奉獻、寬容忍耐、重視名節、不善調濟、缺乏流暢、依賴性強、優柔寡斷、反躬自省、隨波逐流、見風轉舵、耳根子軟。

此柱可契於易經☲☷火地晉卦，辭曰：「晉，康侯用錫馬蕃庶，晝日三接。」晉：隨旭日東昇而前往。康侯用錫馬蕃庶：蕃庶指邊境少數民族，形容調兵遣將、不停奔波以完成任務。晝日三接：朝廷軍隊遠征邊疆禦寇，因無法適應嚴寒氣候，才會利用日旺溫暖時序不斷增派兵馬與蕃族作戰；象徵丙寅溫度不足，要配合「比劫」，集結朋友或團體的力量才足以成事。

晉卦初六曰：「晉如摧如，貞吉；罔孚，裕无咎。」晉如摧如：指初爻變則成震卦，此際太陽重臨大地可催促萬物成長。貞吉：陽光乍露時就出外打拚，但不能因受到外面亮麗的事物迷惑而喪純真本性。罔孚：罔意為蒙蔽，指深夜所積伏的弊端；孚則指晝夜的相對論，初六上應離體九四，指陽氣來臨即可掃除一切陰霾。裕无咎：陽臨有利耕作，生活便可逐漸改善。「裕」字含谷底晉升和死裡逃生之意，即會由惡劣環境中奮發圖強而求得安逸，亦象徵人生過程難免會迷失；倘若遷居會由低處往高處搬遷。

【事業】

具任勞任怨的工作精神，宜從事販賣、業務、操作、宗教、五術、技藝、工廠管理或屬驛馬性質行業。對分內工作會盡心盡力去完成，但心思不夠細膩，臨事欠缺果斷力，且易因不善理財或借貸而蒙受損失。

易與上司意見分歧而不受到重視，對周遭事物要謹慎處理過濾，也不宜與人合夥、替人擔保，且要慎防文書疏失，以免惹來官訟是非。人生過程常因不滿現狀而被外在虛幻亮麗事物迷惑，導致行為偏差，因此凡事要追求實際才不致枉費心機。此柱自坐「正印」，所以沒有投機的本錢，倘若妄為必然會導致無謂的損失。

丙寅其明不足，服務的對象若是老弱殘兵恐亦無濟於事，只能賴傳統方法按部就班謀取；倘遇經濟能力好的貴人提攜，則能日進斗金、迅速致富。

【六親】

與祖上淵源深厚，父親務實勞碌、母親理家，但六親多刑剋且藏隱疾，因此帶給家族煩憂。兄弟姊妹情誼濃厚也各自努力，但實質助益不大。家族對祖上及長幼觀念重，屬傳統世家。但自己和晚輩易事業不濟，且耳根軟容易受騙和投資失利。

【姻緣】

求學階段就有追求異性的想法，但本身異性緣並不是很好，加上自己的動力和積極度不夠，所以往往要在踏入社會職場後，才有與異性交往的機會。男性生性忠厚但易執迷，與宗教玄學淵源深厚；女性外向文雅，談吐條理分明，極具吸引異性的魅力。婚配對象選擇參考：兔、馬、雞、豬的生肖。

男性：不以外表評估配偶人選，大致會以三從四德、賢淑理家為優先考量。婚後家庭觀念重且疼妻愛子，但常因工作奔波忙碌於外而疏忽家中狀況。婚後互動不佳，且易因不善表達內心情感和太依循傳統禮法，致使生活缺乏情趣，因而選擇宗教玄學或學術做為心靈依歸。

女性：因見聞和見解都比配偶強，所以自我觀念較重，也不願接受傳統禮儀束縛，常以自己的感覺決定家中一切大小事務，因而常產生衝突及糾紛，甚則會導致離異。子息男女皆有，大致尚屬乖巧，也經常帶子女遊覽各地名勝以增廣見聞和添增生活情趣。

【疾病】

丙火自坐長生位，加上甲木臨官在寅的本氣，本身就不弱；地支又生天干，所以丙火相對是比較旺的。五行形成火旺、剋金、洩木，所以要注意眼睛、血壓、小腸、高血脂、心腦血管問題。寅中甲木本氣剋餘氣戊土，也要注意腸胃、肌肉、皮膚受創。另外，木洩火要注意大腦、失眠、小腦病變、腦神經衰弱等問題。丙火在寅位，時間為凌晨三到五點，是肺氣宣發的時間，肺朝百脈，所以如果肺氣受損，會影響心臟及腎臟，因而形成水火不調的症狀。如口舌生瘡、咽喉腫痛會導致心火旺盛，更甚者會出現陽虛水腫等水濕泛濫的情況。心火旺盛者可以食用蓮子湯清心洩火。倘若病症久久未見好轉，宜轉大醫院診治，才不會延誤病情。老年人或重症者要特別照顧，因此柱有死裡逃生的徵兆。

守護神明：張仙大帝。張天師。張三豐。

【地理】

墓園海邊、醫院宮廟、學校公園、飯館餐廳、批發賣場、公家機關、老舊社區、屋脊型煞、無尾巷弄、明堂逼迫、左水到右、順水格局、玄武陰暗、廁壓天醫。

此柱為日昇之象，太陽定要冉冉而上才能普照天下，故出生地為平洋龍之較低窪地形，創業後會搬遷到較高的地勢。若住公寓者，搬遷時也要移往高樓層，才利於事業發揮。

居宅的半邊易對到較高的建築物而形成壁刀或逼窄現象，導致前方明堂半明半暗，致使決策事物時常會進退不果。廚房易緊鄰廁所，以致產生諸多隱疾、破財與夫妻口舌糾紛。

過年期間為了增添喜慶氣氛或店鋪開張時，很多人都會去買招財樹或萬年青編成的步步高陞造型盆栽，並在枝葉間綁上蝴蝶結和塑膠仿古錢幣，使整體顯得喜氣洋洋，其實這些並非吉利的。我用能量儀器經幾番的重複測試同種植物，有裝飾品的植物能量相對較低，甚至綁上蝴蝶結的會呈現負能量。百思不解下前往銅鑼九華山請教一位俱三十餘年植栽經驗的「詹宏木」庭園造景大師，才得知不必要的裝飾反而會影響植物的生態及能量，而這些因素大多數人是不知道的；於是我嘗試將蝴蝶結拆除，稍待片刻後再測就恢復正能量了！所以店面開張時，長期擺滿整場裝飾造型植物的往往不久就關門大吉，這種現象希望大家要特別留意！商場想要長期擺置記得將植物上的飾品拆除，就算是居家盆栽也是要如此。

【大運】

少年時期行此大運為學習技能之運，也易往他鄉求學，但容易轉學或半工半讀。對新鮮事物好奇心強，但此運學習能力不是特別好，往往無法抓到重點，只能慢慢摸索。

創業時期行此大運，倘若遇到瓶頸必須忍耐待機，宜日積月累、以小積大。此運易轉型或重新開始，屬另一階段的發揮，但前二、三年會比較辛苦，且要適應環境。謀求若能無欲往行，抱持只問耕耘、不問收穫的心態，則能自天佑之而大車以載。此運工作帶驛馬性質，也因背負家庭經濟壓力，須為生活奔波而勞碌不休。

丙辰：十三

龍騰淺灘富貴近　未展崢嶸實有因
祖源無繼若得解　他朝鸞鳳必和鳴

【象義】

丙辰自然現象是太陽旭昇，猶乾為天卦九五「飛龍在天」之象。天干丙的五行屬火、代表夏季；地支辰是農曆三月，節氣是清明、穀雨，時間是早上七至九點，在易經元亨利貞四象中是屬元的春耕季節。丙火晉升至辰支已經光芒四溢，具「飛龍在天」之象，主謀事能奠定方針；但火旺之際，評估事物易憑藉表面而忽略實質內涵，因而會多走一些冤枉路。辰支之前是寅卯，木為自然界的「財星」，其後為巳午，火乃自然界的「官星」，故主「近官利貴」之格，但亦屬「龍蛇混雜」象也。

此柱自坐十二長生「冠帶」位，象徵已至壯年期而可謀仕途，雖常憑藉自己能力而信心滿滿，但也要出現伯樂才能相得益彰。此柱自坐「食神」，擁有高標準或特殊才藝，但在本地謀職必多怨言，若出外謀求比較能隨心所欲。

【性情】

重視名譽、觀察力強、挑戰環境、勇往直前、積極向上、佔有欲強、注重信用、遵守紀律、光明正大、俯仰無愧、高尚名譽、高雅氣質、獨斷獨行、冒險犯難、孤僻無援、胡思亂想、端莊相貌、奉公守法、堅守崗位。

此柱可契於易經☲☴火風鼎卦，象曰：「木上有火，鼎；君子以正位凝命。」木上有火，鼎：下卦巽風助燃上離火勢，致使欣欣向榮；鼎象三足並立、引用為團結力量大，象示要藉助團體力量才足以成事。君子以正位凝命：內在光明磊落、外表儀容端莊，則能施行重任；主在職場上要講求端莊儀容和遵守團體紀律。

丙為太陽高掛天際，卻照耀於低窪辰支水庫，乃居高臨下服務民眾象也；象徵有聲望遠見，懷扶強濟弱的慈悲心，但春季為自然界的財星，亦主懷現實利益心態。謀求緩和漸進，不喜墨守成規和苟且現狀，所以會勇於挑戰越階工作，但因環境關係容易造成精神緊繃、略帶神經質和猜疑之心，且個性起伏不定。本質聰明伶俐，一生衣祿無缺，為身閒心勞之人。

【事業】

具觀察、判斷、管理、營運及領導能力，適合從事稅務、銀行、販售、商務、策畫、門市經營、銷售管理、行政事務。

謀事會先樹立目標後儘速去執行，但主觀意識強，易憑藉自我感觀而未加思索，以致容易被亮麗表象的事物蒙蔽，且周遭環境暗藏小人、各自謀算，導致口舌是非、人事糾紛多。

富理財概念，但偶會因懷投機心態而蒙遭損失。社會歷練不足時謀事不可得意忘形，切勿與人擔保、借貸，自可避免是非。凡事也勿太過雞婆以免惹來麻煩，一生中要懂得珍惜安逸的生活，切莫庸人自擾、自尋煩惱。

丙辰為旭日東昇時刻，有飛龍在天的氣勢，但朝日旭昇時偶會被雲霧蒙蔽（丙辛合），所以易因誘惑而誤入歧途，導致投資失利，但大致還不會影響到生活。此柱亦屬近官利貴，朝公家機構或資訊、美容、養身行業發展，亦不失為良機。

【六親】

祖上有雙姓祖先或香火斷承的干擾，宜妥善安置，倘若沒妥善處理會導致雞犬不寧現象。與祖父關係親近且得祖母疼愛，與父親互動、交談機會較少，和母親關係較密切。兄弟姊妹情感好，但互動機會不大。易有夭殘或母親墮胎流產的兄姊弟妹，若出現干擾而諸事不順或導致健康問題，則要謹慎安置。是否有祖先斷承或嬰靈干擾，可觀察兄姊弟妹中額頭眼眉附近是否有創傷即可證實，因該部位為香火的儀表板（或有香火問題或疑難雜症可洽詢「江志銘」老師，全省免費服務：0930049217）。

【姻緣】

易在職場中或賴網路聯繫而認識交往，但兩者工作屬性不同，男性屬忠厚老實、盡忠職守、任勞任怨者；女性向上心強，勇於嘗試新鮮事務，擁有特殊技能且熱中於工作。婚配對象選擇參考：鼠、馬、雞、豬的生肖。

男性：男性事業心及家庭觀念重，婚後夫妻形影相隨，但在投資上易因誤判而導致財源不穩定。配偶屬幻想大於實際現象的人，交際能力佳，一般都會各自謀業。

女性：女性重幻想，有自己的理想與抱負，因此大致為職業婦女。擇偶傾向於工作穩定、足智多謀、學識超群的異性。婚後往往自己的成就比配偶高，致使雙方產生思想落差，若不妥善調節，易產生離異現象。

子息不多但尚屬乖巧，子女若生於丙辰日或丙辰時，國小階段易產生臉部中亭、眼睛周圍受創；而眼睛屬離火，乃誥誡祖上已來討香火繼承事宜，若不妥善處理必然會禍害連連。

【疾病】

丙坐辰為冠帶，五行不弱。辰支人元藏戊、乙、癸，易產生頭部腦神經病變及顏面神經問題；也要注意肩頸、五十肩、胸部肌肉、橫隔肌等問題。辰所類化的疾病為脾胃、消化系統及闌尾等。倘若病症久久未見好轉，可藉助民俗經絡療法。平時宜步行登山以改變體質，尤其要多拍打腳側的腎及肝膽經絡，即可常保安泰。

守護神明：玉皇大帝。張仙大帝。祖先牌位。

【地理】

廟宇宗祠、土地公廟、練技戰場、福利中心、電子賣場、精品名店、服飾百貨、飲食餐館、貨物堆積、大馬路旁、明堂亮麗、右水到左、玄武有靠、廁壓伏位、臥臨樑柱。

住家明堂寬，來路走中門居多，房間採光一般比客廳好，會導致主客不分。廁所容易壓在東南方或西北方，導致無法凝聚向心力、各自為政或藏著隱疾現象，可種植黃金椰子或酒瓶椰子盆栽，加以改善。

對於家裡採光不良或已產生異味的房間，可以養植綠蘿、吊蘭、發財樹、金錢樹、紅掌、白掌植物，這些植物雖然光線不充足，但是依舊能夠長得茂密、翠綠，可以達到淨化空氣及美化環境的作用。

【大運】

少年時期行此大運，內心會充滿理想和新希望，喜歡追求名牌或亮麗氣派物品，且會接觸許多新鮮事物，但不宜太過好奇而迷失自我，凡事宜謹慎評估。學業成績不錯者，宜報考知名學校，對往後謀職比較有助益。

創業時期行此大運，適逢搬遷或居家擺設皆會煥然一新，家中也不乏達官顯宦和眾多名人光臨。此運是利於發揮的，但尚需安分守成為要，若得意忘形必招來不必要的麻煩或損失。且行此大運要注意祖上香火繼承事宜及行車水火之厄。

丙午：二十

繼明天下可登科　身藏利刃闖江河
廉節無懼雲蔽日　一生自重名利得

【象義】

丙午的自然現象是如日中天，但含易經乾為天卦「亢龍有悔」象義，即太陽已登極而趨轉日昃。天干丙的五行屬火、代表夏季；地支午是農曆五月，節氣是芒種、夏至，時間是早上十一至下午一點，在易經元亨利貞四象中是屬亨的夏耘季節。太陽普照大地之際可嘉惠地道萬物，象徵熱心助人且懷博愛濟眾精神。

滴天髓於丙火篇云：「丙火猛烈，欺霜侮雪，能煅庚金，逢辛反怯，土眾成慈，水猖顯節，虎馬犬鄉，甲來成滅。」丙火猛烈，欺霜侮雪：日正當中的陽光足以溶化冰雪。能煅庚金，逢辛反怯：庚金長生在巳，太陽旭昇後會形成高溫，於是將海洋的水蒸發成庚金氣流，而春天的庚風乃傳播之氣，能致使草木茂盛（春金剋木、恩威並濟），但太陽運行中偶會遭到辛金雲霧蒙蔽，霎那間會頓失光明情性。土眾成慈，水猖顯節：太陽質躁且動，一旦傾落乾宮土眾之戌山叢林後，就會喪失火氣而顯得慈祥；火為自然界的「官星」，即當官者至黑暗之域才能檢驗其節操為何（光天化日下沒人敢收紅包）！虎馬犬鄉，甲來成滅：喻寅午戌合成猛烈火局時足以焚燬森林；但此法只適用於生午月者，倘若寅月成局，尚屬春寒料峭季節，何來溫度焚木？

此柱自坐十二長生「帝旺」位，亦謂為「陽刃」，此際可「身藏利刃闖江河」而展現作為。此柱自坐「劫財」，一般人聽到陽刃或劫財大致皆視為凶星，其實不然！只要不喪光明本質，必然能「繼明天下可登科」，即可刀口對外以獲得功勳。

【性情】

正大光明、開朗活潑、耿直爽快、剛強固執、奔波勞碌、不落人後、照顧部屬、易怒易解、豪邁有餘、妒忌誹謗、爭端不和、頑固不化、欠缺融通、喜愛鬥爭、強悍攻擊、爭強好勝、急切衝動、嫉妒侵害、搶奪佔有。

此柱可契於易經☲☲離為火卦，象曰：「明兩作，離；大人以繼明照于四方。」明兩作，離：離為太陽，具日出日落規律，但亦含生離死別之象，猶太陽傾陷後會遺留溫度，人往生後則留下精神。大人以繼明照于四方：執政者要效法太陽普施德政以嘉惠民眾。丙午為游移天際的太陽，且終日奔波地普惠眾生，象徵行為不喜受牽制，亦懷敏感體質。太陽始昇時照明度不足，象徵創業初期易在錯誤中摸索，直至經驗豐富後才會選擇穩定的工作。

【事業】

具敏銳的觀察力和學習力，適合從事公職、美工、服飾、美容、書記、藝術、玄學、廣告宣傳、宗教事業。不適合金融、財政、公關、石化等具有風險性、爆炸性、燃燒性質的行業。

事業心強、凡事自主、處事公正，不喜多管閒事而惹事生非。事業性質屬勞碌奔波、動靜兼具型態，能盡忠職守、公正無私。

丙午柱為如日中天，故可繼明普照天下以造福群眾，而火屬公家機構或政治、玄學，若能秉持光明磊落的心胸，受惠者是無窮盡的。

【六親】

與祖上淵源深厚但緣分淡薄，與父母親關係好、可得助益，但婚後會獨自創業。兄弟姊妹助力不大且各自成家奮鬥，也容易有意外傷害。出身名望家族，但家道有旺極而衰的現象，夫妻感情好，與子女關係密切，但生女兒機率較高。

【姻緣】

在聚會中不期而遇後賴網路維繫感情。男性有一技之長，工作認真負責；女性婉柔好相處，談吐大方。彼此工作屬性雖然不同，但因善於溝通而有互補作用。婚配對象選擇參考：兔、雞、狗、豬的生肖。

男性：男性可娶到賢慧的妻子，配偶理家能力較好，家庭整理得井然有序，婚後夫妻同心經營。男性事業心及家庭觀念重，但常因工作所需而奔波於外，且要經常接訪陌生的人事物。在經濟上態度保守，但會因投資自己而不斷學習，以應對群眾所需，一生對政治、玄學抱持好奇心。

女性：在事業上可發揮到極致，但個性有些霸道，行事態度強硬，對婚姻易造成傷害。夫妻在事業及經濟上會妥善溝通，經常同進同出；對子女管教雖然嚴格，但卻有比較叛逆、傷腦筋的子女。

【疾病】

鼻肺眼疾、腸道發炎、泌尿系統、腎臟疾病、精神緊張、筋骨酸痛、脾胃肝臟、四肢關節、心血管疾病、肝膽免疫系統。丙跟午的五行都是屬火，易因內臟火氣大而引起併發症，因此須賴水來調濟，以達水火既濟之功。易經火水未濟象曰：「火在水上，未濟；君子以慎辨物居方。」此意為火性炎上、水性潤下，於春夏季節太陽可將水蒸發，以達水火調濟功效，但太陽終究會西下而喪失既濟功能，故既濟卦彖曰：「初吉，柔得中也；終止則亂，其道窮也。」柔指初春始萌的嫩芽，象徵此際風和日麗。終止則亂：一旦太陽西下後就會喪失調濟功效，與未濟卦彖曰「不續終也」，皆在描述水火沒有恆濟不衰之理。所以應該注意心腎不交所引起的失眠和腰酸背痛問題。平時可按摩腳底湧泉穴，若能堅持，不僅有安神幫助睡眠的作用，還有固氣養腎、強心滋陽的功效。另外午火主心臟，水主血與腎精，精血可以相互轉化，腎臟功能強者精氣必然旺盛，轉精化血的功能才會強大。

守護神明：太陽星君。關聖帝君。金光祖師。太歲星君。

【地理】

廟宇道堂、公家機關、發射電廠、高壓電塔、屋脊型煞、三角地形、五光十色、明堂亮麗、左水到右、逆水格局。

住家或風水祖墳周圍易呈現三角地形，明堂易對到廟角或尖型物。格局採光好，擺設乾淨、簡潔，但室內不宜擺置太多圖畫，易產生心境不寧現象。此柱為陽刃格，故家中廚房刀具宜隱密收藏，以避免血光意外。

【大運】

少年時期逢此大運，好奇心與逞強心態強烈，電子產品往往也會成為嗜好或生財工具。自己很想自力更生、考驗自己的實力，凡事尚能按部就班。此運求學或謀職若能全力以赴，必然可以達到目標，乃一分耕耘、一分收穫之運。

創業時期行此大運，可設定目標盡心去做，則可功成名就。適合以自我累積的經驗技能謀業，但在投石問路的過程中也會走些冤枉路，直至目標確認後就會全力以赴。職場上易與黑白兩道周旋，雖有暗財但也易財來財去。

此運屬勞碌運，但也近官利貴，平常謀事較憑自我感覺，對新鮮事物或玄學較有興趣，富挑戰力、出國機率大，可增廣見聞，但六親易有隱疾或意外事件。

丙申：八

纍纍澀果招覬覦　秋穫須防損友聚
同人而往滿漢席　酒酣耳熱慎思緒

【象義】

丙申的自然現象是日中則昃，太陽即將傾西而下。天干丙的五行屬火、代表夏季；地支申是農曆七月，節氣是立秋、處暑，時間是下午三至五點，在易經元亨利貞四象中是屬利的孟秋季節。天干是一切事物的既定表象，地支則代表各個季節；例農曆七月是颱風季節，但每年的七月不一定都有颱風，所以要視天干而定。丙申柱若不參酌他柱，其天干透丙火只是諄誡此月是高溫的季節。申的五行屬陽金，契於八卦則是乾卦，說卦傳云「乾為木果」，即春木成長到七月已見到青澀的纍纍果實，至農曆八月則成為甜美的碩果。「纍纍澀果招覬覦」象徵此際果實已見，因此身邊就會圍繞小人，並虎視眈眈地想嚐獲澀果。

此柱自坐十二長生「病」位，象徵樹木成長至秋季雖然已見果實，但也因肅殺金氣剋木而生病了，此象就如人成就顯見時，往往也開始體弱多病了；此柱自坐「正財」，地支申金又為驛馬，象徵壯年階段前必須奔波勞碌才能獲得利益，但中年階段後，會在奔波中累積了足夠的經驗後，選擇自己創業或轉型投入智慧技術形態的事業。

【性情】

慷慨豪邁、樂於助人、不畏困難、勞碌求財、自足節儉、學以致用、生意謀營、生活樸素、不善理財、膽大妄為、風流多情、活力旺盛、執著迷信、神經大條、有些白目、投機心態、評估表面、欠缺理性、貪財戀色、守株待兔。

此柱可契於易經☰☷天地否卦，否卦宗旨是「天地不交，而萬物不通」，其意為陰陽兩氣已無法相互交感，萬物則無法秉氣而生。否卦辭曰：「否之匪人，不利君子貞。」此際太陽逐漸傾陷西下，但果體也即將熟成，所以會引來小人圍繞，並處心積慮地想掠取財物；當有好處或發揮特殊才藝時，就會因成果將現而得意忘形，也因不懂得韜光養晦，無形中就會招來損友。

否卦象曰：「天地不交，否；君子以儉德辟難，不可榮以祿。」君子以儉德辟難：否是七月卦，此際端賴秋收木果過冬，君子知象便要節儉度日。不可榮以祿：榮指富貴顯達，也為屋簷兩端翹起的部分，引申要衡量春秋兩季情宜；即誥誡不可揮霍，要儲備秋收之物過冬；祿是俸祿、亦旺氣名辭，指因豐收致使揮霍無度。象示丙申柱平常雖然生活簡樸，但花起大錢時絕不手軟，如辭曰：「大往小來。」乃入不敷出象也，致使常有借貸行為。

丙申是極高溫的太陽，溫度雖可普照大地，但秋老虎的高溫加諸於人時不見得眾人皆可受益，所以服務對象若能針對體弱多病或身心受挫者，其功效就會比較顯著。丙火為太陽，行徑只進不退，所以謀事往往會進退無據，加上不會因供需而調節溫度，以致常有「己所不欲，勿施於人」的舉動。

【事業】

具鑑賞力、推廣行銷能力，宜從事技術業、交際批發、超市賣場、公職軍警、人事仲介、餐廳飲食、珠寶藝術、五術玄學，或具體力付出、執行勞動性質之行業。

年輕時期會為事業奔波、忙碌，事業有成時易自我迷失而挪用大筆資金。對經濟理財概念差，所以不適合與人合夥營謀，若能以技藝經營個體事業，倒不失為良好的選擇。想像力及推演能力皆強，亦懷修行與玄學之心，但往往會人算不如天算，且一生中常有財色或感情的考驗。為人膽大且不怯生，很適合從事業務、陌生市場開發。若擁有一技之長必可獲得群眾惠顧而可獲得事業舞臺。

【六親】

與祖上淵源深厚，且可得祖產及庇蔭，祖母壽元較祖父長。與父親關係好但有溝通障礙，與父母情分佳且助益大。兄弟姊妹感情好，但會為事業各自奔波。一生廣結善緣，朋友多但良莠不齊。

【姻緣】

丙申柱的男性一般皆其貌不揚且身材中等，異性緣並沒有特別好，但因口才好反應又快，且勤勞向上，所以能打動對方。女性大致身材較高且美麗嬌姿、自我意識強，但有些任性且神經大條，多數會因剛愎自用導致姻緣運較差。婚配對象選擇參考：鼠、牛、龍、狗的生肖。

男性：顧家疼妻，配偶往往是自己的得力助手，但也有可能是別人的情人或第二春。因平常交際應酬多或為事業忙碌於外，致使溝通少、缺乏生活情趣，因此常有紛爭現象。

女性：有自力更生的想法，所以想習得一技之長而擁有一番自己的事業。配偶易承襲祖上傳統觀念，而且有些大男人主義，致使觀念產生衝突，甚者會導致離異現象。一般生兒子的機率較高，但此柱暗藏戊土食神，形成火炎土燥現象，易導致不孕或難產，所以子女不多，但大致尚屬乖巧，亦能獨立自主謀業。

【疾病】

走火入魔、陰煞纏身、關節發炎、脾躁腎虛、鈣質流失、頭暈眼花、神經病變、恐慌憂鬱、肺陰肝鬱、血虛氣瘀，生殖系統病變。丙申的五行是火剋金，易有肺疾。申金主肺、聲咳、大腸、筋骨、經絡，但最普及的現象是筋骨經絡壓迫神經所產生的病變。平常宜保持正確的姿勢，若有阻滯現象宜整脊並用針灸、中藥疏通經絡，使之行氣活血。求醫貴人在東南或北方。

神明：彌勒佛。武財神。耶穌基督。齊天大聖。

【地理】

觀光果園、山坡斜路、海灣港口、小巷暗道、果菜市場、餐飲食店、佛堂教會、公車站牌、百貨公司、聚賭場所、八大行業、公寓社區、公家機關、明堂開闊、來水過堂、左水到右、來小去大、直來直往。

一般會居住在交通要道的巷弄內，周遭有廟宇或公家機構、室外有停車場，型局大致為順水格局，室內格局簡樸。廚房易壓在延年吉方，導致錢財守不住，也易造成紛爭離異，更會影響一家人的健康和子嗣、財富。廚房的擺設位置佔很重要的因素，忌在主人房的隔壁，也忌與廁所門相對。廚房內除了抽油煙機外還需有通風扇，這樣才會催動吉方之氣的對流。還有，廚房內的刀具和利器不可外露，才不會形成尖鋒相對的形況而引發家人口角。可想而知居家風水中，廚房的位置擺設佔有很重要的地位。

【大運】

少年行此大運，喜歡當領導人，也有自力更生的想法，學業佳者會考慮到外地或出國求學。平常生活不拘小節，易結黨聚群，於荒唐之餘應該學習一技之長，以利將來謀職。

創業時期行此大運，遇到困難要多參考專家的意見，若堅持己見、好大喜功，必然會走許多冤枉路。謀求會選擇速成高效率的事業，也常因工作須常在外奔波，屬勞心勞力之運。

此運要注意無妄之災，因周遭三教九流的朋友多，與人交往盡量不要涉及利害關係，否則易因別人天花亂墜的花言巧語而造成巨大的損失。丙申有「月幾望」之功，即月亮將至十五而形成望月；只要心懷正念，不貪圖非分之財，必然會有一番圓滿的成就。

丙戌：十五

豐功偉業同人營　日暮火晦風不停
當知進退終有時　明心見性好修行

【象義】

丙戌的自然現象是太陽已傾陷地平面，此際大地即將喪失光明。天干丙的五行屬火、代表夏季；地支戌是農曆九月，節氣是寒露、霜降，時間是下午七至九點，在易經元亨利貞四象中是屬利的季秋季節。太陽由寅支昇起，運行至戌域時遊域已廣，象徵見聞廣闊，已上知天文、下知地理了。

此柱自坐十二長生「墓」位，象徵太陽已日落地平面了，此際謀營「不宜上、宜下」，主從事小事方可獲吉。此柱自坐「食神」，象徵自己想要追求的事物會鍥而不捨去完成，主須勞碌奔波方見成果。事物皆會品物流行，而丙戌已是日晦時分，此際能見度不足，所以不宜倚老賣老，要多參考朋友（比劫）的建言，才能日新其德、精益求精，亦可避免無謂的損失。

【性情】

精明能幹、行事穩健、豪傑和順、勞碌奔波、聰明足智、領悟力強、沉悶詭異、曖昧不清、情緒隱憂、欲望強烈、自視甚高、獨裁倔強、恃才傲物、任性驕傲、一意孤行、好管閒事、觸犯法網、隨遇而安、風流好色、豪邁激情、不安現狀、投機取巧、不守規矩、愛出風頭。

此柱可契易經☲☶火山旅卦，因離火由寅支昇起，一路遊移至戌，因此取象為旅途艱辛，但也因行萬里路而可增廣見聞。

旅卦象曰：「山上有火，旅；君子以明慎用刑而不留獄。」山上有火，旅：太陽巡旅於高山及平原河川，大地也因有太陽附麗方顯雄偉。

君子以明慎用刑，而不留獄：旅行可廣增見聞，但途中卻也險象環生；書云「傷官見官為禍百端」，丙戌自坐食神，若遇水之官星就會形成水火交戰情節，而丙又屬火氣，是最容易被周遭人事引動而擦槍走火的，故易患官非。不留獄：指犯行實屬無心之過，警誡後即予以釋放。

丙火入于戌庫，象如太陽下山後，大地就會失去光明，亦象徵野心雖大，但猶嫌短視、且缺乏主見，亦有行為不光明之傾向。凡事想得多做得少，事業缺乏魄力，故不易成名，若能執守一方，專精於某種技能，則可顯見成就。

【事業】

具執行力，也極能掌握新資訊，適合從事技術、手藝、娛樂、攝影、電訊、廣告、幕僚及品嚐、鑑定之工作，不宜從事財政、會計、文書、稅務、公關性質之事業。具超強的執行力，但往往無法持之以恆，處事又無法面面俱到，所以宜盡量選擇自己能力所及之事業。

丙戌如西下的太陽，只能照在山的一個角落，無法兼顧全局；若能培養某種技能，亦可成為一位優秀的技術人員。須防因擁有技能或獨特訊息而自大，最終因不能掌控全盤而致敗。所以評估事物不宜太過主觀，過於執著自信往往成為一生中的敗筆。

天火同人卦彖曰：「文明以健，中正而應。」象義為太陽游移天際，且由寅域而昇、戌域而陷，其於健行途徑已廣閱各地民情，應用此獨特的見解教化群眾，也適合以此為業，替人解憂除疑而達普濟眾生之功業。

【六親】

易有雙姓祖先或香火斷承事宜，與祖父母緣分佳，但相處的時間短，母親健康較父親差。兄弟姊妹多，但同性手足私心較重，甚而勾心鬥角，異性則感情較好。兄弟也容易因分家產而產生紛爭。

【姻緣】

男性一般臉部上亭部分會比較逼窄、日月角凹陷，但談吐風趣、反應機智靈活，所以容易吸引異性；女性眼大聲柔，雖注重實際環境卻又抱持幻想心態，對感情極為投入。無論男女，婚前就容易有相愛的情人，但結婚對象亦不失為良緣。婚配對象選擇參考：虎、蛇、馬、猴的生肖。

男性：一生常為事業忙碌，且交際應酬又多，所以婚前異性緣就很好。婚後雖然顧家，凡事都會尊重配偶的意見，也疼愛子女，但人生過程難免會產生婚外情。

女性：夫妻感情恩愛中帶些平淡，若能任勞任怨理家、照顧好子女，則可維繫至白頭偕老。婚後與娘家關係密切，也可以得到助益。

【疾病】

天干丙為肩、小腸，戌暗藏人元為戊、丁、辛，戊為胃、肋脅；丁為心、血液；辛為肺、股。丙戌柱火炎土燥，易導致眼疾、便秘、皮膚病、偏頭痛、消化不良、腎水不足及心血管疾病。無形方面宜注意祖靈干擾，因有雙姓祖先或香火斷承事宜沒妥善安置。有形方面要留意代謝問題，容易因積滯而導致器官病變。戌主脾胃，和體內濕氣代謝密切相關，小腿前外側的足三里、豐隆穴，都是調理脾胃的常用穴位。按摩手腕內側的內關穴，可以改善胸部及上腹部臟腑機能，且效果極佳。

守護神明：感天大帝。城隍廟。王爺公。

【地理】

名勝古蹟、山區小徑、廟地寺院、凹陷地勢、黃昏市場、電子賣場、快速道路、公車站牌、汽車旅館、落脈剝換、重重朝岸、朝水過堂、龍虎不均、天門阻逼、地戶開闊、三合古院、順水格局。

祖墳落脈剝換成局，但龍虎砂手不均，導致嚴重偏房；前雖有朝岸，但卻是退筆案且砂手斜飛，致使子孫須往外求發展。陰宅風水中講究砂水環抱，並忌諱水穿明堂，逢此便會散氣而使亡靈受寒，致使後世子孫身體虛弱、怕冷畏寒，易患風濕、哮喘。

此柱祖墳或居宅一般會坐落在四隅卦位，右邊易有高物阻擋壓迫，日出或日落時會阻擋到光線，致使子孫大致從事勞力密集行業，也需要經常往外奔波。宜留意廚廁壓天醫方，致使父母有早故現象，也不利文昌。

【大運】

少年時期行此大運比較找不到前景方向，也抱持得過且過的心態度日。此運若沒覓得良朋益友，行為就容易迷失，所以交友要特別小心。

創業時期行此大運，以前的胸懷大志可能會落空，但行此大運若能任勞任怨亦頗有收穫。此運易接觸鬼神或玄學通靈事物，但六親常會帶病延年或有離別現象，所以負擔較重、壓力也大。

丁丑：七

崎嶇道路徑難行　漫天星辰映光明
履霜堅冰似富貴　春臨日出故弊迎

【象義】

丁丑的自然現象是太陽傾陷後形成的餘溫，也是繁星點點的天象。天干丁的五行屬火、代表夏季；地支丑是農曆十二月，節氣是小寒、大寒，時間是凌晨一至三點，在易經元亨利貞四象中是屬貞的冬藏季節。丑是深夜，天干又見丁火，象徵天空滿佈星辰。☳☶雷山小過辭曰：「小過，亨，利貞；可小事，不可大事；飛鳥遺之音，不宜上，宜下，大吉。」小過，亨，利貞：太陽雖已傾陷，此際卻也已獲得成果；夜晚宜堅守情操方不致渙散。可小事，不可大事：陽陷後端賴月光照明，卻因亮度有限而衹能施行小事。飛鳥遺之音：飛鳥取象太陽游移天際。遺之音：音的五行屬水，即太陽西下形成海天一色、水火交戰的景象，引申行為極難避免瑕疵，於犯錯之初應及時糾正，若致大過則難補救矣！猶鳥放籠遠飛而不知歸返一般。不宜上，宜下：深夜遠行容易迷失，但可準備黎明前的雜項事宜。大吉：此卦因陽已傾陷而謂小過，但辭末卻云大吉，乃因此際天空佈滿星辰，可獲得太陰星的庇祐而獲吉。

此柱自坐十二長生的「墓」位，象徵火晦時刻，所以夜晚會自我省思並策畫未來方向；此柱自坐「食神」，代表有獨特的見解，也擁有良好的口才及思考力，可利於自我發揮。

【性情】

貌具威權、言行穩重、親切誠懇、行事專注、執著付出、勞碌奔波、不畏困難、默默耕耘、無拘無束、善良溫和、文雅涵養、大氣正義、愛心奉獻、自由玩樂、自以為是、膽大心細、善於謀略、勞碌有成、見聞廣博、思想叛逆。

此柱可契於易經☷☱地澤臨卦，象曰：「澤上有地，臨；君子以教思无窮，容保民无疆。」臨是十二辟卦中的十二月卦，此際二陽潛藏，象徵黎明前的曙光，象示陽臨前應思索未來方針，且應懷大愛精神去關懷子民。

具領導架勢，謀事常辛苦奮鬥至深夜，待人注重傳統禮儀，常回憶過往的豐功偉績。行事有恆但耳根子軟，易受旁人左右，生活在哲學與玄學的觀念中。喜豪放自在、無拘無束的生活，一生中常因行事堅守崗位而獲得成就，謀事重視先規畫後實踐，為堅毅不拔但喜憂不形於色之人。

【事業】

具研究開創精神，適合從事分析、企畫、經營、業務、傳銷、餐飲、冰店、宗教、五術、電腦軟體設計之行業。

謀業初期無論職業貴賤皆願意去嘗試，大致會從事較具勞碌或奔波性質的行業，但在職場上會獲得資訊或貴人提攜而轉換跑道，也容易因而獲得成就。

謀事時會完全投入，有敬業精神，但也因此養成一意孤行的想法；與人相處常有格格不入的狀況，故成敗都是因自己個性所致。謀事宜秉持中庸之道，才不會有患得患失之虞。若能在自己熟悉的環境中發揮自可獲吉，但不宜盲目擴充，也不適宜合夥事業。

【六親】

具傳統的家族觀念，但會為事業忙碌於外，所以與家人經常處於聚少離多狀態。與長上緣份佳，也易得父母器重，兄弟姊妹助益大、當有困難時能及時伸出援手，但在事業上易因個性太過逞強而蒙遭損失。

【姻緣】

男性臉型方正且具威權、眼睛炯炯有神、能言善道，工作認真負責，注重生活品味，行事深謀遠慮，適應環境能力強，擇偶傾向機智靈敏、積極進取的人。女性眼大、聲音婉柔、談吐嬌媚、神態迷人，對感情非常投入，但比較沒有野心，外表看似堅強，內心挫折大，也容易為情所困，一般難得良緣或婚後較孤獨。婚配對象選擇參考：鼠、虎、蛇、雞的生肖。

男性：交際能力較好，但有強烈男主外、女主內的觀念。事業心及家庭觀念重，但在經濟上常因額外的開銷或亂投資導致財源不穩定，也易因交際應酬多而產生婚外情。

女性：雖然抗壓性較強，但因配偶不安現狀，常為其盲目擴充事業而憂心。在溝通上宜互相尊重，不要過度干涉，因彼此都想擁有自由空間，否則會適得其反，引來雙方不悅而產生冷戰的現象。

【疾病】

天干丁火主心、血液；地支丑屬肚、腹、脾、肌、肉。丁火又洩氣於丑土，宜注意心臟及三高現象，也要留意腸胃、氣管、胸悶、失眠、中風、焦慮症、內分泌失調、神經傳導不良及肩頸經脈併發症。

要注意高血壓引起的併發症，平常可按壓神志和心臟疾病的穴位：內關、勞宮、神門、膻中、百會、湧泉，尤其是勞宮、百會、湧泉；百會通天、湧泉通地，勞宮則是主控人體的出入氣穴，所以人體經脈絡都以此三大穴為導引。

守護神明：無極老母。地母娘娘。山神。地基主。

【地理】

陰宅地、亂葬崗、幽暗之地、土地公廟、地藏王廟、私人廟壇、紅綠燈口、畸零地形、高級社區、明堂開闊、內部深長、廁位不妥，光線不足。

居宅明堂開闊，側臨巷道，周遭易有土地公廟或警察局，但一般居宅會因太過深長致使採光不良或形成諸多死角。客廳風水首重陽光充足，客廳陰暗往往會導致家運困蹇、財源阻塞，甚而走向婚姻失和的悲劇。通道太暗或死角陰濕易使人猜疑幻想，此柱廁所容易壓在吉方，導致隱疾重重、投資失利。

【大運】

少年時期行此大運，會強調自我性情或技能的發揮，主聰明智慧、才華橫溢，但個性也叛逆不羈。喜歡追求新鮮有趣的事物，對追求異性的欲望高，建議交友要特別謹慎。

創業時期行此大運，可善用過去所累積的經驗和資源謀事創業，但與人合作時須防因別人畫大餅的誘惑而迷失，若能善守本分，自可求小得而居中不敗。此運也易置產、搬遷，選擇的房子不宜太大、地勢也不宜太高。

丁卯：十四

若見犬龍心忐蕩　東堂決策須防謗
逢蛇遇羊皆順遂　齊家治國平撓攘

【象義】

丁卯承襲丙寅柱而來，丙寅為餘寒未盡的初春，至丁卯則成為有溫度的季節，此際的自然現象是草木茂盛、百花齊放。天干丁的五行屬火、代表夏季；地支卯是農曆二月，節氣是驚蟄、春分，時間是早上五至七點，在易經元亨利貞四象中是屬元的春耕季節。丁卯的現象為百花盛開，象徵行事注重效率且容易展現自我才華。

此柱自坐十二長「病」位，自然現象是植物開花後，待時便會慢慢凋零，象徵在風光一時之後就會喪失舞臺。此柱自坐「正印」故學習能力強，在事業上極注重效率，往往會擔任重要職位或自行創業，在事業有成後也會置產保值。

【性情】

長相清秀、相貌瘦高、聰明伶俐、喜悅樂觀、身心不閒、追求安逸、不喜變遷、心智聰慧、節制規律、機警敏捷、性格大方、仁慈愛心、寬容忍耐、重視名節、反躬自省、記憶力強、資質溫文、敦品力學、重視內涵、默默涵養。

此柱可契於易經☲☳火雷噬嗑卦，丁卯之象為有溫度的春天，此際草木必然茂盛，象徵人多口雜、意見分歧，故初九曰：「屨校滅趾，无咎。」即犯錯之初宜藉用刑罰加以矯正，使其邁向光明大道。丁卯為人事龐雜之象，宜制定規範以導正行為。

丁火有自知之明但不易成名，外表雖已表現得很好，但對自己的期許很高，因此內心隱藏憂愁感傷。心思複雜、想像力豐富，喜神祕事物，對玄學五術有濃厚興趣，一生力求上進，有獨守寂靜沉思的習慣，為動中求靜之人。

【事業】

具行銷、策畫、組織、文學、美工、動畫能力，適合擔任幕後行政或技術修護性質之工作。生平不喜變遷，喜追求穩定安逸的生活。

在事業中常與人競爭，故容易被周遭的繁雜事物困惑，也易因太過熱心而引來麻煩，一生中之財富是慢慢累積而成的，只要腳踏實地勿過於妄求，自可名利雙收。

【六親】

與祖上淵源深厚，對父母親非常孝順，無論男女都能得到父母的關愛，但這種關愛往往不見得皆是自己所需要的。家中事物由母親掌控，母親身體狀況較父親來得健康。具孝順和仁慈之心，與長輩或師長相處和諧，也易獲得器重。兄弟姊妹情誼佳、關係密切，但各自成家立業後助力小，兄弟姊妹中易有身體或經濟上的損傷。朋友圈中和屬羊、雞、狗的生肖較容易成為摯友，對自己的事業也有加分作用。

【姻緣】

網站資訊是生活中不可或缺的工具，也易因網路聯繫而認識對方。男性具文學涵養，也懷特殊才藝，工作認真負責且注重效率；女性善於交際、乖巧聰明、企圖心強、人緣好、桃花旺。彼此若能化衝突為互補，必能水乳交融、琴瑟和鳴。婚配對象選擇參考：蛇、馬、羊、狗的生肖。

男性：謀事都會與配偶商量，且易聽從妻子的意見。婆媳溝通上有些隔閡，但尚能好好相處，為勞碌有穫之格。

女性：善交際且樂觀向上，具冷靜思考特質，凡事都會從長計議。夫妻都很求上進，平時喜好研究學術，但有時說話比較尖酸刻薄，且有不喜受婚姻約束的傾向。夫妻感情還算融洽，但若因事業分隔兩地過久，就難免會產生桃花情節。

【疾病】

丁火病在卯，易有四肢關節或肝臟方面的疾病。如命格中亥子水重，則要注意腎功能或泌尿系統疾病。特別是逢猴或豬鼠的大運或流年，往往身體就容易出現問題。

「曲泉穴」是足厥陰肝經的合穴（屬水），乃溝通肝腎的要穴。平時按壓此穴可達清肝火、祛濕熱、理氣活血的功效，也是治療保健膝關節疼痛、降血壓、小便不利、腎炎等疾病的主要穴道之一，且能改善因腎水不足所導致的氣喘和腹瀉疾病。

守護神明：文昌帝君。大成魁星。

【地理】

學校園區、公家機構、寺廟道場、中醫診所、素食餐廳、超商賣場、家庭工廠、木材加工、電站輸送、文具書店、金紙香舖、明堂雜亂、道路分歧、龍高虎低、地形不整。

宜注意陽宅明堂逼窄雜亂或有高物阻擋。古代明堂是天子理政、百官朝見的場所，所以明堂必須寬敞、諸山聚繞、眾水朝拱、生氣聚合，才能瞭觀四方民情。反之，若明堂雜亂無序，必然會因事物被蒙蔽而引來官訟是非。室內的通道務必保持明亮整潔，倘若通道過多（現代諸多由地下停車場進出），必然群龍無首而各自為政。

【大運】

少年時期行此大運為力爭上游之運，凡事都會著重效率，但勿太執迷於電子產品而荒廢學業。此運對文學、創作、美工、設計有獨到見解，宜好好把握學習機會。

創業時期行此大運，大致尚可頭角崢嶸，在事業上佔有一席之地，或擁有一份好的工作。此運往往也會想兼職他業或擴展事業版圖，但接觸的環境和人際關係往往會較為繁雜，若能抱持見賢思齊的想法，才不會惹事生非，更可因能妥善規畫事業而好好發揮。

丁巳：十八

青出於藍別心裁　半時半慮半時財
弗過山嶺防戕之　傷外返內閃避災

【象義】

丁巳的自然現象是太陽旭昇後所形成的高溫。天干丁的五行屬火、代表夏季；地支巳是農曆四月，節氣是立夏、小滿，時間是早上九至十一點，在易經元亨利貞四象中是屬亨的夏耘季節。太陽與地球的距離達一億五千萬公里，而光的速度大約為每秒三十萬公里，故光需要八分二十秒的時間才能夠到達地球，所以我們在地球上面看到的太陽是八分二十秒前的太陽（所以丙火謀事會慢半拍）。陽光亮度效能約有每瓦特九十三流明的輻射通量，其中包括「紅外線」、「可見光」和「紫外線」。可見光就是丙火，因光線會遍及大地，故象徵謀事抓不到重點；丁火長生在酉，是太陽昇落時所形成的紅外線，此光溫和無熱傷害，可有效改善血液循環，也象徵丁火的人謀事效率較高。

此柱自坐十二長生「帝旺」位，象徵氣勢澎湃，但也易處於旺極而衰的狀況；此柱自坐「劫財」，主一生多逢貴人相助，因地支巳火會提升丁的溫度，而丁的溫度卻高於丙，象徵有青出於藍之功，學習任何事物都容易超越其師父，但有現學現賣、基本功不紮實的傾向。

【性情】

鬥志高昂、重視榮譽、領袖風範、處事剛烈、注重效率、思想奇特、主觀積極、重視表現、自我要求、努力付出、善用機會、頑強奮進、爭強好勝、頑固不通、冷漠刻薄、妒心強烈、永不服輸、神氣驕橫、獨斷獨行、多情慷慨、招來誹謗、多生是非、喜好投機、善於謀計、因小失大。

此柱可契於易經☲☰火天大有卦，象曰：「火在天上，大有；君子以遏惡揚善，順天休命。」辭意為太陽高掛天際時，萬物皆能獲益無窮；光明顯耀即可消除黑暗死角，故君子務必效法天象，讓惡勢力無法擴張，使善良風氣得以伸展。象徵有正義感，也懷抱佔擁天下的雄心壯志。

眼睛炯炯有神、長相清秀、能言善道、學習能力極強、交際手腕好，自我保護意識強烈，善於掌握機會而一躍沖天，但過程中隱含☳☶雷山小過卦九四爻意，辭曰：「无咎，弗過遇之，往厲必戒，勿用永貞。」九四爻已飛越艮山，致使風煞過大，鳥若能沿著下艮山腰飛行就不會遇到亂流，方能平安歸返；象徵不宜盲目擴展事業，要進退有據。勿用永貞：震乘艮山之上可漸長成神木，但卻也有樹大招風之災，若默守艮山之下又苦於無法展現才華，所以不可盡用艮或震，必須視時所需而適度調節。丁巳的人生過程起伏極大，且往往在得意忘形之中，就會出現無妄之災的橫禍。

【事業】

具學習、模仿、分析、支配、藝術、廣告、企畫能力，適合從事美容、講師、花藝、雕塑、分析師、資訊顧問、觀光旅遊、宗教玄學。不適合金融、股票、期貨、債券之投機行業。

學習能力極強，工作講求效率，謀求事業抱持積極上進的心態，也因擁有特殊技能而獲得上司器重或擁有自己的事業舞臺。在經濟上須防賭、色而破財，宜善用擁有的技能，謀事不宜投機，與人相處亦勿涉及錢財，處事若能自我衡量、謹言慎行，自可避免傷害，則不失為青出於藍的人才。

【六親】

與祖上關係情分淺薄，與母親關係密切但聚少離多，父母助益少，凡事要靠自己奮鬥，也會扛起家庭重責，且要幫忙照顧兄弟姊妹。喜歡結識朋友，貴人也多，但好壞參半，所以人生過程總在成敗之間循環不已。

【姻緣】

一生中有許多與異性交往的機會，所以配偶大致不是初戀情人。感情路上雖多姿多采，但挫折相對也大。男性喜歡熱情大方且對自己有助益的人；女性生性聰明，擇偶傾向清新高雅、機智靈敏、積極進取的人，也存有攀龍附鳳的想法。婚配對象選擇參考：牛、兔、羊、雞的生肖。

男性：婚後常忙於工作或自己的樂趣，有疏忽家庭的傾向。未婚前皆同進同出、身影相隨，一旦進入婚姻後就會逐漸冷淡，過程中也可能出現桃花或第二春的機率。

女性：對感情非常執著，且全心全意地為家庭付出，但往往無法得到正向的回報，所以對婚姻抱持懷疑的態度。也容易在第二春之後才會尋到真愛。

【疾病】

肺炎、眼睛、牙齒、頭痛、高血壓、躁鬱症、腦溢血、腸胃炎、鼻子過敏、心腎疾病、肢體受創。

天干丁與地支巳的五行都屬火，丙是太陽光、也是養育萬物的元素，丁是陽光所含的遠紅外線，遠紅外線光譜是位於15~1000 μm區域的光波，波長為25 μm至350 μm的電磁波，物體能以熱型式感受其存在。遠紅外線可與人體的分子產生共振，以促進微血管擴張、使血液循環順暢及增強新陳代謝而增加身體的免疫力，因此遠紅外線又被稱為「生育之光」，可用於醫療和保健方面。

守護神明：純陽祖師。太歲星君。聞太師。楊戩。

【地理】

政府機關、神廟教堂、交通要道、交叉路口、指示路牌、復健場所、高級社區、商場批發、停車場所、明堂開闊、中宮亮麗、燈光雜陳，虎高逼龍、逆水格局、廚壓延年。

居住周圍臨交通要道、側有叉路，右邊有高物阻擋，左邊空曠無欄高樓層的建築易產生「屏風效應」，即高樓會阻擋陽光及空氣流動，並加重地區性的空氣污染，致使危害身體健康，故此柱不宜住在太高的地勢，會形成居高飛亢、不知歸返的現象，但太低的地勢也不利發揮，所以要選擇中亭處為宜。

【大運】

少年時期行此大運可向上學習，有青出於藍之功。個性好強，喜歡領導群眾且會廣交朋友，但朋友良莠不齊，故宜堅守原則，若沒準則便會因隨波逐流而落入近朱者赤、近墨者黑的下場。

創業時期行此大運可得貴人相助，也常借鏡別人成功的例子為典範，行事亦能品物流行、跟上社會潮流，所以容易有一番成就。但此運有盲目高飛、知進不知退的現象，倘若飛亢不謙，最終會形成傷於外而返於內的窘境。

丁未：九

高低往來需有階　福德護佑疑慮滅
犬牛相遇多異變　絲綸成卷方得歇

【象義】

丁未的自然現象是太陽高照後，高溫已滲入地面。天干丁的五行屬火、代表夏季；地支未是農曆六月，節氣是小暑、大暑，時間是下午一至三點，在易經元亨利貞四象中是屬亨的夏耘季節。未土為平原、屬坤卦，為腹，象徵有滿腔熱血，且無怨無悔地投入工作與熱心助人，但會落得「路遙知馬力，日久見人心」的遺憾。丁火日主一般易敗在自我認知和自己的專業領域中。

此柱自坐十二長生「冠帶」位，象徵衣冠楚楚，已具執行任務的能力了；此柱自坐「食神」，食神大致代表自我宣洩，主性格樂觀、重視享樂、追求自由。食神為我生之神，但區分四季情性與五行後象義則有差異，例如以丁未和丁丑比較，未土中的溫度已高於天干丁火（象徵內在蘊藏火藥味），又電流原理皆由高往低流，由此可見丁火必然無法盡洩於未，所以一生儉樸自潔，雖偶有迷失，亦莫敢貪圖享樂；丁丑柱干支冷熱兩極，火氣自然會盡洩無遺，象徵丁丑野心大、勇於追求，也比較會享受、自我陶醉。所以丁丑的手腕比丁未高明，且成就大致較高，故十神論說亦須視五行不同而酌用。

【性情】

行事敏捷、講求效率、自知之明、集思廣益、待人親切、人情味濃、注重情誼、重視心靈、口舌能辯、喜怒無常、易怒易解、有口無心、追根究底、為人公正、注重原則、猜疑心重、粗心大意、自尊心強、風流多情。

此柱可契於易經☰☶天山遯卦，象曰：「天下有山，遯；君子以遠小人，不惡而嚴。」遯是十二辟卦中的六月卦，象徵陽陷、黑暗來臨後，宵小便會橫行不休，不能因貪圖利祿而與其同流合污（遯義也象徵宜韜光養晦，不宜膽大妄為）。此柱暗藏「比肩」，但於炎熱之際互見，只能說雖無怨無悔地為朋友付出，而朋友卻不知感恩者居多，乃多付出少回報之格。

丁未為高溫之土，雖然沒什麼心機，但處理周遭事物有過於衝動之傾向。喜好探索收集神祕學術，但又不喜歡背誦刻板公式，所以只能靠自己的想像力去追根究底。一生追求平穩安逸生活，作息簡單、樸實，為講求精神糧食大於物質現象之人。

【事業】

具規畫、判斷、鑑賞、思考、商談、創新、技藝，音樂、寫作能力，適合從事靜態行政或顧問性質事物。因缺乏改革魄力，故不宜從事業務性、領導性質之行業。

謀事無論職業貴賤皆願意任勞任怨去做，少年階段大致會從事較勞力的工作，中年後則易轉換跑道，並以之前接觸過較感興趣的事物謀職，可謂人生過程動靜兩極化。平常省吃儉用，但不會吝嗇去投資自己興趣的事，所以一生中都是省小錢花大錢。對經濟宜妥善管理規畫，因此柱雖可置產，但絕對沒有投機的本錢，行為若過於放縱或不深思熟慮，必然難以避免損傷，若能善用智能必可成器。

【六親】

家族重視傳統觀念，而本柱地支暗藏己乙丁皆為陰干，所以大致母系壽元較長，即祖上緣薄弱，但與祖母和母親關係密切。與父親思想觀念差距極大且少交談。兄弟姊妹感情好，遇困難時亦會拔刀相助。對朋友也很好，有廣結善緣的心態，但其中也不乏反叛之人，若能以平常心看待，即可海闊天空。

【姻緣】

個性隨和、平時也熱心助人，所以容易結識異性朋友，因而也致使風流成性，且一生中性伴侶多，擇偶大致會以家庭需要做為主要考量，並不全憑外貌長相；女性喜歡有才華、相貌堂堂且富經濟條件的對象，但容易因無為地付出而得到「狗咬呂洞賓，不識好人心」的對待。婚配對象選擇參考：兔、猴、雞、豬的生肖。

男性：婚後一心一意興家，但會因工作忙碌或自己的興趣而疏忽家庭親情，致使與配偶子女感情冷淡或互動不良。有些大男人主義，在外面偷吃是免不了的事，有愛家又疼妾的心態。配偶思想純真但性情剛烈，在經濟狀況較穩定後，會產生行為的迷失或亂投資而造成巨大損失，這也是致使分裂的導火線。

女性：由於個性外向、活潑大方、相貌姣好致使異性緣佳，但也因個性隨和而抱持隨遇而安的心態，所以容易墜入愛河。但一旦交往久了或結婚後，才會發現對方並不是很負責任的人，且易大難來時各分飛，所以感情往往是該生最大的課題。擇偶時最好不要以自我主觀去衡量，宜多參考長輩的建言，否則遇人不淑機率甚大。此柱的寫照為「愛到深處無怨尤」，換來「路遙知馬力，日久見人心」的結局。

【疾病】

氣管、牙齒、便秘、中風、失眠、高血壓、心臟病、腎結石、恐慌症、脾胃脹氣、皮膚病變、四肢創傷、自律神經失調、末梢神經循環不良。

土中的暗藏人元猶體內的五臟六腑及經絡，宜保持血脈通暢才不會惹病上身，平常除了運動拉筋外，可按壓手部周圍的淋巴穴道，既能疏鬆淋巴循環、排出體內囤積的廢物，還能幫助平衡自律神經以改善失眠；腕橫紋中央正上方二寸的內關穴與拇指相交的合谷穴、膝蓋眼下方三寸的足三里穴都是必要功課，可消除脹氣、舒緩心悸、強化腸胃、防止胃痛。

守護神明：安南尊王。邢天王爺。福德正神。地方神廟。

【地理】

鄉村小路、交通要道、屋側樹木、高壓輸配、土地公廟、學校公園、屋脊廟角、人畜同居、明堂暗巷、河流環繞、順水格局、神安中宮、廁壓伏位、側臨巷道、公家預定地、待開發之地。

居住明堂雖然開闊，但容易半邊對到壁刀或臨電線桿，格局雖然採光良好，但有多處死角。室內不適合擺置太多飾品神像，會淪於幻想及不切實際，甚者會卡陰靈。廁所容易壓到吉方，會導致破財、疾病、外遇問題。

風水學者一般都用形象與理氣做為吉凶根據，卻忽略了二十四山所涵括的象義。丑山未向的方位（坐東北朝西南），若是開中門，即已顯示有倒房祖先；開龍邊的門，則代表有雙姓祖先來要求香火繼承。凡事都要對症下藥，若不先妥善處理香火事宜，堪輿又有何益？

【大運】

少年時期行此大運，凡事只能按部就班，無法顯見大作為，成績也不盡理想，但尚可安逸地度過童年，屬無憂無慮之運。

創業時期行此大運，雖然勞碌但可獲得成就，也易遇置產或房子重新修建的情況，周邊土地道路也會開發。此運在工作上會善盡其責且富敬業精神，但不可投機，有收獲時宜守成。

丁酉：十五

初吉終亂夢成空　喪馬勿逐靜候冬
善緣廣結甜果現　異宗求同方建功

【象義】

丁酉的自然現象是秋天甜美的果實，因果實得夕陽餘暉照暖更顯甜美。天干丁的五行屬火、代表夏季；地支酉是農曆八月，節氣是白露、秋分，時間是下午五至七點，在易經元亨利貞四象中是屬利的秋收季節。春天雖是辛勞耕作的季節，但也是創業紮根的好階段，而秋收雖已獲得果實，卻也因陽陷而天地不交、萬物不長了；所以，四季並沒有絕對的好壞，只是誥誡宜視時而征、貞之道罷了。

此柱自坐十二長生「長生」位，象徵樹木獲得果實後就會隨著秋氣而斂藏，但俗云「生生不絕」，等果核逢春又會長成嫩木而始生，所以，十二長生法除了計算五行消長外，尚含生生不息與因果循環之意。此柱自坐「正財」，但酉是丁火長生之域，前言「剛柔始交而難生」，象徵生小孩時容易有母難情節，而此柱自坐財星，所以感情與錢財往往就是今生的課題考驗。

【性情】

長相清秀、溫文儒雅、善解人意、言行柔和、待人謙卑、性情溫和、注重情義、得失心重、易受挫折、優柔寡斷、三心二意、雷大雨小、信心薄弱、刻苦耐勞、不耍心機、愛惜金錢、重視信用、端莊樸實、累積財富。

此柱可契於易經☲☱火澤睽卦，象曰：「上火下澤，睽；君子以同而異。」上火下澤，睽：離火炎上、澤水潤下，離兌分居兩域，五行關係是火剋金，仿象堅持己見就會與人格格不入。君子以同而異：上離為日、下兌為月，日月出沒軌跡雖然不同，卻皆以育養萬物為志。丙丁互為「比劫」，亦主香火同宗事宜，丙丁猶如兄妹，但男人要娶妻來傳宗接代（丙庚效用），女生卻是出嫁傳他姓香火（丁辛效用），但畢竟尚屬同宗。將離卦契於人體器官為心臟，離卦的陽爻為丙火、陰爻是丁火，上下兩陽主血，乃太陽蒸發坎水而來，中間陰爻則為氣。心臟有兩個並排的唧筒，一邊負責將血液打到全身各部位（丙庚效用），另一邊將血液打到肺部（丁辛效用）。以同而異其意為雖處異地，卻有同心同德之功；象徵可獲得兄弟姊妹及朋友無為的助益。

丁酉為太陽下山時的景象，此際溫度適中，象徵生活舒適、喜好幻想、重視生活情調，但本性柔弱，只適合追求穩定的生活。求知欲望雖濃厚，但學習精神不足，處事全憑自己感覺，故事業感情容易變遷。

【事業】

具理財、統計、整理、策畫、執行能力，宜從事金融、會計、行政、電訊、製造、加工、門市經營，不宜從事推廣、開發業務工作。在事業上多數會挑選文職，乾造易由武而轉文，即從勞碌中獲得穩定。坤造則會選擇安逸平順的事業型態。

一生中宜注意文書借貸事宜，凡事不能抱持完美主義，以免得不償失。此柱有夕陽無限好，只是近黃昏之歎，宜修心養性，勿貪求過多才不致陷於迷失之隱憂中。

此柱格局一般男性會優於女性，因自坐正財星，主男人的妻財；女命只強調感情，所以格局高低尚要取決於配偶的條件。此柱為溫室的花朵，但易受環境迷惑而產生隱憂，屬少年勞碌、中年有成之格，但多數為上班族。

【六親】

與祖上情分密切，但相處時間不長，與父母關係良好，父親身體狀況較母親為佳，同性手足多，年齡差距大，但總有愛莫能助的情況發生。朋友圈不小，但知己卻寥寥無幾。

【姻緣】

此柱自坐財星，象義為甜美的果實，所以無論男女都有早熟的現象，難免會對異性抱持期待且對感情非常投入。擇偶傾向於外貌俊俏、清秀高雅且積極向上的人，但常因工作而分隔兩地，易有節外生枝的狀況。婚配對象選擇參考：鼠、虎、龍、雞的生肖。

男性：對工作非常認真投入，所以配偶大多因職場環境而認識，但往往不是初戀情人。婚後彼此對原則性的問題非常重視，尤其是子女的管教與栽培。男性婚後若常因工作而夜歸或須分隔兩地，恐導致發生婚外情。

女性：個性純真、心思單純、不善心計，且對感情過於執著而導致幻想，易產生不切實際的心態。婚前舉棋不定、感情多挫折，婚後只想善盡其責，扮演好賢妻良母的角色，但現實生活中卻總是世事難料、事與願違。

【疾病】

乳癌、心臟、皮膚過敏、肺部氣管、血液病變、泌尿系統、生殖道症，思想導致之精神諸症。

身體病變是命格中整體五行不調和所致，日柱元神代表自己，其餘干支如五臟六腑和神經傳導系統。五行貴在中和，中和則少病少災；此柱的五行是火剋金，但金本賴火制方可成器，所以看似火剋金所致的問題，實際現象卻容易出現在水剋火而無力煉金的病變上，所以水剋火也會反應在眼部病變及自律神經和內分泌系統失調。

守護神明：虛空老母。大勢菩薩。七星娘娘。司命灶君。文財神。

【地理】

佛堂寺廟、醫院診所、中西藥房、素食餐廳、果菜市場、金融機構、黃昏市場、明堂阻礙、南方型煞、採光不足、通風不良、廚壓延年。

面向外的左手青龍方宜注意有電波的干擾，易致使家人腦神經衰弱；若右手的白虎方昂頭或回首，主小人當道且易奴欺主，致使家中小孩不聽話、脾氣暴躁，且常常做出令人難以意料的行為。內部格局宜注意採光，神明廳也不宜放置太多神像或圖畫；還有，廚房容易壓在吉方，致使久病不癒、感情不順、投資不利。

【大運】

少年時期行此大運為平順之運，可力求學業或科技上的技能。對異性抱持好奇心，或有尋獲青梅竹馬的機遇。

創業時期行此大運大致可獲穩定，也會累積之前勞力奔波所獲得的經驗、技術謀業。此運宜下、不宜上，從事小事則吉，盲目擴充事業反而挫折多，所以要穩定守成為宜。

丁亥：七

海中燈塔指歸途　扶危濟困宜盡速
莫羨豔陽百花茂　星斗庇蔭更是福

【象義】

丁亥的自然現象如海上的燈塔。天干丁的五行屬火、代表夏季；地支亥是農曆十月，節氣是立冬、小雪，時間是晚上九至十一點，在易經元亨利貞四象中是屬貞的冬藏季節。丁的天象為星星、地象為夜晚的燈光，亥則如茫茫大海；干支相重後如海中燈塔，象徵適合從事指引性質之工作。

此柱自坐十二長生「胎」位，丁火之所以胎在亥，即後天八卦乾宮含「戌亥」兩支，而戌支人元暗藏丁火、主督脈，亦男人性器官；「亥」藏壬水、為任脈，主女人性器官，所以丁壬合謂「淫暱之合」，亦主萬物由此而始生。此柱自坐「偏官」，象徵謀事常有力不從心的感歎，而且只能求小得。丁與亥中壬水構成丁壬合，但於冬季卻無法化木，又亥中暗藏之甲為印星、代表思想謀略，但亥中甲木為冬藏未萌之木，因而不足以生丁火，此象乃「濕木引丁」及「飛蛾撲火」，故會形成計畫趕不上變化的現象，主策畫之事尚須等待漫長時間或只會淪於空想；偶遇一種機會徵兆出現，就會認為是「豪光燦爛」，反而引來「歹星入境」現象。

【性情】

奉公守法、堅守崗位、謙虛柔和、循規蹈矩、積極主動、沉靜思考、謹慎細心、陰晴不定、擇善固執、據理力爭、遵守紀律、俯仰無愧、高尚名譽、卓著信用、心地善良、重視道德、清廉高潔、刻板嚴肅、墨守成規、唯唯諾諾、膽小怕事、自卑感重、見異思遷、括囊无咎。

此柱可契於易經☷☲地火明夷卦，宗旨敘述陽陷後該如何自持應對，象曰：「明入地中，明夷；君子以蒞眾，用晦而明。」明入地中，明夷：陽陷後雖不利於行動卻可充實內涵。君子以蒞眾：離日由東運行至先後天八卦坤、坎域宮位已廣獲見聞，宜語彙做為典範以嘉惠群眾。用晦而明：雖身陷黑暗環境，依然可默默規畫未來的光明前景。

丁亥如汪洋中的燈塔，象徵為人處事都會堅守原則，屬自我約束力強之人。但個性陰晴不定，人際生活圈較小，喜獨自沉思，對工作安於現況。凡事自立自營，善守錢財且游走於法律邊緣。

【事業】

具執行、策畫、行政、輔佐，冒險、領導之能力，適合從事導引性質事業，如老師、公教、醫師、藥劑、整療、護理、導遊、門市、軍警、作業員。不適合從事金融、股票、期貨、保險及具投機性之事業。

制訂目標後會盡心盡力去達成，但耳根軟，易因聽信周遭言論而改變計畫；命盤組合佳者，會因此而功成名就，反之則會身敗名裂。一生易承擔家庭壓力，卻會任勞任怨克盡己力，屬逆來順受之人。

【六親】

祖輩有夭折之人或雙姓祖先，若不妥善處理安置，必會影響一生的運程。為人孝順、注重倫理，與父母親關係好，也深受呵護教誨，但創業後會因事業而分隔兩地。兄弟姊妹中有往異地發展而成就非凡者，但對自己的助益不大。

【姻緣】

男性家族意識觀念重，所以擇偶會以人品做為優先考量。女性擇偶標準並不會太注重外表，傾向於對方能懂得體貼照顧家就好。婚配對象選擇參考：虎、龍、羊、雞的生肖。

男性：婚後都有一個共同的標準，就是都想讓家庭圓滿，且能順利生子、傳宗接代。但男性思想有些飄逸，具見風轉舵的個性，容易受周遭的環境影響，所以交友良莠也就成為幸福與否的關鍵。

女性：雖然安分守己，但個性有些執著，家庭人事壓力大，這也是造成衝突的主因；倘若對配偶的行為能睜一隻眼、閉一隻眼，即可大事化小，使家庭幸福美滿。

【疾病】

眼睛病變、心臟血管、腎臟膀胱、聽覺障礙、心腎失調、生理機能、生殖器官、血崩之疾。

此柱水火相剋，五行必須加強木火，即肝膽心臟機能健全，才不會導致身體病變。地支亥屬流動的水，而水為樂律，平時可多聽五行音樂以療癒身心。中國古樂中的五聲音階頻率可與五臟共振，五聲即「宮、商、角、徵、羽」，而「角」五行屬木，為五音的第三級，相當於現代首調唱名中的mi音，所以比較適合屬「木」音的笛子，此音樂中帶有一種初春欣欣向榮的景象，可以調節肝膽，有益心、疏脾胃的作用。

守護神明：燃燈古佛。北斗星君。天上聖母。姜相子牙。

【地理】

海邊河流、公墓夜路、夜市攤販、外環道路、西濱公路、電訊郵局、學校園區、轉彎路段、溫泉景點、公寓社區、明堂迫窄、側有道路、後臨河流。

明堂雖然開闊，但有些雜亂，宅後或側方有小廟。進出大門容易開側邊或由地下停車場進出，所以門路極易走凶門或開門見灶。大門是納氣聚福之地，俗云「開門見灶，錢財多耗」，廚灶是養命之處不宜太暴露，尤其是被門路引進來的氣直衝，則家中多損耗，故廚房的爐灶當以「藏風聚氣」為宜。

【大運】

少年時期行此大運宜安分守己，凡事不可太過強求，此柱以印比為用，此階段若能努力學習加上良朋益友相助，則成功可期。創業時期行此大運，適合從事導引性質的行業，宜穩固內部根基，以做為未來或指引別人的指標。此運有表面虛幻亮麗但隱藏「飛蛾撲火」之象，故判斷事物不能以偏概全，否則容易被外在事物蒙蔽，一切應以務實為考量。

大多數人行這個大運並非佳運，這十年當中常有運蹇阻滯不前的現象，此運宜養精蓄銳，日後即可待時而用，且宜注意意外事件及留意六親身體，容易有生老病死的傾向。

戊子：十四

川逢山阻運未行　潛身需待龍飛庭
雲中月圓幽靈繞　引渡西方樂昇平

【象義】

戊子的自然現象是河水被高山阻擋而形成「山下有險」的現象。天干戊的五行屬土、代表季夏；地支子是農曆十一月，節氣是大雪、冬至，時間是晚上十一至凌晨一點，在易經元亨利貞四象中是屬貞的冬藏季節。河水被高山阻擋後就會因滯留而滋生病蟲害，象徵欲追求的事易遭到阻礙，也容易卡陰和產生身體病變。

此柱自坐十二長生「胎」位，胎猶已受孕，也象徵一件事情正在醞釀；天干戊土主思想、地支子水為智慧，因山大水小，故取象因蒙昧而學習之，以待來日發揮。此柱自坐「偏財」，五行中以我剋為財，但會因五行不同致使含義有別，所以土剋水也是「文昌」和「求知」之象，象徵止而學習之，他日即能以智能謀業。

【性情】

相貌方圓、文攻武略、止而入聖、誨人不倦、十年寒窗、手不釋卷、慷慨豪邁、圓滑幹練、機智敏銳、豪爽俠義、樂於助人、風流多情、不畏困難、自足節儉、珍重情感、專一執著、淡泊名利、生意謀營、執著迷信。

此柱可契於易經䷃山水蒙卦，象曰：「山下出泉，蒙；君子以果行育德。」山下出泉，蒙：山中泉水不斷湧出，乃瀑布象也；上艮主思、下坎為智慧，靜思則能生智。辭曰與象曰雖皆云「蒙」，意義卻不同，辭曰：指幼蒙階段宜認真學習，象曰：為學藝已成宜承續教導之責。君子以果行育德：象曰：「山下有險。」是描述幼蒙階段所作所為是危險的，而象曰：「山下出泉。」則已習得蓋世武功，應將學識造福群眾。

有好學上進之心，但執著且好奇心強，喜探索神祕事物，對玄學五術有濃厚的興趣，略有迷信的傾向。待人平和柔順，但得失心重，內心常為周遭事物罣礙，行事優柔寡斷缺乏執行力，凡事採取穩紮穩打策略，屬中晚年興達之命。

【事業】

具設計、規畫、學習、觀察、編輯、製圖、美工、地質測量、星相玄學之特長，適合從事講師、公職、命理，醫師、操作、販賣，及規畫模擬推演性質的事業。不宜從事貿易、業務、代理、外匯、股票、期貨之行業。

事業型態常以思考、創作、發明、模擬等方式展現，且大致發揮得宜、廣受好評。工作性質須往外奔波才易獲得成就，且職務或場所易變遷，但要注意不動產或文書契約所引起之風波。人生中若遇到任何困難阻礙時，喜藉由求神問卜來指引迷津；宜培養自我信念，踏實經營乃居中不敗之不二法門。（此柱有成為導師的心態強烈，行此大運也可同論）

【六親】

重視家族倫理觀念，可獲祖上庇蔭及得到家產，對父母親孝順，但易因工作需要而分隔兩地。父母一般都很長壽但有慢性病，屬帶疾延年者。兄弟姊妹感情好、異性手足多，且姊妹易嫁入名門。

【姻緣】

凡自坐財星者，少年時期對異性追求欲望就比較重，且在求學階段就有與異性交往的機遇，但命格中多見偏財者易無疾而終。交往對象易在工作職場或朋友聚會中認識，且有門當戶對的傾向。婚配對象選擇參考：虎、龍、猴、雞的生肖。

男性：個性有點婆婆媽媽，喜歡談天說地，職務多異動，擇偶傾向嬌美、聰穎機靈者。婚後顧家且疼愛子女，但常因工作而須外出交際，本身異性緣又不錯，所以難免會犯桃花，但往往會低調行事不敢聲張。

女性：配偶一般身材中等、臉型方圓有肉、長相斯文，年齡有些差距。婚後夫妻會各司其職，感情還算恩愛且能相得益彰。子女不多，大致是一男一女居多。

【疾病】

結石、胃潰瘍、胃出血、尿毒症、五十肩、骨質疏鬆、十二指腸、胃食道逆流、生理機能疾病。

戊子柱為山下有水，易構成水土混濁現象，宜注意飲用水，以免產生結石，倘若八字中金水太旺易造成腎臟疾病。平時也要補充鈣質，以預防骨質疏鬆症，而且要多運動；因運動是維持骨質密度的不二法門，還可按腳踝內側，沿脛骨後緣往上約四指寬處的三陰交穴，及膝蓋下緣外側凹陷處約四根手指寬的足三里穴以輔助。

守護神明：鬼谷先師。至聖先師。五殿閻王。孟婆尊神。鍾馗。

【地理】

農村稻田、湖光山色、登山涉水、三合庭院、大樓公寓、假山瀑布、傳道場所、來脈夾水、砂手為穴、逆水格局、龍高虎低、明堂開闊、神安中宮、水繞玄武。

出生地周圍有稻田、圍牆，來路大多行側門龍邊，或由地下停車場為出入口；倘若由地下室出入，一般大致為凶門。倘廁所緊臨廚房且壓吉方，則六親易患隱疾。居所後方不宜地勢低陷或有水池，易產生身體病變，也容易遭鬼魅盜賊諸事。

【大運】

少年時期行此大運，因尚未開竅，所以學習過程會遇到許多挫折，也易有環境變遷或轉學現象。凡事宜靜中求動，默默充實以利日後發揮。

創業時期行此大運，倘若前運逢大風大浪，此運可逐漸平息而韜光養晦。宜充實技能，有朝一日即能擁有自己的舞臺。此運一般都只能求平順，自己的理想抱負也不盡然能發揮得很好，且必須克服諸多阻礙才能一帆風順。

戊寅：六

欲登重嶺心枷鎖　磐桓居貞頤待妥
峰迴路轉方見業　雲深忘卻誰是我

【象義】

戊寅的自然現象是樹木即將破土而出，象徵謀求初期極為艱辛，往後就易海闊天空了。天干戊的五行屬土、代表季夏；地支寅是農曆一月，節氣是立春、雨水，時間是早上三至五點，在易經元亨利貞四象中是屬元的春耕季節。此柱含易經☵☳水雷屯卦象義，初九曰：「磐桓，利居貞，利建侯。」磐桓、利居貞：下震猶地下的樹根、中爻互艮為磐石，即震核欲破土而出時卻遇磐石阻擋，此際只好先往地下紮根、培養實力。利建侯：取象樹根要緊密磐錯，紮穩根基後，來日長成大樹時就不懼七月颱風的考驗了（寅不懼申來沖）。

此柱自坐十二長生「長生」位，代表新樹苗即將破土而出，但成長過程是驚險困難的。此柱自坐「正官」，象徵事業心重；又寅木居高山之下，一心想攻佔山頂以求得功成名就，因此也容易受利益誘惑而改變善良的初衷。

【性情】

相貌穩重、臉型方正、上亭較低、皮膚稍黑、中高身材、精明好勝、注重效率、富有威權、性情剛直、高尚名譽、創業心重、白手起家、重視排場、易受賞識、探索觀察、心思難測、表裡不一、另有謀計、善用手段、反目無情、苟且偷安、蓄勢待發。

此柱可契於易經䷚山雷頤卦，象曰：「山下有雷，頤；君子以慎言語、節飲食。」山下有雷，頤：雷聲受高山阻擋，音量就會降低，引申謀而後動就可減少過錯發生。君子以慎言語、節飲食：無論飲食或言行都應該遵循正道；卦象以口腔取象，即上艮為口腔上顎、下震為下顎。此柱寅木居於戊山之下，象似人傍山腰修行，假以時日練就一身好功夫即可闖蕩江湖，過程中含「知難行易」象也。

創業謀財心態強烈，平時會彙輯學術、資訊以待時發揮。表面謙恭平和、內在企圖心強，且喜歡鑽研神祕事物。此柱猶翻山越嶺一般，上坡階段必然要費盡全力，但因歷經磨練，一旦登至山頂後則視野廣闊，也因此野心大增。攻頂後就會往行下坡階段，象徵功成名就後易得意忘形，這也是導致崩盤的主因。

【事業】

具經營、策畫、管理、開創能力，適合從事文教、公務員、中醫師、地理師、運輸配送行業。不宜從事金融股票、黃金期貨、虛擬貨幣及具投機性質之行業。

戊寅如樹苗即將萌芽時卻遇到大石壓住，所以幹節會從旁冒出；象徵初期創業非常艱辛，當事業稍見成就時就會碰到瓶頸，只好迂迴前進，以平時所累積的興趣為業，所以原來自己預期的事業並不理想，反而是誤打誤撞而成就事業第二春，但因創業時期屢遭挫折，致使得運時則想儘速回收，因而有些不擇手段的傾向。懂得善用周遭的人際關係和資源，一旦功成名就後就容易忘本，致使一生起伏極大。

【六親】

出身平凡家庭，可得長上器重，祖輩易有雙姓問題或為過繼者。父母親會因遷居後而獲得理想的職務，但若沒有處理香火事宜，會導致家道逐漸中落現象。兄弟姊妹不多，雖然情份佳，但思想不一、意見分歧，助力不大。

【姻緣】

男性工作認真，但善於包裝自己，且會以擁有的專長吸引對方；女性具親和力，易獲得異性賞識。婚前運氣較差，遇到的對象大致都還在創業階段，但自己也願意一起同甘共苦。婚配對象選擇參考：牛、兔、馬、豬的生肖。

男性：會經過漫長的戀愛期才結婚，契合的對象大致都屬賢淑少女。婚後配偶極支持自己的理想。事業性質免不了要交際應酬，一旦事業有成後容易野心大增，致使引來配偶反感或桃花事件而導致婚變。

女性：生性機靈，但為人處事不夠細心圓融，所以即使相貌嬌美，異性緣依然不佳或感情多挫折。婚後能任勞任怨幫夫興家，但配偶個性固執且異性緣較好，容易產生劈腿現象。

【疾病】

偏頭痛、腦震盪、十二指腸、肝膽腸胃、循環不良、筋骨酸痛、脂肪過高、免疫系統、關節受創、憂鬱恐慌。

因個性比較神經質或事業繁忙、家庭壓力重而導致身體病變。個性比較孤僻，宜多與朋友談心，偶爾也要忙裡偷閒一下以疏導情緒。人體就像「彈簧」一樣，壓力就是「外力」，當外力超過彈簧的彈性限度時，彈簧就會永久變形、甚至斷裂，因而造成加速老化、精神衰竭、情緒崩潰的情形。俗云「休息是為了走更長遠的路」，值得工作忙碌與壓力太重者細細思酌一番。

守護神明：周倉將軍。門神、尉遲宮。樹頭公。虎爺。

【地理】

農村牧場、修道場所、職業訓練、醫院診所、大樓公寓、新舊並陳、側臨巷道、明堂開闊、來水過堂、順水格局、兩處來路、門行虎方、廁壓伏位。

居處易新屋接舊屋或周遭新舊屋舍並立，透天宅易有兩個進出大門，宜行向陽之門面方吉；住公寓者若從地下停車場進出，大致為凶門。

門是陽宅的進氣口，好像人體的口鼻一般，吸進好的氣必然身體健康，反之則禍害不斷。由正門、側門、後門所納的氣稱為外氣，其方位吉凶攸關財運及平安；室內廚房、廁所及房門所納的氣則稱為內氣，其統馭家中的人事、健康及生兒育女和性別，故開門立向不可不慎。

杜鵑：具美容功效和抗菌、消炎的作用，對痘痘引起的痤瘡桿菌有很好的消除作用；杜鵑素的消炎效果相當於注射水楊酸，經濟用途為入藥或提萃芳香油，有的花可食用。杜鵑有很多品種，且每一品種開花的月份都不同，目前台灣所能看到的杜鵑花期從國曆十二月開到隔年五月。高山杜鵑根系發達，是很好的水土保持植物，但杜鵑絕對不可以種植在公司門口，以其台語發音為「度官」，音喻易犯官司且象徵有重重難關的考驗。

【大運】

少年時期行此大運，行事不夠積極、學業不盡理想；此運尚未能開竅，若能觸類旁通便可領悟。家中事物繁瑣且須為長輩事業或身體煩憂，並宜注意意外致使肢體受傷。

創業時期行此大運，一心一意想興業旺族，但在春或秋的流年易遇到瓶頸，因此懷疑起初自己的決定是否正確，其實若有轉型的機會也可以審慎去評估。此運就像坐雲霄飛車一般，起伏很大，無論遇到什麼挫折，都應堅定信念、勇於開創，才能順利到達終點。

戊辰：八

水庫乾枯蓄待補　守株待兔盼雨露
高低起伏宜防淵　山阻風行易致蠱

【象義】

戊辰的自然現象是缺水的水庫。天干戊的五行屬土、代表季夏；地支辰是農曆三月，節氣是清明、穀雨，時間是早上七至九點，在易經元亨利貞四象中是屬元的春耕季節。戊辰屬甲子旬，乃承襲丙寅、丁卯柱而來，而寅卯季節本當春雨綿綿，但該旬卻干透丙丁，致使至戊辰時成為缺水的水庫；乾枯的水庫必須等待雨霖以蓄滿水源，引申謀求只能聽天由命。

此柱自坐十二長生「冠帶」位，坐冠帶或比劫的人，因該五行屬性較旺而不易被其他五行所左右，所以易堅持己見、個性固執，但相對的優點為堅強獨立。此柱自坐「比肩」，十神財官印比食中皆具象徵的意義，但每柱相重後的五行情性必然有異；此柱在六十甲子象義中為缺水的水庫，而水為其財星，所以無論是傳統學術所指的身強或身弱格，一生中的貴人往往是異性而不是兄弟姊妹或朋友。

【性情】

男具權威、女姿嬌媚、身材中等、臨機應變、隨遇而安、守株待兔、處事老練、意識強烈、乘勝追擊、剛毅穩健、豪邁意氣、有勇無謀、盲目衝動、自我保護、孤獨離群，爭財奪利、吸金想法。

此柱可契於易經䷑山風蠱卦，蠱卦象義為山阻風行因而百弊滋生。象曰：「山下有風，蠱；君子以振民育德。」山下有風，蠱：巽風具傳播功能，可致使萬物欣欣向榮，但陽陷艮域後會因風受山阻而形成濕氣滋生病蟲。君子以振民育德：振指中爻所互的震卦，因巽風伏於艮山之下則會變成互兌雲霧，而震是朝陽或春季，陽臨即可一掃陰霾。

於十干選用法中，戊土篇幾乎都以甲木疏土為用，殊不知每柱象義有別，因此論斷時常出現時準、時不驗的窘況。以戊辰柱言，此柱見水比逢木佳，因乾涸的水庫逢水則有久旱逢甘霖之功；若植木以為用，表面看似堅固的山基，一頭栽進後卻會跌落山谷，實乃陷阱象也（甲己日生戊辰時）。

外表忠厚老實，相貌具威權，處事幹練，謀略雖好，但尚需時運配合；因雨霖本來自於天，而非人為可以操控的事，所以謀求會抱持聽天由命、守株待兔的想法；一生常周旋於錢財與感情之事，富貴窮通的際遇變化也極大。

【事業】

具堅定的毅力和耐心，適合事業：行政、企畫、執行、文書、美容、藝術、行銷貿易、投資顧問、門市經營、醫生藥劑、投資公司、工廠製造，不適宜具流動性和合夥生意。

處事蘊藏著網魚而非釣魚的心態，所以渴望成功的欲望強烈，凡事會做長遠的規畫，亦懂得投資報酬率的道理，但事業易受時機、景氣影響。不得運時會抱持涵養自己、靜觀其變的想法，一旦時機來臨就會野心大增、乘勝追擊。

一生中喜好投資，但財源起伏極大，偶有絕處逢生的歷程。平時要開源節流，獲利後可置產以穩固資源。

【六親】

家族中有事業龐大之宗親，但往來不甚密切。父親身體差、相處機會也較少，家中事務歸母親管理，兄弟姊妹不多、助力也寡。

【姻緣】

男性外表穩重、言語不多、處事泰然、聰明圓滑；女性氣質高貴，善於交際應酬且人緣好、桃花旺。倘若雙方年齡接近易產生婚變，因彼此皆有喜歡年輕伴侶的嗜好。婚配對象選擇參考：鼠、馬、猴、豬的生肖。

男性：家庭觀念重，易娶到賢慧的妻子，配偶理家能力好。平時理財保守，但會因投資而動用大筆資金。常搜集新資訊，且會不斷學習以應對事業所需，但也因此有結識異性的機會，若意志不堅定極易淪陷。

女性：往往是職業婦女或女強人，但個性有些霸道，行事態度強硬，在事業上可發揮到極致，但對婚姻易造成傷害。夫妻宜妥善溝通，否則婚變的機率極高。

【疾病】

肝膽結石、皮膚病變、腸道發炎、泌尿系統、腎臟疾病、生殖器官、尿道排泄、精神緊張、免疫系統、四肢關節、心臟血管、心煩鬱悶、中邪卡陰。

中邪卡陰在醫學上被認為是精神分裂症狀，屬神經傳導物質多巴胺分泌不平衡所致，但倘若醫治無效就有可能是犯到陰煞。其實陰靈無所不在，如金木格局的人經過喪家、陰地或去探病就容易卡到陰；火土格的則容易犯土煞，如動土時本來就棲息在該處的陰靈卻被迫溢散，致使身體虛弱者就容易犯邪沖煞；可嘗試用艾草水淨身，若無效可去城隍廟用三十六柱香淨身，並請城隍作主帶走。

守護神明：中元地官。東嶽大帝。都城隍爺。楚江王。

【地理】

河流水庫、農業用地、開發之地、批發市場、攤販市場、公寓社區、超商學校、宮殿寺廟、低窪地勢、水繞玄武、虎高龍逼、明堂逼窄、右水到左、順水型局、門行禍害、廁壓中宮。

大多居住在新開發的社區，內部格局典雅，但廁所易壓中宮或吉方而導致人事及健康問題，家人也容易犯煞卡陰。坊間很多地理師以「龍怕臭、虎怕鬧」的理論堅持門要開在龍邊、廁所要設在虎邊，但這個法則不盡正確。

中國以前有九成以上的房子都是坐北朝南，則其龍邊為東南方，即可迎夏季和風又可避冬季西北風，如果把門和廁所對調，一旦東南風一吹，整間房子豈非臭氣沖天！但目前的房子任何坐向都有，豈可再拘泥於「龍怕臭、虎怕鬧」而不知變通。

【大運】

少年時期行此大運，行事不夠積極，行為也較懶散，學業成績也不盡理想，往往要藉助課後輔導予以加強。此運對異性抱持幻想與期待，但八字中缺水的人，只能求心理桃花。

創業時期行此大運，常抱持等候時機的心態。乾造謀求會默默等待時機，一旦機會來臨時就會鍥而不捨地乘勝追擊；坤造比較主動，且懂得創造機會，善於自我行銷推廣。

一個大運有十個流年，乾造剛步入此大運的三年內，必然會遇到諸多變化，宜藉此多學習以待時機，一切蹇境終會化解的。此運六親容易患腫瘤、癌症，極可能是廁所壓吉方和氣流不暢所致，宜妥善調整。

戊午：十一

火焰山徑取經難　鼠馬相遇憂心坎
安分守己平安過　行遠自邇為是瞻

【象義】

戊午柱火炎土燥，自然現象如寸草難茂的火焰山。天干戊的五行屬土、代表季夏；地支午是農曆五月、節氣是芒種、夏至，時間是早上十一至下午一點，在易經元亨利貞四象中是屬亨的夏耘季節。戊山不移主信用、地支午火為光明，故此柱有文明於內之象，象徵會把持方針，做好自己分內的工作。

此柱自坐十二長生「帝旺」位，亦謂為陽刃，一般都視陽刃為凶神，因契似刀劍一般；但一把利器在握，不盡然都會傷自己，善用者亦可成為謀利工具，可觀化進退神而明辨。此柱自坐「偏印」，象徵正規學術難以學以致用，但一生好學不倦，且偏好古籍及神祕玄學。

【性情】

容貌端正、注重名譽、負責盡職、溫良恭謙、處事踏實、善於規畫、求知欲強、雙重個性、逆來順受、重視道德、遵守法紀、優異直覺、沉迷幻想、獨斷獨行、孤立無援。

此柱可契於易經䷕山火賁卦，即將戊土契於艮卦、午火應於離卦。辭曰：「賁，亨，小利有攸往。」賁，亨：象義為艮山雖然雄偉且風景美好，但卻位於荒野，必須藉文明離火加以襯托（火主文宣、科技、資訊），才能吸引群眾至此遊覽；引申有良好的本質，若能再適度美化，則有利於行銷。小利有攸往：艮卦為陽陷之域，端賴燈光照明才利於行事通暢，但陽陷之際也只宜施行小事。艮屬東北鬼方，居家此方位若太過陰暗，易犯幽邪之事，宜點黃燈即可助於化煞。

若從事業務工作者，極重視外表穿著。一般人士抱持獨善其身的想法，不喜繁雜的交際應酬；在經濟上精打細算，遠行的機會也不多。不具深謀遠慮的心思，只想做好自己的工作，屬純樸踏實經營之人。

【事業】

具堅定意志及耐心，實踐力強，宜從事軍警、科技、會計、創作、製造、復健、保險、業務、仲介、門市經營及較固定不求變化性質之行業。

有信守本分的觀念，對分內工作也非常盡責。外表看似風光且信心十足，但內心卻有些自卑，所以時常去吸收新知識，以彌補學識之不足。適合穩定的職務或經營小規模的事業。本身職場能力尚佳，但要加強言語表達及技巧。平時不宜談論別人的是非，否則會影響上司和朋友的觀感。

【六親】

家庭觀念保守，處事重視傳統禮俗，但人事不和紛爭多，六親多刑剋。父親性情較孤僻、健康狀況較差，與母親關係較密切；但行為較豪邁，人緣較好。兄弟姊妹感情平淡，易各自出外謀業，且皆賴勞力或技能謀職。

【姻緣】

無論男女異性緣都不是很好，也因思想單純，大多因到了適婚年齡才經親友介紹而結婚，若交友廣闊，會在聚會中相識。婚配對象選擇參考：虎、雞、狗、豬的生肖。

男性：擇偶大多傾向於思想單純、善解人意、性格樸實，言行一致的對象。婚後凡事彼此都能妥善溝通，且能同心為家庭付出，有同聲同氣、槍口一致對外之傾向。

女性：婚後盡心盡力為家庭付出，也善於理財，很支持配偶想法和事業。先生的個性比較強硬且有些霸道，所以即使行為稍顯不當，也採取放縱的態度。子女不多，但生女兒的機會較大。

【疾病】

便秘、痔瘡、結石、筋骨關節、靜脈硬化、心肌梗塞、腎功能障礙及泌尿系統疾病。

戊土屬脾胃、五行火炎土燥，容易因便秘而導致身體病變。經常便秘者，早上空腹時可先喝一大杯溫開水，再用手輕壓肚子。飲食方面可增加膳食纖維的攝取，有助於預防及舒解便秘的問題。平時多食用菠菜也有助於重建腸道，如果想快速解決便秘，也可以每天喝一杯菠菜汁，即可改善。身體若已出現病況，宜往西至北的方位就醫，且要放鬆身心，切勿堅持做超乎體力負荷之事，以免加劇病情。

守護神明：關聖帝君。五府千歲。安南尊王。南斗星君。

【地理】

公園綠地、民宿營區、市場攤販、公家機構、學校園區、宮殿寺廟、鬧中取靜、明堂逼窄、龍高虎陷、右水到左、順水型局、水繞玄武。

一般易居住在郊區或大樓公寓，房屋外表有些老舊，明堂周遭要注意壁刀或雜亂型煞。居家後方若低陷則心機較重，且易引起病變。室內南方或東南方不可堆積雜物，會致使氣流不暢而百弊叢生。

【大運】

少年時期逢此大運，謀事皆能按部就班，學習態度也不錯，但尚未能開竅，致使學習速度較緩慢，要沉澱一段時間才能領悟。此運長輩多刑剋，易出現身體危機。

創業時期行此大運只能獨善其身，默默充實自我以增廣見聞。職務宜力求穩固，不能貪圖過多，自可穩定成長。平時宜多佈施、捐血，除了可以促進新陳代謝外，尚能得到補運的助益。

戊申：八

獨守清閨待郎訪　壬癸不負辛勤崗
紫綬文品喜氣洋　古井重波待人嚐

【象義】

戊申的自然景象為山阻風行，亦似水井之象。天干戊的五行屬土、代表季夏；地支申是農曆七月、節氣是立秋、處暑，時間是下午三至五點，在易經元亨利貞四象中是屬利的孟秋季節。戊申承襲丁未柱而來，丁未是六月火炎土燥的季節，所以必須臨渴掘井。

此柱自坐十二長生「病」位，乃因戊土炎燥又加上秋氣內斂而病，故無育物之功，急賴水潤土方可物盡其用。此柱自坐「食神」，象徵樂觀進取，但每柱自坐食神的象義皆不同，宜視自然景象擇取用神。戊土格局一般都優先取甲木為用神，因甲木要植於高山才能成為棟樑之材，但不是所有的高山都有培木之功，因戊申山型似「懸崖峭壁」，易經象義則似水井，必須地下出泉才能顯露功用，所以取「食神生財」格比「煞印相生」格佳。

【性情】

敦厚篤實、精明能幹、負責盡職、樂觀進取、見義勇為、溫和善良、愛心奉獻、照顧弱者、情趣浪漫、風流君子、反覆不定、自以為是、一意孤行、遭人誹議、隨遇而安、追求自由。

此柱可契於易經 ☵☴ 水風井卦，假設用五行配合卦象，井卦應該配癸卯柱，但以象的角度就比較難道出真相；因申為壬水長生之地，而戊申之象為「土下有水」湧出，故較具井卦象義。象曰：「木上有水，井；君子以勞民勸相。」木上有水，井：用木桶取水供眾人飲用，頻汲亦不喪水位。君子以勞民勸相：宜效法井道養民，引導民眾各盡其職，以獲相生相養之功。井水「取之不盡、用之不竭」，可契於「資源供應」，如「製造業」或「循環不息」的行業。丙見申為文昌、申又為颱風或傳播，主喜好收集外來資訊，平實亦會自我充實、增益見聞，日後可以做為事業利器。

重視情感，為具愛心又兼營謀手段之人。性情外顯沉穩厚重，內心起伏變化大，常有使人捉摸不定的行為。對自己喜好的事會鍥而不捨去追求，有見義勇為的精神，但救急不救貧，亦屬愛恨分明之人。

【事業】

具實踐力、推動力、開發力、貫徹力，適合從事貿易、直銷、金融、代理、批發、工廠、出納、公關，門市、店員、供應廠商。不適合從事文化、人事管理及投機性質的行業。

在事業上抱持一分耕耘、一分收穫的想法，謀事任勞任怨、埋頭苦幹，成就高低與付出是成正比的。行事注重信用，但往往因太過自信導致透支過度。事業若有異動往往也難脫舊有模式，屬自食其力、白手起家之人。

【六親】

倫理觀念重，對長輩極具孝心，且會全力以赴維護家庭健全。父親個性頑固不化、不善應變；母親為人處事圓融，但健康狀況不佳，常被慢性病所困。很顧兄弟姊妹情誼，遇困難時也會挺身相助，但家庭事故多，家運有旺極而衰的現象或中年後則喪鬥志，注重生活品味。

【姻緣】

男性野心大，往往會因投資砸大錢，異性緣比女性佳，但婚後易犯桃花；女性較善於理財，極具耐心與愛心，但主觀意識較重，不易早婚。婚配對象選擇參考：鼠、龍、馬、猴的生肖。

男性：家庭觀念重，對妻、子極為重視，但常因工作忙碌而將家庭重任委託妻子照料。易因野心大而做出能力不及之投資，致使全家為其擔憂。

女性：個性比較任性，也常憑自己的感覺處事。遇到情投意合者會全心全意地付出，但面對自私自利、難以溝通又不懂情趣的伴侶，就容易出現婚外情或離異現象。

【疾病】

失眠、乳癌、五十肩、胸肺疾病、腦性麻痺、血管硬化、脾胃疾病、免疫系統、神經衰弱、焦慮恐慌、筋骨關節、子宮病變。

戊土應於五臟為脾胃，契於人體則是頭部。此柱自坐食神，本義為可疏解壓力，但此柱的自然象義為山阻風行，所以易因自我壓力而產生病變。平時除了多接近大自然外，也要留意氣血不暢、筋脈阻塞而導致之病變。

守護神明：酆都大帝。門神。秦叔寶。

【地理】

水井、橋樑、法院、學校、講堂、工廠、加油站、消防隊、提款機、公園寺廟、銀行郵局、餐館酒樓、供應場所、社區公寓、龍脈平坦、穴落下亭、明堂寬廣、龍虎環抱、來大去小、流水斜出、廁壓中宮。

居宅或出生地周遭有水井或山泉水。宅相有太過狹長或中宮採光不足的現象，易導致人事糾紛；若加上室內通風不良，就會導致身體病變。堪輿學者一般都以「巒頭山型」跟「理氣方位」做為論斷房子吉凶的依據，但世界衛生組織調查十五項「健康住宅」標準中，就有八條跟室內空氣品質有關；一個人在正常情況下，每小時要呼出二十二升的二氧化碳，如果通風不良，二氧化碳就會聚集在室內，尤其冬季天寒地凍，大家都喜歡緊閉門窗，一旦通風不好，則是患病的最大根源。

【大運】

少年時期行此大運尚蒙昧未開竅，學業成績也不盡理想，但只要把品德教育、人際關係奠定好就可以了，因為目前所選修的科系往往與往後謀職或創業關係不大。此運遇到困境時，多觸類旁通就可以領悟了。

創業時期行此大運會面臨一些抉擇的瓶頸，當下不宜橫衝直撞貿然決定，須靜候契機出現，經沉潛後的領悟反顯才思敏捷，此後自然就有通暢的道路可走了。

戊戌：九

重重高山風雲綴　猛虎野獸齊百匯
森羅萬象難估量　十年反常貧反貴

【象義】

戊戌自然現象是群峰聳立的高山。天干戊的五行屬土、代表季夏；地支戌是農曆九月，節氣是寒露、霜降，時間是下午七至九點，在易經元亨利貞四象中是屬利的季秋季節。通常觀八字若只以天干、地支通根或透干為法則，如此能看出來的現象就會受到侷限；倘若效法易經原則，每個卦皆有六個爻，分別代表上、下、前、後、左、右，那麼，交錯後夾藏的繁雜現象就可以一覽無遺。如戊戌柱以天干通根於地支的觀點看就是一座高山，但用易經的角度則變成群峰並立，如此一來就能理解，其中必定是臥虎藏龍而能森羅萬象了。

戊戌、庚戌、庚辰、壬辰為魁罡，自古就有命帶魁罡不宜吃牛肉之說，有人認為是無稽之談而置之不理，其實其中蘊含極大玄機，只是古人並沒有詳細解釋此中之道理罷了。為何會將辰戌納為魁罡？因為辰戌就是「天羅地網」，也就是地獄「鐵圍山」，而牛就是丑土，也是四庫土的輪迴總樞紐（牛有四個胃，分別是丑辰未戌）。土會先藏而後顯地改變五行造化（如亥子水經丑土就會變成木、寅卯木經辰土則變火、巳午火經未土則變金、申酉金經戌土則又變水），所以除了魁罡外，命格逢丑戌未三刑者亦不宜吃牛肉。大家可以無為地去驗證而適度節制口欲，戊戌為魁罡，主性格頑固，平時為人溫和，一旦常吃牛肉，火藥庫就會引爆而招來莫名其妙的是非。

此柱自坐十二長生「墓」位，象徵太陽已於此傾陷，而火為自然界的官星，即知不宜求名也與公家機構無緣了。此柱自坐「比肩」，以傳統論命法則推斷，倘若是身弱格局，則須以印比幫身為用，方可得到長輩或兄弟姊妹的助益；但若是用易經原則觀象，每座山本來就獨立、高聳，何來助益之理？因此，兄弟必然各自立山為王、無緣無助，觀象知意後其情性就可不言而喻了。

【性情】

雄心壯志、敦厚務實、靜能致遠、性情沉默、照顧部屬、思想固執、雙重性格、表裡不一、陰晴不定、好高鶩遠、頑固不通、生涯多勞、不落人後、欠缺圓融、喜愛鬥爭、強悍攻擊、投機炒作、爭強好勝、急切衝動、嫉妒侵害、搶奪佔有。

此柱可契於易經䷳艮為山卦，辭曰：「艮其背，不獲其身；行其庭，不見其人，无咎。」艮其背：重艮之象為群山叢立，契至人體為背與背相對，亦象徵六親緣薄。不獲其身：身指互震，震置兼山之中而身影難顯，象徵孤獨無助；此卦六爻皆不相應，乃因親情不濟以致登山修行。行其庭：下艮為宅戶、上艮為大門，互震為足、互坎為庭院，象成行於戶庭。不見其人，无咎：重艮之中互坎，象為心境靜如止水，視世間情物皆為夢幻泡影。无咎：吉凶悔吝生乎動，靜默可減少過錯發生。

山有一體兩面，一邊向陽、一面向陰，象徵有雙重個性，外表敦厚誠懇、內心另有謀算。因等待成功的光陰漫長，一旦時機來臨則會野心大增而乘勢謀求，偶有耍心機、不顧情義之傾向。少年時期個性強硬、不服輸、不信邪，中年後性情會大轉變，且易接觸宗教、玄學，人生過程屬動而後靜、先勞後閒之人。

【事業】

具挑戰、觀察、思考、引導、模仿、分析能力，適合從事創作、仲介、翻譯、企畫、幕僚、秘書、玄學、顧問、行政助理及屬策畫或輔助性質之行業，不宜從事金融、財務、投資等與錢財有關之行業。

事業型態易受外在人事物主導，一生中常跟老天賭運氣，也易隨著環境時勢的變遷而改變行業，為大成大敗之格。思想及經濟起伏變化大，宜踏實經營方可免於破財之虞。不可執守一成不變的想法與原則，宜品物流行，順應時代潮流才不會被社會淘汰。獲利時宜置產，方可避免錢財流失。

【六親】

祖上六親多刑剋，父親個性固執、性情孤僻，主掌家中大小事物，母親會配合父親而勤勞持家，且任勞任怨為家庭付出。父母親易因生兒育女後而家運興起，但子女成家立業後，卻又淪於家道中落的現象（因由低處登至高峰後則會下坡）。兄弟姊妹私心重，甚至勾心鬥角，且易因爭奪家產而產生紛爭。

【姻緣】

男性外表穩重，且能善用技巧而博得異性青睞；女性有潔癖，個性剛直，異性緣不佳，情路坎坷且不易早婚。婚配對象選擇參考：鼠、虎、馬、猴的生肖。

男性：戀愛時期思想單純、沉默寡言，婚後因已廣獲見聞而變得欲望大增，且受環境磨練得能言善道。常因自己的事業或興趣而疏忽家庭，宜給對方安全感，才能維繫婚姻。

女性：個性固執、食古不化又有自己的癖好，易導致溝通不良，口角是非多，致使情路難行。中年後易執迷於宗教、玄學，倘若夫妻興趣不一，極易導致婚姻破裂。

【疾病】

脾胃、便秘、痔瘡、結石、筋骨、關節、靜脈硬化、心肌梗塞、泌尿系統，腎功能障礙，脊椎側彎導致經絡阻塞而引起的病變。

戊主頭部、戌為督脈，逢卯戌合則是背脊的神經叢及經絡受阻。背後中脊總制諸陽，故謂之督。督脈二十八穴始於尾閭骨端之長強穴，上行懸樞、脊中、中樞、筋縮至陽歸靈台。患督脈疾病者有下列病候：腰痛、遺精、白帶、氣喘、癲癇、聾啞、頭痛、脊柱僵直、角弓反張。

平常保健可刺激兩大穴位，一是「命門」：可強腰、補腎、壯陽氣；二是手掌緊貼「百會穴」，呈順時針旋轉三十六圈，可以寧神清腦、降低血壓；然後再用空拳輕輕叩擊「百會穴」三分鐘，則能促進血液循環，並可增強頭皮抵抗力、減少掉髮、斷髮。

守護神明：天官大帝。阿拉真主。太歲星君。城隍廟。石頭公。

【地理】

荒郊野地、暗道小巷、家庭工廠、福利中心、電子賣場、廟宇宗祠、王爺公廟、土地公廟、倉庫物流、高樓公寓、明堂高逼、右水到左、玄武有靠、廁壓伏位、屋頂樑柱、室內缺角。

居宅地形不方正，內部格局易逢屋脊樑柱又有缺角現象，廁所也易壓吉方。堪輿以天圓地方為擇宅的基本法則，乃法於乾坤天地交媾方能化生萬物。乾卦五行屬金、形狀為圓、亦象徵天體；坤卦五行屬土、形狀為方、象徵地道物象，所以天圓地方才能全面接收天施之氣。倘若屋型缺角就無法全面受氣，逢之可依缺角方位定出六親中何者受影響較大。

屋型「缺角」與「凸角」就像我們切蛋糕一樣，將一個方形的蛋糕切割後便會失去完整樣貌。

具體來說，鑽石型與鋸齒型的房屋都屬於缺角的範疇。以下是「缺角」與「凸角」的補救方法。

正北方坎卦：人物為中男或十六歲至三十歲的男性。缺角影響：腎臟、膀胱、耳朵、生殖泌尿系統問題；亦主缺乏信心、沒有鬥志。化解方法：在正北方擺放藍色或時來運轉飾品。凸角影響：腎臟、膀胱、耳朵、生殖泌尿系統問題，主情緒低落、腰酸背疼。化解方法：在正北方擺放小魚缸或猴造型飾物。

東北方艮卦：人物為少男或十五歲以下的小男生。缺角影響：手鼻、皮膚、脾胃、消化系統問題；主自卑封閉、鬆懈無活力。化解方法：在東北方擺放松柏、玉石飾品。凸角影響：四肢、皮膚、脾胃、消化系統問題；主運勢起伏大、性格暴躁、精神緊張。化解方法：在東北方擺放羊造型飾物。

正東方震卦：人物為長男或中年男性。缺角影響：肝臟、四肢、關節問題；主活力不足、運勢起伏不定。化解方法：在正東方擺放富貴竹或木條紋櫃子，抽屜宜用單數。凸角影響：活力、手腳、肝臟問題；主脾氣暴躁、精神緊張。化解方法：在正東方擺放三盆酒瓶椰子樹或馬造型飾物。

東南方巽卦：人物為長女或中年女性。缺角影響：肱股、肝膽、神經問題；主精神疾病、舉止無常。化解方法：在東南方擺放帝雉、四支毛筆。凸角影響：肱股、神經及肝膽問題；主運勢起伏大、性格乖僻、情緒不穩。化解方法：在東南方擺放羊或雞的造型飾物。

正南方離卦：人物為中女或十六到三十歲的女性。缺角影響：眼睛、心臟、血液問題；主精神鬆懈、喜怒無常。化解方法：在正南方擺放紅色中國結、橙色臺燈或龜型飾品。凸角影響：眼睛、血壓、婦女病變；主性格暴躁、神經衰弱。化解方法：在正南方擺放牛或狗的造型飾物。

西南方坤卦：人物為母親或四十六歲以上的女性。缺角影響：腹部、脾胃、消化系統問題；主脾胃不佳、精神不振、免疫系統障礙。化解方法：在西南方擺放三盆黃金椰子樹或紅色飾品。凸角影響：腹部、消化系統問題。化解方法：在西南方擺放八株稻草或龍造型飾物。

正西方兌卦：人物為少女或十五歲以下的女孩。缺角影響：咽喉、呼吸系統問題；主口舌是非、情路坎坷。化解方法：在正西方擺放九個銅鈴鐺或一個銅鐘。凸角影響：口舌、鼻子、肺部問題；主少女暴躁、情緒緊張。化解方法：在正西方擺放龍造型飾物。

西北方乾卦：人物為父親或四十六歲以上的男性。缺角影響：頭部、筋骨、關節問題；主精神不振、無所適事。化解方法：在西北方擺放六枚古幣或一個地球儀。凸角影響：頭部、筋骨、肺部呼吸系統問題；主性格暴躁、精神緊張。化解方法：在西北方擺放玉石或馬、狗造型的飾物（但經長期驗證，效果都沒有「八卦能量貼」來得顯著）。

【大運】

少年時期行此大運，學業成績不盡理想且冥頑不靈，交朋友也要特別留意。宜避免因急躁的情緒和師長、同學產生頂撞或衝突，恐影響未來的發展。

創業時期行此大運必然會遇到一些難以突破的困境，與人合作宜避免耍心機而引來是非。此運就像翻山越嶺一般，是否能登上高峰與自己的謀略和為人處事息息相關，猶俗云「打虎擒賊親兄弟」，所以成功與否大致取決於自己的判斷力和交際。

此運預期的事常計畫趕不上變化，切勿得意忘形、貪求過多。常有偏執分歧的想法，無論錢財、感情、人事皆容易損傷，環境變遷也大。宜修心養性，降低自己的欲望則能平安度日。

己丑：十四

履霜堅冰寒待暑　夕日當思榮與辱
除惡務盡勳爵賞　運智鋪謀慶懸弧

【象義】

己丑的自然現象是水至嚴寒季節就結成了厚冰。天干己的五行屬土、代表季夏；地支丑是農曆十二月，節氣是小寒、大寒，時間是凌晨一至三點，在易經元亨利貞四象中是屬貞的冬藏季節。一般命理學者遇到己丑柱通常會以己土通根於丑論之，但若契於易經觀象原則，可將己視為坤卦、丑土為艮卦，如此就能通曉兩域情宜而網羅萬象了。

此柱自坐十二長生「墓庫」位，墓即收藏之意。丑土主思又為深夜，丑中人元癸水為智，即成靜思養智以致遠象也。此柱自坐「比肩」，但契於卦象卻是艮坤土（丑未沖），象徵常與兄弟姊妹或朋友持不同見解，但若能溝通協調得當，則可做為良好的互補，以達中庸原則（只可惜人性往往修養不足，難以接受別人意見）。所以地支刑沖得宜具有調濟作用，而三合、六合則是持相同意見才會作合，一旦合而不當，必然導致全盤皆墨，故不宜單視表面生剋字義而自我合沖含意。

【性情】

精益求精、研究精神、允文允武、注重原則、熱心助人、心思細膩、慷慨解囊、頑強奮進、不落人後、好勝心強、照顧部屬、三心二意、猜忌之心、性情孤僻、不通情理、幻想力強、頑固不化、欠缺融通。

此柱可契於易經☷☶地山謙卦，象曰：「地中有山，謙；君子以裒多益寡，稱物平施。」地中有山，謙：山理當高於地平面，但此卦組合卻是艮山居於坤地之下。其實易經組合的象義可用多種角度去觀想，所以不能只用直列式的方式去解讀，諸多卦都要用橫排組合去想像，猶此卦橫向後就成高山之下有平原，如此則能引喻智慧涵養如山高者，行為卻能謙卑地居於平原、一般群眾之下，故能獲得擁戴，如此謙義就能不言而喻了。君子以裒多益寡，稱物平施：一陽橫於群陰之中猶天秤象也；艮山之中的二三四爻互坎卦、為智，象為涵養如山高者，可成為群陰、大眾的明師。但多數涵智者往往會因此乘勢謀利，故誥誡智慧雖然無價，亦要衡量德性而為，智慧是最好的「法佈施」；於豐盛之餘亦當救助受困者。

相貌清秀，身材適中，個性外柔內剛，有扶危濟困之心。謀求富恆心與毅力，卻也因此養成執著、固守原則的心態。表面樂觀隨和、內在缺乏信心，且含諸多不欲人知之事和環境隱憂。平時會默默策畫未來前景，卻不輕易顯露於外。

很注重休閒生活，但本身人際關係並不是很好，所以會利用閒暇之餘去找自己興趣的事，除了充實自我外，並可增進人際關係。

【事業】

具思考及開創能力，適合從事研發、行政、企畫、寫作、設計、執行等具管理性質之事業。不宜從事交通運輸、具有流動性、危險性質之事業。

個性固守原則卻顯得有些執著，也容易沉溺於自己興趣的事，謀求若能選擇自己的專長或興趣的職業較能持之以恆。宜多接觸外來資訊以吸收知識而廣增見聞，才能適應時勢變化；事業形態是慢慢累積而成的，所以沒有投機的本錢，但可以採取投資方式以謀求利益。

【六親】

具家族觀念且全心全力守護家園。父親隨和責任感重，但常忙於己事，所以將家中事物交由母親掌管。兄弟姊妹的個性雖然有天壤之別，但往往會退讓妥協，故能保持情誼且關係密切。朋友圈中和屬虎、蛇、雞、狗生肖的人較容易成為摯友，對事業也有加分作用。

【姻緣】

雖然不太善於表達情感，但內心期待和異性交往的欲望重，求學階段就有可能出現交往機會，但因彼此心智不夠成熟，加上見解分歧，易導致無疾而終的結果。婚配對象選擇參考：鼠、虎、蛇、雞的生肖。

男性：一般都有穩定的工作，擇偶傾向嬌美、聰穎、機靈者。婚後雖然顧家且疼愛子女，但本身異性緣不錯，又有可能因配偶生理配合度不夠而產生桃花，宜防聲揚而產生婚變。

女性：配偶身材中等、臉型方圓有肉，長相斯文。婚後夫妻會各司其職，理念雖有些差異但還算恩愛。配偶人際關係較好，易產生桃花，若包容度不夠又無法協調得宜，婚姻恐生變數。

【疾病】

己土屬脾、腹；丑土為肚、腹、脾、肌、肉；暗藏辛為肺、股；癸為腎、足、精。地支由亥子至丑是坤卦「履霜堅冰至」之象，即水至嚴冬便會逐漸結成冰霜，象徵一切事物是慢慢累積而成的，故宜注意血液循環與腸胃吸收不良引起的併發症。一般護胃養脾食材為：高麗菜、南瓜、山藥、秋葵、玉米、小米、木瓜、鳳梨、蘋果、龍眼。

守護神明：鴻鈞始祖。王母娘娘。紫微大帝。大眾爺。

【地理】

農村稻田、湖光山色、鬧中取靜、低窪之地、三合庭院、大樓公寓、加工工廠、傳道場所、地勢平坦、明堂開闊、逆水格局、水繞玄武。

居住的地方通常是住商或工廠併立之地，且易老屋接新房或由多間房子合併組成。家中隔間通道多，來路大多是開中門或偏於龍邊。左右方都有連貫道路，側邊會臨低窪地勢。廁所緊臨廚房且壓吉方，導致感情糾紛，且六親易患隱疾。

【大運】

少年時期行此大運，理解力雖然不是很強，但有勤能補拙的精神。宜以模範者為自己學習的典範，往後就有功成名就的機會。

創業時期行此大運大致還算穩定，可累積之前的知識和將謀職經驗善加歸納，即可待時發揮。不能太執守自己的觀念，因時勢不斷在變遷，宜視時勢流行而善加求新、調整方向，才不會被環境淘汰；可借別人成功的例子，則有助於加速成功的機會。

此運不宜多元化經營，宜專注自己的特長才容易發揮。但要留意自己或六親身體易累積慢性病，或有毒、瘤、癌之狀況，應即早預防。

己卯：十五

春暉寸草黃轉綠　見景思狀宜警惕
莫道造福卻遭殃　三世果業一世驅

【象義】

己卯的自然現象是平地茂盛的草原。天干己的五行屬土、代表季夏；地支卯是農曆二月，節氣是驚蟄、春分，時間是早上五至七點，在易經元亨利貞四象中是屬元的春耕季節。「春暉寸草黃轉綠」：是形容黃土平原逢春時被茂密的草木覆蓋，呈現一片綠油油的景象；象徵學習能力和人際繁衍速度快，乃「知易行難」象也，因花草難以過冬之故。

此柱自坐十二長生「病」位，意為天干己為薄土、地支卯為春季，此際土的養分都被花草吸收了，草根又得冒裂己土才能茁茂。天干己土屬坤卦、斗數謂紫微星，主有寬廣心胸且能厚德載物，平時熱心助人卻無法得到正面的回報；此柱以因果論是要來償還前世的業障，窺象知因後當不忘初衷，即可三世業障一世償（因己土為《歸藏易》卦首、含藏前世因果）。此柱自坐「正官」，自然現象為孕藏於土下的草根逢卯月驚蟄雷鳴，草木逐漸冒出土面即將奮豫而繁茂了；象徵開發陌生市場的能力強，但遇到瓶頸或挫折，沉潛時日後即可重出江湖，因卯木的特性含「春風吹又生」和「打不死的蟑螂」之象。

【性情】

高雅氣質、相貌端莊、心性明朗、正大光明、開朗活潑、耿直爽快、悠遊自在、行事融通、仁慈之心、俠義心腸、慷慨大方、應對機敏、博學不精、開發市場、俯仰無愧、堅守崗位、多災多難、衝破難關。

此柱可契於易經䷗地雷復卦，象曰：「雷在地中，復；先王以至日閉關，商旅不行，后不省方。」雷在地中，復：此卦延續剝卦而來，是十二辟卦中的子月卦，此際木核尚潛藏於坤地之下，但寒冬利震木穩固根基，春返即可展枝茁茂。先王以至日閉關：一陽潛伏於初爻為閉關之象，陽不居君位卻伏於初，乃居深宮不遠行之象也。易理於此卦稱艮卦為王先，因此卦延續䷖山地剝卦而來，而剝卦大象成艮、乃前朝的君王，但剝卦爻象陽爻不居君位卻躍登極位，乃不理朝政、貪圖享樂之象，才會導致傾國、朝代輪替。商旅不行、后不省方：夜靜更深利於思考，靜思能致遠也；故《後漢書》中記載：「冬至前後，君子安身靜體，百官絕事不聽政，擇吉辰而後省事。」古代君王在冬至陽氣始臨的這一天，既不朝政也不巡視四方，更將邊界的關口關閉不使行商謀營，就是要各域大臣閉關省思一年來的施政得失，來年才不會再重復故弊。傳曰「帝出乎震」，即甲木沒有經過冬藏歲月的淬鍊就無法成為棟樑之材；猶☱☴澤風大過卦，下巽由春夏之域始生，至七月颱風季節（互乾卦屬申金），就會因無法通過強風考驗而產生「過涉滅頂」之災。

復卦初九曰：「不遠復，无祇悔，元吉。」古曆法以立冬為跨年的交界點，因此際大地已一陽來復，但以時序言尚為深夜子時。於夜深人靜時，先不要去想能跑多遠或做什麼大事，應該悉心檢討故弊，未來才不會重蹈覆轍（孔子稱讚顏回效法復卦以致不二過）。

心胸寬廣且具陌生市場開發的能力，因此能廣結善緣而朋友多，但人與入相處難免會產生糾紛，自己總能虛心檢討行為得失，屬謙讓、知過能改近乎勇之人。平時喜好收集瑣雜資訊，對新鮮事物也抱持探索之好奇心。生平也樂意以自己累積的專長助人，但往往會因太過熱心而招來猜忌，屢遭挫折後依然不會改變心志，但內心難免有傷痕累累的感歎。

【事業】

具規畫、生財理念和開發市場的能力，易得上司主管賞識。適合從事主管、公務員、工程師、業務員、運輸員、技術員，管理員等屬具變化性、開創性質的行業。不宜從事會計、貿易、金融或與水有關的職業。

事業心重，訂定目標後會全力以赴；但創業之初事業方向雜且常遇挫折，一生中有多次轉換事業跑道的傾向。雖然對金錢和名利有極大興趣，但抱持隨遇而安、凡事不強求的心態，所以不管成功與否，總能平常心看待，且能持續默默耕耘。

【六親】

因為善解人意又有倫理觀念，故能獲得長輩器重和父母親疼愛，往往是家庭中可以寄以厚望之人。但以無形因果論，長輩或自己兄弟姊妹有殘缺或夭折現象，宜妥善安置，否則會影響自己的安危或健康。兄弟姊妹情分好、朋友也多，但表面隨和、樂觀進取，內心卻背負著興家旺族的無形壓力。

【姻緣】

無論男女，異性緣都不錯，但易背負前世感情債，所以今生往往都將重點放在感情上，致使情路坎坷難行。若能心存善念，放寬心胸方可平順接受婚姻。婚配對象選擇參考：蛇、羊、猴、狗的生肖。

男性：因古道熱腸又心性隨和，所以即使配偶很強勢，依然能忍氣吞聲、若無其事地面對。婚後能盡職任勞任怨地付出，但心理桃花或出軌現象是難以避免的。

女性：因官星為卯木，而花草之質難免會茂盛攀爬，所以婚前追求的異性多。婚後一心一意想扮演好良家婦女角色，但總是會有節外生枝的事發生。導致情路難走的主因往往是個性執泥，想一手完全掌握對方因而引發反彈，若能專心照料家務、轉移重心，則可化解婚姻危機。

【疾病】

天干己土屬脾、腹；地支卯木為肝，在體為筋脈神經系統。風氣通於肝，氣血不足會導致昏暈。風又主動旋，故病則頭身搖動、目昏眩暈也。

日主的天干代表自己，地支為夫妻宮，此柱木旺剋土又金缺，而庚金為腸、臍，故自己或配偶得大腸癌的機率極高。平常宜護胃養脾，建議食材為：高麗菜，南瓜，山藥，秋葵，玉米，小米，木瓜，鳳梨，蘋果，龍眼。倘若需要就醫宜往西南方向。

守護神明：保生大帝。中壇元帥。五股開台尊王。

【地理】

地震地帶、公園綠地、宮殿寺廟、商場市集、超商學校、政府機構、市場攤販、公寓社區、低窪地勢、明堂開闊、虎高龍闊、逆水型局、門行禍害、廁壓生氣。

一般會住在人口密集的地方，與左鄰右舍互動頻繁，但大門易開在凶方，致使影響六親身體健康。大多數人很重視大門的「風水尺寸」，所以都會用魯班尺丈量，如果門內框距測量出來是黑字，就會產生凶兆效應。

常見的魯班尺分為上、下兩個部分，上半部為文公尺，用於陽宅、神位、佛具；下半部為丁蘭尺，用於陰宅、祖龕，且依「生、老、病、死、苦」五字為基礎。古代工匠在設計陽宅時都會用文公尺來丈量，舉凡廚灶、神桌、屋樑高度、門與窗戶的高度及寬度，都要符合文公尺上面的吉字。

雖然我們無法確認用魯班尺來測量吉凶的準確度如何，由於此法已深植人心，致使當今製造神桌、門窗、家庭用具的工廠皆已以此為準則，但是禍害卻依舊屢見不鮮。個人認為古法有安心作用，但也要視整體方位佈局，方可臻達體用合一之功效。

黃金椰子：形狀優雅、曲線柔和、葉片寬大，顏色亮綠，能表現清新與自然的情境，在花藝設計上常做「面狀」葉材的運用。此植物的能量僅次於酒瓶椰子，因全日照、半日照均可生長良好，性喜高溫多溼且不需任何特殊照管，所以極適合做為居家或室內的化煞植物。一般室內若有負能量，大約會在三十左右，而黃金椰子的正能量約在六十以上，故化煞之餘還能提供正能量（但所有化煞植物產生作用後，本身都容易注入負能量）。

【大運】

少年時期逢此大運，有求新圖變的思想，想像力也極為豐富，但往往會因博而不精，導致無法達到預期功效。此運宜按部就班地學習，待轉運時即可發揮。

創業時期行此大運，往往會遇到許多瓶頸和挫折而想轉換跑道或兼副業。此運若能多元化經營亦不失為良策，但不宜固守原職，要不斷地開發新市場或改變作風，才會出現展新的景象。

己巳：十四

開疆僻路惠鄉情　天地玄黃光未明
博禮德行涵智養　攀附權貴盈利享

【象義】

己巳的自然現象是太陽已昇出地平面，大地可普受其惠。天干己的五行屬土、代表季夏；地支巳是農曆四月，節氣是立夏、小滿，時間是早上九至十一點，在易經元亨利貞四象中是屬亨的夏耘季節。以自然原則言，太陽理當居高方能普照大地，此柱巳火卻潛藏於己土之下，這有點違背自然現象，筆者日思夜想了幾十年後終於領悟到了！

按觀象原則論，己土平原周遭必然有高山，而易理取象時往往會以戊土高山（艮卦）為尊貴者、己土平原（坤卦）為卑微者，如此方能貼近相對論。綜觀法則後，己巳今世有抑強扶弱、仁慈之心，但環境中亦有「明入地中」的隱情；又己為道路、巳為文明也為驛馬，前世有鋪橋造路致使各域文明之功德，所以今生即使逢難，亦能逢凶化吉（研易三十載後，得某聖靈指點，欲觀前世因果宜將易象「錯」、「綜」為用，則知其相對論，即可貫通佛經偈語：「欲知前世因，今生受者是；欲知未來果，今生作者是」。

此柱自坐十二長生「帝旺」位，命理學視為「陰刃」，刃猶刀劍利器一般，若排列組合不當確實會傷人；但因干支含陰陽，所以可劃分為「陽刃」與「陰刃」，而陽主表、乃趨於外來的傷害；陰主內、其傷害是來自無形幽靈或人事情感的折磨。此柱自坐「偏印」，即使功課學業好，日後謀求也難以學以致用，所以謀業方向大致屬經商或異路功名居多。

【性情】

英俊瀟灑、秀外慧中、溫文儒雅、善解人意、待人謙恭、深明大義、人情味濃，敦品勵學、慷慨解囊、愛心奉獻、寬容忍耐、求知欲望、領悟力強、迷途羔羊、性格深沉、穩重守常、脾氣暴烈、記憶力強、默默涵養、生活安逸、逢凶化吉、表裡不一。

此柱可契於易經䷭地風升卦，象曰：「地中生木，升；君子以順德，積小以高大。」地中生木，升：坤巽兩卦都屬高溫季節，木核必破土而茂，日積月累後就會變成大樹。君子以順德、積小以高大：二陽立中為「積」，上坤主「順」，大象成坎為「德」。下巽兩個陽爻已鄰無陽坤卦，樹核即將冒出地面；引喻日行一善，德行就能如小草漸長成大樹一般。

相貌英俊、秀麗，身材中高、頭腦聰明、心思細膩、樂善好施，富博愛仁慈之心，但因待人處事和善而易輕信美麗謊言，因此容易被騙而蒙受傷害。注重生活精神領域，學習能力佳，也常想多往外地遊覽以增廣見聞。但心中常有難言之隱，致使自我保護意識重，一生追求安逸平穩的生活。

【事業】

具企畫與實踐能力，適合從事策畫、廣告、美容、經商、設計、寫作、公職、店面、美術及具商業性質或能創造外表美觀之行業。

屬完美主義者，很在意別人對自己的評價。創業或謀職習慣憑著自己的感覺走，但卻常事與願違，有極端反覆不定的謀事心態。男命喜歡追求穩定的事業，且能廣泛地吸收各種領域的知識；女命喜追求亮麗型態的事業，也常奔波各地，驛馬情性大於男性。

本身好奇心強且容易相信朋友，雖然一再受蒙蔽，卻也難以覺醒，評估事物往往只以表面現象為依據，因此創業或謀求過程易走冤枉路而蒙受損失。一生中雖衣祿無缺也喜歡置產，但須注意文書、契約而引來破財或官訟。

【六親】

祖上擁有特殊技能或穩定的工作，在地方上稍具知名度，但家中環境隱藏著不欲告人的隱情。父親雖具專長，但不喜理會煩瑣事務，所以家中大小事務皆由母親掌理。父母親感情平淡，兄弟姊妹感情平平，但急難時會拔刀相助。

【姻緣】

男性長相英俊，做事認真負責、學習能力及領悟力皆強，注重內涵、不太在意外表；女性好勝心強，很在意外表形象，但認真中帶點執著、迷糊性情，交往的對象往往是地方上黑白兩道的名人。婚配對象選擇參考：兔、羊、雞、狗的生肖。

男性：重視內在美，喜歡會顧家的純樸女性。婚後認真工作、執守家庭，大致夫妻同心，且婚後家運會蒸蒸日上。但內心求知欲高，會花很多時間或金錢在自己興趣中。

女性：清新高雅，身材適中，正直善良。本身雖富傳統思想，但因環境或自己理想而選擇創業或謀職。夫妻雖然互助同心，但彼此都有自己的嗜好，致使理念上有些差距，宜妥善協調才不會衍生變數。

【疾病】

肝膽、心悸、眼睛、小腸、齒痛、血壓高、腦溢血、面色萎黃、頭痛目眩、四肢無力、泌尿系統、呼吸系統、膀胱腎臟。

由於心思單純、個性開朗，所以一生少病；但因火土過旺，中年後宜注意肝膽及腎臟膀胱病變。操勞過度易引來肝膽疾病以致面色萎黃。護肝利膽食材參考：花椰菜，菠菜，蘆筍，蘑菇，蒜頭，葡萄，奇異果，芭樂，綠茶，胡蘿蔔，蛋。

守護神明：南極長生帝君。驪山老母。

【地理】

美術館、修理廠、停車場、美容院、綠地公園、政府機關、學校園區、里民中心、地方神廟、宗廟寺院、裝潢公司、果菜市場、超商賣場、來脈平坦、明堂寬廣、順水型局、室內寬闊，門行禍害、廁壓生氣。

大多出生於鄉村，就學或謀職會往都區外發展。居家大門大致會偏虎邊，廁所易壓生氣位，致使男人比較沒鬥志。

中國所有祿命術皆源自易經先後天八卦理論，而先天八卦講述先天因果，後天八卦則論述今生造化。紫微斗數也將此法則區分為身宮（先天）及命宮（後天）。唐朝李虛中是八字學祖師，以年月日三柱論命（因古代計時困難），並以年柱為元神，且用六十甲子納音為主要理論（納音是縱橫天干地支後的五行）；其論斷法則以年柱為前世因果（先天），對照月日柱後（後天），則可觀知今生必然會產生的造化。此觀象法實非一般人皆能領會貫通，所以後來徐子平才修改以日柱為元神，且用五行生剋法論斷。其實，經歷史考證未必有子平此人，或許是偽人或筆名吧！

陽宅應用也將先天八卦契於生肖與性別，分成八種命卦，即震命、巽命、離命、坎命、坤命、兌命、乾命、艮命；同時也根據周易後天八卦將住宅分成東、西四宅，其中震宅、巽宅、離宅、坎宅為東四宅；坤宅、兌宅、乾宅、艮宅是西四宅。假設我們並不太在意且無法改變先天因果，那麼，今世宜行善積德，如此陽宅或命理就可以依據後天八卦法則即可。

【大運】

少年時期行此大運，易至外地求學或謀職，此運雖可無憂無慮，但對學習與未來目標有些茫然。倘若能廣泛吸收知識，再歸納自己興趣，將來就有機會發揮。

創業時期行此大運，無論自己創業或謀職皆可穩定，但難免要奔波勞碌。若與人交往或合作，須防對方有隱瞞實情的狀況，宜深入探察實際情形，才不會遭到蒙蔽之災殃。

己未：十五

宅心仁厚情義固　恭謹謙和卑自牧
龍躍伏坤氣有嘉　作育卯乙好根礎

【象義】

己未的自然現象是高溫的平原。天干己的五行屬土、代表季夏；地支未是農曆六月，節氣是小暑、大暑，時間是下午一至三點，在易經元亨利貞四象中是屬亨的夏耘季節。己未是高溫的平原、利萬物成長，象徵仁慈博愛、樂於助人。

此柱自坐十二長生「冠帶」位，象徵土的五行強旺，有厚德載物之功。此柱暗藏人元為己乙丁，己為「比肩」，兄弟姊妹多且感情好；己與乙互為「正官」，主工作事業穩定，但節令屬炎熱季夏，故勞碌；己與丁互為「正印」，象徵有自己的房子，也喜好置產（因土性比較不論作文昌）。

【性情】

相貌俊秀，仁慈博愛、責任感重、待人隨和、腳踏實地、隨心所欲、求功心切、意志堅定，行事專注、心思廣闊、性情急躁、生涯多勞、通情達理、廣納見聞、搶奪佔有。

此柱可契於易經☷☷坤為地卦，象曰：「地勢坤；君子以厚德載物。」地勢坤：坤德廣大至極，含高山平地及海洋河川，致使生態繁雜（應用時為丑辰未戌土的地貌與生態不一）。君子以厚德載物：地道有別、質必有異，君子體悟此象，宜效法坤德，無論尊卑皆要廣納。

對人事物有極大的包容性，但對自己的行舉卻不修邊幅。有自知之明，不喜受法理約束，對事物佔有欲和操控力強。因事物繁雜，處事常一心二用，有時候會不按牌理出牌。行事講求實證根據，對五術、宗教、傳統民俗之事懷探索之心。

【事業】

具分析、創造、建設潛力，適合從事領導、修護、製造、加工、工程、管理，雜藝及須付出體力之行業。不適合從事財務、金融、餐飲、旅遊之行業。

謀求事業無論尊卑貴賤皆願意去嘗試，敬業精神極佳，但無論從事任何事務皆易先迷後得，即因誤打誤撞而成為職業或專家。個性熱心但躁動，偶有失序的行為，也常因太過隨和而誤判事物，故宜謹慎理財，方可避免錢財損失。無論從事任何行業，只要把持方向、專心投入必得成就，為一分耕耘、一分收穫之格。

【六親】

家族凝聚力強，與祖上情分濃厚，父親比較獨立，性情有些孤僻但勤奮工作，母親善於理事且人緣好，父親健康較母親差或壽短（倘若生於丙寅時則母親身體較差，且有死裡逃生現象）。兄弟姊妹感情不錯但各自謀業。

【姻緣】

喜歡追求觀念較接近之對象，在感情上有凌駕對方之傾向，婚姻易考量長輩立場或環境所需。婚配對象選擇參考：兔、蛇、雞、豬的生肖。

男性：選擇對象傾向於內在美德，婚後配偶善於理家，但因事業繁忙，有疏忽家庭與子女的現象。忙碌之餘宜多抽空關心配偶及培養情趣，以防情海生波。

女性：喜歡正直善良、舉止大方、清新高雅的異性。婚後全心全意助夫興家，但因彼此主觀意識都很重，所以表面給人感覺和諧美滿，私下卻常因意見分歧而產生紛擾，宜多培養共同興趣才能和諧至老。

【疾病】

皮膚過敏、急性腸炎、膀胱腎臟、筋骨脫臼、肝膽胃腸、筋脈阻塞、肺部胸悶，頭痛目眩、腰酸背痛、四肢無力、泌尿系統、呼吸系統、隔塞吐逆、手足酸麻、嘔吐噁心、生殖系統。

天干地支都屬土，但土旺會洩火及剋水，要注意腎臟及心臟病變。宜改善生活方式，如限鹽、限酒、戒煙、減重、增加鉀攝入量及體力活動，對預防心腎病變是有極大功效的。

守護神明：紫微帝君。太歲星君。五福大帝。福德正神。

【地理】

公園廣場、市集賣場、人潮聚集、公家機構、宮殿寺廟、土地公廟、超商學校、開發之地、工商場所、明堂開闊、虎高龍闊、直來直往、水繞玄武、右水到左、順水型局、雜物倉庫。

易居住於人口密集之地，家中人來人往、人氣旺盛。屋側或後方有小巷，容易有兩個進出門，也易與鄰居的大門正對。風水學說認為「兩家相對，必有一退」，亦云「門不對門」或「大門吃小門」，即誰家的大門比較小就會衰運連連，逢此情況可以在大門口放置一些紅色吉祥物來化解，如春聯、紅布、八仙綵……等，就可以化解「門口煞」了。

有些邊間的房子側邊臨道路，就會開側門以方便進出，但有些地理學派認為這是「抽丁門」、會損丁（因從側門中間看去就像一個丁字形）；也很多房子會開後門，而風水學亦認為會構成「穿堂煞」，往往建議用屏風阻擋以防止漏財。其實八卦方位皆具吉凶意義，即有四個吉位、四個凶位，那麼以機率而言，兩個門同時都是吉位的機率並不大，所以容易被地理師論中。宅有兩個來路通常會導致家人理念不同而紛爭不斷，宜謹慎擇吉門進出才是良策。

【大運】

少年時期行此大運會有些迷惘，往往會因隨心所欲、興趣廣泛而找不到明確的目標。此運為先迷後得之運，宜防自我迷失；若能針對自己的興趣去鑽研，將來必定能學以致用而成為專家。

創業時期行此大運，以往的勞碌將有所獲，此運可安定成長，但往往會因安逸致使行為有些迷失。此運雖已安定，依舊要付出心力，只要行事積極、專注謀求必定能更上一層樓。事業和房子也易有變動，倘若異動，會遷往人口較密集之地。

己酉：十五

瓜熟蒂落果剝蝕　似有卻無終究失
見狀鑑知無形因　五福駢臻前世果

【象義】

己酉的自然現象是八月太成熟的果實剝落於地。天干己的五行屬土、代表季夏；地支酉是農曆八月，節氣是白露、秋分，時間是下午五至七點，在易經元亨利貞四象中是屬利的秋收季節。己土之下見酉金，象似蔓藤植物無限延伸在田畦上的果實，亦如八月太成熟的果實剝落於地而腐爛。

此柱自坐十二長生的「長生」位，凡逢長生之柱皆有難，此柱的自然現象為太成熟的果實剝落於地，要逢時才能再待機而萌，象徵事物到美好階段時就會產生變數；己酉為熟透的碩果，象徵已廣獲見聞、思想獨特，但中年後身體會產生病變，且事業會旺極而衰，因而被迫轉型他職；此柱自坐「食神」，想像力豐富，也有良好的創作思考，乃攀龍附鳳之格，唯果實剝腐再重萌的過程必須去面對。

【性情】

慈善心腸、立地成佛、活潑開朗、剛毅穩健、求好心切、膽大心細、心思敏銳、胡思亂想、優柔寡斷、情緒多變、見風轉舵、投機心態、博而不專、鑽牛角尖、自我認為、自食其果、知易行難。

此柱可契於易經䷖山地剝卦，辭曰：「剝，不利有攸往。」剝為剝落、耗蝕。陽氣始於復卦，至純陽乾卦後則轉為姤、遯、否、觀，而至一陽僅存之剝卦。剝卦五個陰爻，上九一陽居極，象義為樹上僅存的碩果，剝是十二消息卦中的九月卦，逢季秋時序太過成熟的果實必然會掉落殆盡。但碩果是良好的品種，倘若命格中逢己酉再見甲乙木，即為優良品種所致，而易成為棟樑之材。

相貌清秀、體型瘦高、皮膚稍黑、心思細膩，對環境中的人事物有強烈的敏感度。平時處事過於慎重而不能當機立斷。謀事求好心切，致使個性有些急躁，也易因資訊太多而造成博學不精，往往要走很多冤枉路後才會找到自己想要的東西。鞭策力雖高且具學識，致使表面柔和，內心卻有些高傲，常會去評論別人的作品或行為。謀事時若能懷厚德載物之心胸，即可免除不必要的麻煩，能寬容待人即可加速成功的機遇。此柱男性心胸較寬廣，配偶和此柱的女性心思較詭異狹窄，作風眼高手低。

【事業】

具組織、推廣、規畫之能力，適合從事文教、門市、秘書、軍警、代書、顧問、公職、直銷、講師、仲介、作業員及受薪者。可從事販賣智慧、技能或現學現賣屬性的行業，不宜從事運輸、製造行業。

本身的個性有些癖好，謀求事業時表面看似穩健，但內在存著速成的投機心態。當事業穩定有成後往往會妄生貪念，且易因盲目擴充或投資自己不專業的事而招致諸大的損失。宜專注在自己的專業領域中，若節外生枝必然會索絆二三旬後，才有再翻身的機會。

【六親】

祖上緣薄且無助力。雖具孝心但與父親隔閡較大，與母親關係相對融洽，但母親任勞任怨為家庭付出卻難以得到正面回報。母親身體狀況較差，壽元大致比父親短。兄弟姊妹表面上看起來互助和諧，但有利益紛爭時則會各自算計。

【姻緣】

男性外表穩健、說服力強，且具專業權威架勢；女性姿色佳，但外柔內剛，有點不通人情的傾向。無論男女，倘若包容度不夠，都容易產生婚變的現象。婚配對象選擇參考：鼠、龍、馬、豬的生肖。

男性：擇偶時易憑自我感覺或因環境機遇而促成。婚後事業大致還算穩定，但內心潛藏投機心態，常因誤判事物、投資而導致虧損，也易因經濟壓力而導致婚變。

女性：長相雖然俏美，但主觀意識太重，往往無法包容對方的小瑕疵，因而理念差距越來越大，如此婚姻就容易產生變數。

此柱離婚率偏高，因此柱為山地剝卦之象，但剝卦的下一卦為地雷復卦。復卦的象義是剝落於地的果實逢春後會再重萌新芽；所以倘若已經離異，如果有再婚機遇，極有可能比以前幸福美滿，因剝而後復是老葉變新芽之象（行此大運亦可同論）。

【疾病】

胃虛、噁心、肝膽、心悸、胃腸、膝骨、失眠、眩暈、貧血、高血壓、腦溢血、筋脈阻塞、肺部腎臟、四肢無力、咳嗽鼻塞、全身倦怠、吸收不良、過思傷脾。

金洩己土、易因脾胃虛寒而引起併發症。虛寒為萬病之源，是影響健康與美貌的最大敵人。身體虛寒會造成皮膚乾燥、無光澤，導致肥胖水腫與肩頸酸痛等問題。且會讓頭髮、皮膚乾燥失去光澤，甚至肥胖，外表體態讓人看起來老了好幾歲。另外，體溫低基礎代謝就會下降，所以容易便秘與小腹突出（此柱命格中水不旺，就不易水腫、肥胖）。平時宜深蹲、熱敷、多吃蒜頭即可改善。

守護神明：地藏王菩薩。送子觀音。註生娘娘。

【地理】

山區小徑、三合古院、宮廟教堂、樂器商行、黃昏市場、電子賣場、果菜市場、地勢落差、側臨小巷、落脈剝換、重重朝岸、朝水過堂、龍虎不均、天門阻逼、地戶開闊、門行天醫、廚壓延年。

以風水論，雖有落脈剝換及重重朝岸，但穴位不正且龍虎砂手不均，易導致偏房、財富不均；居宅明堂稍顯逼窄且無後靠，來路由偏龍方進出；因得天醫吉門而喜好研究玄學經典，但廚廁易壓延年或生氣，導致人事糾紛及健康損財現象。

山地剝卦在講述陽宅理論，象曰：「山附於地，剝；上以厚下安宅。」山附於地，剝：下卦坤地是平原，也主房子的地基；上卦艮山為屋後靠山，但基座不宜逼近靠山，否則山石崩落就會危及屋基。上以厚下安宅：上指艮山、為陰宅地，亦可做為屋宅後靠，厚下：指坤居艮山之下、為陽宅地。艮卦一陽在上為來脈、坤卦無陽爻為平原，故謂「陰宅求一線，陽宅在一片」。建屋首重地基穩固，且不宜逼近靠山以防崩石，也不能在來龍剝換處截挖而居，以防損丁。基座太高則水洩不止，象成「脈上別墅，終成空屋，兩山聳峙，貧賤夭孤」。剝卦主旨敘述堪輿應用，因艮坤主地勢高低，可致使陰陽兩氣循環交感；而陰宅地首重來脈，穴點會凝於止氣處，且需有重重案山、砂手為護，方足以藏風聚氣。陽宅講究開陽化面，故明堂必須寬廣。

古代屋基講求後靠，謂此可獲貴人提攜或蔭庇，契於五神形態乃指以「財、官、印」為用。爾今，身懷技藝或擁有良好創作能力者亦可成名得利，即可以取「比、食」為用，故現今無後靠之大樓林立亦不失其益。凡事都應品物流行，以「體」而言可依循古法，至於「用」則不宜執泥不變。

【大運】

少年時期行此大運會經歷一些波折，但不可因而消極，應建立信心，便可獲得最後勝利。學業成績或許也不理想，但可選擇自己有興趣的事去加強磨練，將來就能獲得舞臺。

創業時期行此大運，宜廣泛地充實知識，以備不時之需。在人事物方面易先成後敗，宜即早防範、做好備胎，因此運易在自我感覺良好的情況下產生變數。此運也要注意六親身體、事業瓶頸、意外傷害、感情糾紛。

己亥：十

廣蓄賢能才德晉　跋山涉水衣錦蔭
王三錫命不辱恩　福哉禍兮方寸心

【象義】

己亥的自然現象是平地的河流，也是水滲入地中之象。天干己的五行屬土、代表季夏；地支亥是農曆十月，節氣是立冬、小雪，時間是晚上九至十一點，在易經元亨利貞四象中是屬貞的冬藏季節。己亥是地下有水，天干己土主思、地支亥水為智慧，象徵平常會廣納知識以待時發揮。

此柱自坐十二長生「胎」位，胎猶母親已懷孕即將誕生新生命，契於現象則代表己土表面平和但內心企圖心強，且會廣納學識待用。此柱自坐「偏財」，亥中暗藏甲木為「偏官」，土剋水亦主文昌、學習，偏官也主副業，主閒暇之餘會廣泛吸收新資訊和學習一技之長，以為備胎或副業。

【性情】

相貌樸實、身材中等、皮膚稍黑、慷慨豪邁、圓滑幹練、文武合一、文攻武略、重視名譽、性情緩和、待人和善、機智敏銳、循序漸進、含章可貞、默默耕耘、恆心毅力、企圖心強、另有謀算、研究心強、靜待時機、不欲人知。

此柱可契於易經☷☵地水師卦，象曰：「地中有水，師。君子以容民畜眾。」地中有水，師：地納百川之水，方使萬物欣欣向榮，亦聚眾成軍象也。君子以容民畜眾：將帥不能循私而眷顧鄉親，宜懷厚德載物胸襟才能萬眾一心。

包容心強且喜歡廣交朋友，謀求富毅力和耐性，處事不慌不忙，勤勞自主，對自己感興趣的事物會鍥而不捨和不計代價去學習。外表平和仁慈，且會廣結善緣以充實人脈。平時會廣納學識，且會視為終身志業，一旦時機來臨即可販售自己平常所累積的專業，乃養兵千日、用在一朝之格。

【事業】

事業心強又守於常規，具堅強的耐力與意志力，適合從事作業員、導師、策畫、顧問、業務、工廠、商人及技術性、專業性質之工作。不宜從事金融、財務、直銷、人事管理工作。

對工作抱持敬業態度，謀事都會堅持到底，倘若轉換事業跑道，也是形勢所逼。在職業選擇上須防眼高手低，以免導致挫折叢生，也勿多管閒事而招惹是非。閒暇時宜廣習學問或技藝以做為事業備胎。

【六親】

具傳統家族觀念，對長輩孝順，但易因謀職而分隔兩地。父親因執守於事業而顯得有些固執，讓人覺得不易親近，母親辛苦持家且較易溝通。兄弟姊妹情義重，但成就有些懸殊。

【姻緣】

男性剛柔並濟、和善仁慈、盡忠職守，人緣好且桃花際遇多。喜歡賢淑善德、美麗又身材好的對象；女性容易滿足，追求穩定泰然的生活，所以會以忠厚老實者為優先考量。婚配對象選擇參考：虎、龍、羊、雞的生肖。

男性：因配偶帶幫夫運，本人舉止大方、正直善良、清新高雅，且堅守崗位、盡心做好分內工作，所以結婚後家運會蒸蒸日上。

女性：抱持恬靜平和的心態，本身墨守成規欲望不高。婚後多半要掌理家中瑣事，雖辛勞卻可享受福祿，但宜防產厄或流產意外。

【疾病】

胃虛、肝膽、心臟、精血、濕疹、中毒、子宮、重聽、耳鳴、泌尿系統、腎臟膀胱、手足酸麻、腰酸膝痛、生殖系統、怕冷惡寒、吸收不良。

天干己土為平原，地支亥如流動洪水，必然會侵伐平原而造成水土混濁現象，契於身體則容易導致腎臟膀胱病變。平時宜注意飲食，先調理好脾胃再做固腎養肝措施。中醫指的腎還包括腦、頭髮、耳、膀胱、骨髓、生殖器等構成的系統，平時可按摩太衝穴、太谿穴以疏通肝腎經絡。太衝穴位在腳大拇趾與第二趾骨結合處；太谿穴屬腎經，在腳內踝後側一吋的凹陷處，各按壓三至五分鐘，可保肝固腎。

守護神明：田都元帥。五殿閻羅王。周倉將軍。百姓公。

【地理】

農村稻田、軍警單位、學校園區、宗廟寺院、果菜市場、交叉路口、來脈有勢、穴居中亭、明堂逼迫、龍虎不均、直來直往、來大去小、逆水格局、暗巷凹風、明暗不一。

居住的地方天門閉、地戶開，側方有流水順流而過，主男人要出外求財，屬正業兼副業之宅。風水學云：「山管人丁，水主財利」，所以求財的首要條件是「天門開、地戶閉」，天門開指來水方要開闊且看不到源頭，地戶閉為下手砂要有高物阻攔而看不見水流去向。雪心賦云：「水口愛其緊如葫蘆喉。」主水口要緊閉關鎖，才可以將來水聚在明堂內；古籍云：「明堂容萬馬，富貴傳天下，水口不過舟，富貴得長久。」風水喜明堂廣闊，水口處最好連一艘小艇也不能過，即應財源滾滾而來。

【大運】

少年時期行此大運可得良師益友，過去的學業或願望若未達到預期效果也別失去信心，只要默默耕耘，將來必有收獲。若能利用此運學習技藝，往後必定能發揮。

創業時期行此大運為驛馬之運，須為事業奔波，且會策定未來目標並待時發揮。倘若目前尚未有明確目標，宜先將就現況，但平時要儲備技能，待來運即可發揮，因此運為「養兵千日、用在一朝」，所以謀求要醞釀很久才能時來運轉。

庚子：十三

懷玉抱金天護寵　師出有名可見功
伺陽得其同人往　捷勝養息資斧封

【象義】

庚子的自然現象是冬天的寒風。天干庚的五行屬金、代表秋季；地支子是農曆十一月，節氣是大雪、冬至，時間是晚上十一至凌晨一點，在易經元亨利貞四象中是屬貞的冬藏季節。懷玉抱金天護寵：庚金為風，辛金主玉器或雲霧，子為辛金長生之域，所以此柱無形之氣兼具庚辛金。師出有名可見功：庚金長生在巳，巳火為自然界的「官星」，丙庚並見為師出有名，因風是太陽驅動的，故丙庚謂為「同人」，即太陽和春夏和風行徑是一致的。捷勝養息資斧封：庚金由巳域運行至北方子域，風則會滯積成辛金雲霧，象徵已完成任務，可功成身退了。

此柱自坐十二長生「死」位，庚金的天象為氣流，東南辰巽巳宮位謂為風，此際太陽（巳）逐漸旭昇後溫度就會提高，海水（辰）因此被蒸發而形成氣流，氣流所夾帶的水分化成雨霖後會再度流入江海，如此就構成水循環；《滴天髓》於庚金篇中仿此象云：「見火則銳、見水則清。」命理謂庚為將軍，其由東南方領軍討伐北方盜寇，故庚金先見丙丁後見壬癸為「將軍作戰成功」，反之則為「先斬後奏」，主傷官害官，會從事異路職業。此柱自坐「傷官」，主身懷抱負，且會極力去追求自我理想，女命會助夫興家。俗云將軍不作戰則無戰功，所以墨守成規者只能獲得穩定，往異地謀求者較能顯見功績。

【性情】

相貌俊秀、印堂開闊、顴骨較高、剛強能幹、樂觀活潑、活力充沛、欲望強烈、廣泛學習、多才多藝、一身傲骨、一意孤行、叛道離經、狂傲乖張、好管閒事、情緒無常、受人誤解、遭人誹議、觸犯法網、誇大主觀、愛出風頭、據理力爭、愛恨兩極。

此柱可契於易經☰☵天水訟卦，象曰：「天與水違行，訟；君子以作事謀始。」天與水違行，訟：上乾是熱氣流、行徑由下往上，下坎是冷氣流、行徑由上往下，因兩氣乖違而爭訟。君子以作事謀始：謀事前宜先思索結局為何，方能預做策畫，以避免產生過錯（與深謀遠慮同意）。

為人熱心好交朋友，平時會廣匯資訊、充實自我，但偶會因太過雞婆而惹來麻煩。庚子為冷氣流，而冷氣流的移動速度比熱氣流快，所以，易因求功心切導致尚未深思熟慮就行動，致使常產生後悔莫及之事；易經中的象辭是誥誡進退之道，故曰「君子以作事謀始」。

【事業】

具實踐力及商務能力，適合從事業務、代理、仲介、傳銷、講師、技藝、連鎖企業及商務推廣或企業規畫性質之事業。不適合從事公務、行政、管理或太過保守、呆板之事業。

頭腦聰明反應又快，所以謀求時可以現學現賣，但為人或言語太過直接，容易因無意中傷害別人而樹敵。在謀求中雖然會遇到許多挫折，但總能適逢良機。平時宜廣泛吸收知識，不宜賣弄小聰明，事業才會長久。因不善理財，所以於事業有成時宜投資不動產保值。

【六親】

家族龐大且重視倫理，但長輩易有慢性病或環境中隱藏著難言苦衷。父親有些大男人主義和重男輕女的觀念，但對家庭和自己職務皆能堅守崗位；母親非常能幹且教子有方，所以子女都會承襲母親的觀念。兄弟姊妹中，本人如是成就較高者，遇兄弟姊妹或朋友有難時都會鼎力相助，但六親易逢意外或招惹是非官訟。

【姻緣】

男性長相斯文、細皮嫩肉，但心計較重，表面穩重堅強，內心缺乏自信；女性心性隨和，喜歡廣交朋友，逢事易誇大而小題大作，對喜歡的人會全心全意力挺到底。婚配對象選擇參考：龍、猴、雞、狗的生肖。

男性：雖懷才藝，但自己環境中有難以言表的苦衷，致使信心不足而且有些自卑感，所以喜歡選擇外貌清秀、善於表達、外交能力好的對象做為互補。婚後凡事都會與妻子商量，且會尊重配偶的意見，屬疼妻顧家的好男人，但子女不多且晚見。

女性：個性雖然隨和，但心態有些高傲，選擇對象時非常挑剔。配偶往往不是自己預設的人選，卻因環境因素及見對方真誠熱心又具才華才慢慢接受。在情感上屬恩怨分明、愛恨兩極之人，對自己喜好的人必然湧泉相報，反之則會形同陌客。配偶大致從事業務或技藝性質工作。婚後與娘家往來頻繁，子女不多但極重視才藝培育。

【疾病】

風濕、氣喘、貧血、頭風、惡夢、關節炎、肺積水、神經衰弱、筋骨酸痛、肺部腎臟、憂鬱焦慮、頭痛眼花、過悲傷心、僵直性脊椎炎。天干庚金為氣流，地支子水主血，亦為循環系統；易因血氣背行不調和而引起病變。此柱自坐傷官，疾病大致與飲食和情緒多變有關，一旦生病了，必定是長期累積所致。宜鍛煉身體，改善消極情緒具極大意義。

平時宜多慢跑、練太極拳可緩解緊張、焦慮、憤怒情緒。偶爾可以食用巧克力、堅果食物來舒壓抗焦慮。

守護神明：通天教主。天兵天將。順風耳。

【地理】

水塔河流、宗廟寺院、民宿營區、公寓社區、製造工廠、虎高龍闊、鬧中取靜、來脈有勢、穴居中亭、明堂開闊、龍虎不均、直來直往、來大去小、砂手無攔、逆水格局、暗巷凹風、古色古香、中西合璧。

居住的地方明堂開闊，側方有河流和臨交通要道，周遭容易聽得到水聲或車流噪音，右後方易因建物高低形成凹風煞。風水強調「藏風納氣」，如果屋宅周遭形成「凹槽」，地形就會構成凹風煞，陰風、疾風、歪風就會隨著凹處吹襲而來形成煞氣。風煞對居住者最明顯的危害是錢財難聚、健康狀況不佳、腦神經衰弱、情緒不穩、判斷錯誤等不利情形。

古代風水強調「藏風納氣」本來是針對陰宅而言，因陰者宜靜，至於陽者則本來就比較不懼。當今辦公大樓林立，越高層樓的風煞必然就越大，但其房價卻越高，而且大多數是行銷國際的公司。風煞在五行中屬庚金，而庚為資訊傳播亦主肅殺，所以勘宅時不宜見風煞就以凶論，將此象契於理論時，庚風從東南至西南而來的主傳播，西至西北或東北方來襲則屬肅殺，悟象後便知不宜同論。

【大運】

少年時期行此大運，學習及領悟力皆強，但學習態度不佳且好動叛逆，喜歡領導群眾；需留意因主觀意識重、個性直率而於無意中樹敵和影響學業。

創業時期行此大運，之前若墨守本業且能充實技能，此運則可乘時發揮，但必須為事業勞碌奔波。若在鄉里謀業只能穩定守成，若往外域發展則較能顯見功效。此運會遇到良機，但當事業有成時容易散漫、得意忘形，導致人事糾紛及錢財損失，所以要見好就收而「肥遯」也。

庚寅：十

寒風徹骨待人謙　無妄之災總難免
逢春迎光樹成林　固根培元方得真

【象義】

庚寅的自然現象為「春天哪會這呢寒」（台語）。天干庚的五行屬金、代表秋季；地支寅是農曆一月，節氣是立春、雨水，時間是早上三至五點，在易經元亨利貞四象中是屬元的春耕季節。天干庚金是氣流、地支寅是春天，而孟春寒氣猶勝臘月，象徵人生過程必須經歷一番寒徹骨的考驗。此柱干支與暗藏人元構成「甲丙庚」之無妄之災，因丙火會驅動庚金去剋甲木，唯本身根基磐桓深植方能經得起強風的考驗，故宜「固根培元方得真」。我們都知道「甲申」與「庚寅」柱都是金木交戰，用傳統理論論述或許差異不大，但用象義去解析就有天壤之別，因庚寅尚為初春幼苗就遭寒風剋伐，所以其災禍往往是來自周遭；甲申是已成長至七月的大樹，卻逢樹大招風之災，故其傷害如上戰場迎敵所致。故勿需評論其他因素，即知甲申的格局或作為大致已優於庚寅了，但兩柱皆含無妄之災之象。

此柱自坐十二長生的「絕」位，絕是一件事的終點，但俗云絕處逢生，乃因自然現象本來就循環不息，即事物到了盡頭必須重新醞釀。此柱自坐「正財」，象徵能堅守崗位，默默地認真工作；地支寅木暗藏人元為甲丙戊，「丙庚」契於卦象為乾離，可互為「同人」卦，象徵「二人同心，其利斷金」，主在職場中可獲得事業好夥伴。干支並含「甲丙庚」乃「无妄之災」象也，因丙火會驅動庚金去剋甲木。暗藏戊土印星代表穩定不喜變化，但戊山會阻擋庚風，此象易導致不善應變及見識不足，但戊擋庚風後就不會傷剋甲木，即可避掉无妄之災，實乃福禍相倚之理。

此象與☰☳天雷无妄卦同義，初九曰：「无妄，往吉。」辭意為宜抱持只問耕耘、不問收穫的心態則可獲吉。下震的五行屬甲木，大象成離為丙火；上乾為庚金，因甲並見甲丙庚故謂「无妄」。初九之上的二三四爻互艮山，象成艮山阻擋了上乾庚風，可免於下卦震木受剋。易經每卦中都有象及辭，旨示我們讀易經時要把它想像成一幅圖畫，因為「象者、像也」。所以初九的自然現象就是在高山下無欲地默默耕耘，縱然有颱風來襲依舊不懼，行為若逞強登高必然受剋無疑。

【性情】

相貌樸實、眉毛疏散、顴骨稍高、慷慨豪情、堅韌不拔、重視信用、心直口快、天真無邪、不欺不詐、默默耕耘、盡忠職守、佔有欲強、忙碌憂慮、聽天由命、刻苦耐勞、不耍心機、愛惜金錢、累積財富。

此柱可契於易經☰☳天雷无妄卦，象曰：「天下雷行，物與无妄，先王以茂對時育萬物。」天下雷行：春季雷行雨施，可促使草木奮豫成長。物與无妄：物指下卦震木、无妄為上卦乾金，象義為生長在天地中的萬物，都要面臨天道考驗。先王以茂對時育萬物：天雖施氣以養萬物，但至七月亦難免會遭到颱風侵襲（上乾的五行屬金、亦主申月），先王觀察此象，便命人統計過往天災時序、善用成功經驗輔導人民耕種，以降低天候造成的傷害（取象互艮為先王，又因艮山可抵擋上乾庚風；以茂對時是倒果為因，因已屢遭侵襲而獲得經驗，即久病成良醫而非未卜先知）。

性情純真、思想單純，個性外柔內剛，平時雖能盡忠職守，但因固守己職而缺乏遠見，臨事欠缺當機立斷的應變能力。具愛恨分明情性，逢事顯得暴躁，為吃軟不吃硬之人。較無心機，但眼光淺短，只能顧及眼前事物，臨事的處理態度常常是以硬碰硬，因欠缺客觀及柔和思維，所以人生過程是難以避免無妄之災的。

【事業】

具執行力和毅力，為堅強苦幹之人。宜從事倉管、採購、技能、店員、買賣、製造業、服務業、工程技術及需付出體力與較固定性質之行業。不宜從事財政、保險、金融及合夥事業。

事業上都需要付出體力，大致屬默默耕耘形態。待人處事直來直往、欠缺圓滑，平時宜留意言行舉止才能避免糾紛。工作態度認真，雖然因不夠機靈致使成就或許不大，但若能安分守己盡力而為，亦不失為穩定之格（此柱出現在年月成就較高，日時則為平常人物，且易逢無妄之災的傷害）。

【六親】

祖上易因職務所需或時勢所逼而遷往外域，和祖父母緣分淺薄或相聚時間不長。可獲父母親疼愛，但父親工作忙碌且須往外奔波，所以家務需賴母親打理。母親待人處事極為圓融，壽元大致會比父親長，兄弟姊妹感情表面看似和諧，但彼此思想難以溝通，可謂忠言逆耳形態。

【姻緣】

本身屬任勞任怨之人，對異性抱持既期待又怕受傷害的心態（因本柱相剋），所以不敢積極去追求。適婚時期出現的對象，往往是因近水樓臺之環境因素所促成的，故戀愛階段對象並不會太多。婚配對象選擇參考：兔、馬、雞、狗的生肖。

男性：並不會太計較外貌，也不會特別去考慮配偶人選，大致都是將就環境因素或奉子成婚的。婚後夫妻同心協力興家，兩者都無怨無悔地為家庭付出，但有子女後容易出現婚外情的現象。

女性：自己和認識的對象彼此都沒有心機，屬傻大哥、大姊型之人。婚後彼此都能各盡其職為家庭付出，但彼此的掌握欲都很強，因此醋勁自然就很大，而容易導致桃花或婚變。子女約三人，頭胎大致會生女兒，但因受孕機率非常高，所以往往有墮胎行為，宜及早做好防範措施，以免傷及無辜。

【疾病】

痛風、冷咳、頻尿、脫臼、肝膽胃腸、手足酸麻、關節風濕、手腳受傷、腰骨膝痛、筋脈阻塞、脛部浮腫、過怒傷肝。自坐財星，主掌握欲望強，常因情緒和工作慣性動作造成職業病。尤其要注意手足關節問題，宜採用一些對關節傷害較少的姿勢去解決日常生活的工作要求。

守護神明：神農先帝。降虎羅漢。華陀仙翁。李鐵拐。

【地理】

宗廟寺院、金融機構、老舊房舍、製造工廠、商家林立、醫院診所、超商賣場、里民中心、停車場地、暗道小巷、明堂逼窄、龍虎不均、逆水格局、右水到左。

一般都會出生在大馬路邊的小巷內，家中顯得有些雜亂，且大門口易有阻塞物，導致氣濁而患病症。現代諸多住家門口都會擺置鞋櫃，這種現象易導致卡陰和患癌症的機率極高。說卦傳云：「巽為風、為入、為臭。」巽卦☴陰爻之氣要往上升時被兩個陽爻阻擋，所以氣流會往下及周邊溢散；門口若擺放鞋子，臭氣就會隨著大門關閉而滲入室內。

天地兩氣，清者上升、濁者下降。巽為入、為臭，臭氣屬陰界管轄，故極易犯陰卡煞，又會因鞋子沾滿污穢病菌而易導致癌症。倘若無法將鞋櫃移走，必須加裝櫃門予以阻絕（年月柱逢庚辛者極易契於此象，而化進神者較輕微、化退神者較嚴重）。

【大運】

少年時期行此大運，領悟力雖然不錯，也很認真學習，但考運總是不佳。此運對感情也抱持期待，但不敢積極去追求，只能聽天由命地靠環境促成。

創業時期行此大運，前二三年會比較辛苦，尚要適應環境，且事業易轉型或重新開始。女性若逢結婚階段，也會踏入新階段的事業。此運謀求若能無欲往行，抱持只問耕耘、不問收穫的心態，則能自天佑之而大車以載。

此運如天將降大任於斯人也，必先勞其筋骨、苦其心志，須具堅忍不拔的意志來抗衡環境。宜妥善運用周遭人脈，能借力使力才易顯見其功，但此運宜防無妄之災。

庚辰：十三

風生水起好運集　天文地理熟如飴
觀音坐騎方知向　畢竟春風難千里

【象義】

庚辰的自然現象是春季的和風。天干庚的五行屬金、代表秋季；地支辰是農曆三月，節氣是清明、穀雨，時間是早上七至九點，在易經元亨利貞四象中是屬元的春耕季節。

庚金的天象為風，但因季節因素會形成傳播與肅殺之異，而風向必然會有高低起伏，且行徑會由居「天位」的巳域往亥域的「地位」運行，故能「天文地理熟如飴」。

庚辰為魁罡，主剛柔並濟、表面春風，但內心自傲多猜忌，臨事缺乏魄力。此柱吃牛肉易引起反胃、腹瀉及感情困擾和破財。

此柱自坐十二長生「養」位，猶小孩出生後必須慢慢培育至長大成人；象徵謀事無速成之功，凡事都要獨自摸索，且要醞釀許久後才能發揮作為。此柱自坐「正印」，但辰土要陽體陰用，所以亦帶「偏印」屬性；求學或謀職會往異地發展，也須歷經「借地而居」寄人籬下的求學或創業的過程，待時機來臨時才能展現以往所累積的專業。因兼具正偏印屬性，所以有非凡獨特的思想，但凡事喜據理力爭，且嘴硬不服輸，因而養成自以為是的心態，這也是導致泰否興衰循環不已的主因。

【性情】

相貌魁梧、女子清秀、山根隆起、春風得意、處事柔和、領悟力強、敏感靈活、機智精明、創意研發、生活簡單、性癖孤獨、思想偏激、個性兩極、自傲心態、口硬心軟、幻想不實、為人乖僻、優柔寡斷、鑽牛角尖、不通人情、優異直覺、富宗教心。

此柱可契於易經☴☴巽為風卦，辭曰：「巽，小亨，利有攸往，利見大人。」巽，小亨：巽字陽邊有兩個「巳」火、陰邊為「共」，象徵風是高溫形成的。小亨指中爻互離卦，此域乃風形成之初，所以只能謀求小事。利有攸往：春天巽風柔和，象徵態度和善且善於察言觀色，懂得順應時勢。利見大人：中爻互離卦為大人，巽風是太陽驅動的，且與太陽皆由東往西北運行，因行徑廣、見聞闊而可謀大事。象曰：「隨風巽；君子以申命行事。」申是農曆七月，此季的強風必然無處不及，欲謀天下事宜效法風的魄力。

出生於小康家庭，但自己有堅強的意志而早早便會進入職場，謀求之初都要從基層做起，且一心一意想白手起家，極想構築揮灑的舞臺。思想略有太過樂觀之傾向，且有寧為雞首不為牛後的堅持，因此常有矛盾心態而患得患失。

思想略顯偏激，嘴硬不服輸，外表堅忍強硬，內在卻欠缺魄力。處於良好環境時，就會得意忘形，且常因不知足而亂投資，因此容易導致損失。接近中年後對玄學與宗教有極大興趣，有時候靈感特別敏銳，且易接收到第三空間的訊息。

【事業】

具刻苦犯難精神、早出社會，想自力更生、白手起家。適合從事公職、外務、仲介、律師、美容、講師、傳播、廣告設計或具創新及研究，屬文藝展現或商業型態之行業。

在事業上醞釀期雖然很長，但總會遇到良機。一旦到了高峰期，就會忘記之前苦熬的日子而顯得自負、野心變大，以為從此就海闊天空了，所以失敗的主因往往是得意忘形所致。平時須懷危機意識，腳踏實地經營才可以避免損失。

【六親】

富傳統家族觀念，但與祖上緣薄或相處時間不長。可得父母親疼愛與器重，父親雖比較固執，但能克盡職責，母親好客且擅於料理家務，壽元大致比父親長。兄弟姊妹情誼佳，有困難時亦會挺身相助。

【姻緣】

男性滿面春風，異性緣佳，戀愛時期即有多位異性朋友；女性思想單純，懷理想抱負，但容易陷入情海。婚配對象選擇參考：鼠、馬、猴、雞的生肖。

男性：戀愛時期雖然對象很多，但眾中選一的對象尚屬佳人；婚後配偶全心全意顧家，也極支持自己的理想與事業，因而桃花現象會逐漸減低，而能將心思放在家庭與事業上。

女性：喜歡英俊挺拔又富責任感的男人，婚後無怨無悔地為家庭付出，也極孝敬公婆。但配偶容易犯桃花而節外生枝，致使情路多風波，因而將重心放在子女身上。

【疾病】

脫臼、惡夢、心悸、筋膜、盜汗、頭風、小腸、眩暈、瘡毒、水腫、貧血、風濕症、關節炎、血壓高、腦溢血、筋骨挫傷、筋脈阻塞、肝膽胃腸、神經衰弱。天干庚金與辰中暗藏乙木作合，而庚是先天的天機星，乙是後天的天機星，又庚金長生在辰巽巳宮位，所以常常會接收到第三空間訊息，若太過執泥則易導致神經衰弱、情緒多變；庚風行走路徑是由東南巳位往西北亥位，所以要留意由高處摔落之意外。也常因慣性動作造成筋骨關節傷害，宜多泡溫泉和做瑜珈以軟化筋脈。

守護神明：東獄大帝。董公真仙。降龍羅漢。諸葛武侯。

【地理】

鄉野郊區、懸崖峭壁、森林果園、公園寺廟、里民中心、超商賣場、停車場地、農舍倉庫、高山脫脈、明堂寬廣、龍虎環抱、來水過堂、左水到右、室內寬闊、門行禍害，廁壓生氣。

出生地周圍樹多且臨廟宇，家行小徑；因家族觀念比較傳統，所以不會費太多心思在屋宅佈置，但大多數大門易開在凶方。陽宅首重大門，因大門為氣口、如人體之咽喉一般，故宜納吉氣以常保平安吉祥。

庚辰柱的天干屬金，形狀為圓；地支辰為水庫，乃聚陰之域。辰中暗藏乙木與天干形成乙庚合化金，而木藏魂、金藏魄，又辰的生肖主龍，所以家中不宜擺置龍造型的物品，神明爐也不能有龍的圖騰（廟裡則不懼，因用辰納水就是要藏兵將）。辰土的五行形狀為四方形，俗云「天圓地方」，顧名思義，天圓指天上鬼神，地方則指地道人類，所以，居家外觀造型及室內門窗或家具，都不宜用圓拱形，否則都容易卡陰招煞。

【大運】

少年時期行此大運，學業宜緩和漸進，否則必欲速則不達。此運有些家庭經濟壓力，因而易自食其力半工半讀完成學業。在交友方面喜歡當領導人，也會因興趣而參加社團或學習一技之長，想磨練自己並成為將來的專長。

創業時期行此大運為蓄勢待發之運，宜做好準備靜待時機。此運不能從事太冷門的事業，宜追隨時代潮流。若想尋找創業地點或投資不動產，不適合在太偏僻的地方，要跟得上社會流行趨向才能顯見功用。

庚午：十二

臨陣磨槍半亮光　勢均力敵情勢慌
暫居左側免災殃　得伴再征莫彷徨

【象義】

庚午的自然現象是炎夏悶熱的微風。天干庚的五行屬金、代表秋季；地支午是農曆五月，節氣是芒種、夏至，時間是早上十一至下午一點，在易經元亨利貞四象中是屬亨的夏耘季節。夏季風微，象徵魄力不足卻又將臨申域戰場，所以常有臨陣磨槍的行為。

此柱自坐十二長生「沐浴」位，沐浴為古代的成年禮，契於此柱猶已屆從軍之年（因庚為將軍作戰），訓練後就可上戰場了。「沐浴」也是桃花地，象徵異性緣好，但猶嫌自己魄力不足。

此柱自坐「偏官」，象徵事業常轉換跑道、無法守恆，剛步入社會時也要「借地而居」，即寄人籬下以學得一技之長，再待機發揮。

【性情】

富有權威、相貌清秀、印堂豐滿、眉濃眼亮、性情豪邁、頭腦聰明、獨到見解、俠義心腸、仗勢猛進、虛張聲勢、好高騖遠、隨波逐流、剛愎自用、偏激叛逆、獨斷獨行、冒險犯難、孤苦無援、欠缺深慮、陷於境遇、永終知敝。

此柱可契於易經☰☲天火同人卦，象曰：「天與火同人，君子以類族辨物。」天與火同人：乾離先後天八卦同宮，上乾為天體、下離為太陽，兩者都遙掛天際且皆以育養地道物類為志願。君子以類族辨物：八卦皆具陰陽五行，例如木的五行有震巽、土有艮坤、金有乾兌，唯坎離兩卦是雌雄同體，離卦所含括的五行為丙丁，故「類族辨物」是誥誡要認清楚丙和丁何者才是「同人」。陰陽有陽順陰逆法則，而乾的五行屬陽金，丙的五行屬陽火，兩者運行是一致的，象徵為志同道合者；至於丁的五行則屬陰火，與乾的行徑是背道而馳的，故宜明辨。

用同人卦來解釋這柱，是因為一生中成也朋友、敗也朋友或協力廠商，所以擇友往往就是一生中的成敗關鍵。暖氣流（庚午）比冷氣流（庚子）的行馳速度慢，所以庚子柱凡事尚未深思遠慮就上戰場了，而庚午柱思索許久後卻還遲遲不行動。故同人卦誥誡要「類族辨物」，就是怕急驚風遇上慢郎中。

謀事會深思熟慮再做長遠的計畫，個性好勝不服輸，喜追求科技及跟隨社會流行趨勢。頭腦好、領悟力又強，因而個性較主觀，顯得有些好高騖遠。有時候會因自大，致使評估事情太過樂觀而產生無謂的虧損。若能擅用自己的專長，腳踏實地地經營，必然能有一番成就。

【事業】

具研究、開發、創造及巧辯能力，適合從事律師、業務、仲介、資訊、機工、工程師、機器研發、傳播工作、自動控制工程及具研發性質之事業。

謀職者若能堅守崗位，工作可長保穩定。創業者過程中易遭挫折，原來的理念往往也會遇到瓶頸，如能選擇轉換跑道，亦不失為良策。倘若好勇不服輸則易陷入自欺欺人之窘境，宜防從虛幻的想法中跌落。

【六親】

家族龐大和睦，乃忠厚傳家且勤奮向上之人，在地方上頗具名望。父親為獨善其身之人，頭腦好且樂善好施，喜歡廣結善緣，家裡事務由母親主導。兄弟姊妹感情平淡且助力不大。

【姻緣】

異性緣還算不錯，求學階段就有追求異性的想法，但若有交往也不易早婚，因彼此都認為要先有穩定的經濟基礎後再論及婚嫁。婚配對象選擇參考：牛、雞、狗、豬的生肖。

男性：婚前生性風流，異性朋友也多。婚後因事業忙碌而能專於其事，尚屬疼妻愛家之人。但本命自坐桃花，常有桃花際遇，抱持疼妻又愛妾心態，故感情生涯常處於矛盾中。一生崇尚科學，卻又會選擇宗教玄學或學術做為心靈依歸。

女性：個性外柔內剛，處事態度比較強悍，喜歡主導家計，致使常有爭執糾紛。宜修飾脾氣、妥善溝通才不會導致婚變。子息不多，但極重視子女的教育。

【疾病】

中風、氣管、心臟、貧血、小腸、關節、失眠、耳鳴、眩暈、瘡毒、水腫、齒痛、偏頭痛、血壓高、腦溢血、頭痛眼花、腰酸背痛、心肌梗塞。天干通常也代表頭部，地支可契於四肢及五臟六腑。此柱庚金屬乾卦、為頭；午火主離卦、為心臟，重卦後則是乾離先後天八卦同宮。契於五行應用為金當賴火煉方可成器，自然現象為庚風是太陽驅動的。火即是心臟，當火無力驅動氣血至全身時就會導致頭暈全身無力。平常宜訓練心肺功能，如長跑、游泳、網球以加強心肺功能。

守護神明：關聖帝君。長生帝君。金光祖師。

【地理】

名勝古蹟、佛道聖地、鄉鎮公所、警政單位、鐵料加工、製造工廠、高壓電塔、前高後低、直來直往、來小去大、砂手不聚、逆水格局、大樓凹風。

居家大致位於巷道內或側臨小巷，明堂雖看不遠，但還不致於太逼迫。明堂或周遭易因兩間建築物中間有空隙而形成天斬煞，易致使開刀、意外及惡夢不斷。

所謂的天斬煞就是對向兩座大樓並排在一起，中間剛好有空隙正對或斜對著家門，那狹小空隙就像一把利刃迎面砍來，形狀彷如用刀從半空開斬成兩邊。天斬煞會形成八面來風，即下沉風、入地風、分疏風、沖天風、上升風、迴旋風、龍捲風、穿堂風，會吹走好運、財氣和帶來傷害。

既然謂之煞，必有其殺傷力，但現今大樓林立，此種煞氣隨處可見，而未必皆如風水學說講得那麼可怕，因尚要考慮房子的坐山立向，因季節風會致使氣流的方向不一，況且距離五十米的建築就影響不大了，所以風水師的命中率大約是一半。

【大運】

少年時期行此大運，非常期待與異性交往，但積極度稍嫌不足。對電機、科技、資訊、美工特別有興趣，若能專心鑽研，將來必定可以謀得好工作。

創業時期行此大運如將軍不作戰即無戰功，故要不斷地付出精神和勞力，也須廣泛收集新資訊和掌握商業動態，才能應付環境所需。要擴展事業宜評估自己的實力，切勿盲目投資而產生能力不及之事。「暫居左側免災殃、得伴再征莫彷徨」此運宜待貴人出現，有志同道合者即可事半功倍。

庚申：十七

尚方寶劍既出鞘　必使雄兵齊光耀
屆時雞犬月望至　功成名就家戶曉

【象義】

庚申的自然現象是七月的颱風。天干庚的五行屬金、代表秋季；地支申是農曆七月，節氣是立秋、處暑，時間是下午三至五點，在易經元亨利貞四象中是屬利的孟秋季節。庚金的物象為斧頭、刀劍，天象為氣流、為風，契於人物則是一級戰將。天干與地支都是陽金，象徵七月的颱風橫掃過境一般。

此柱自坐十二長生「臨官」位，象為將軍領軍至戰場作戰。䷸巽為風卦象曰「君子以申命行事」，易理以丑未（艮坤）劃分國界，法象辰是庚金的「養位」，氣流由此域始萌，應用時為「操兵練武」；庚長生在巳為「師出有名」；申支為「臨官」，自然現象是「狂風來襲」，應用則是「沙場作戰」。此柱自坐「比肩」，主可以得到兄弟姊妹及同袍的信任。暗藏壬水為「食神」，主奮戰而血流成河以爭取勝利；戊為「正印」，為可掌握權力及得到上司器重。

巽為風卦上九曰：「巽在床下，喪其資斧，貞凶。」巽在床下並不是在講睡覺的床而是取法艮坤，因易理將坤視為中原區域，艮為蠻荒叛亂的敵軍。巽卦九二爻亦云「巽在床下」，因九二與九五爻變皆成艮卦（山地剝卦逢艮坤亦云床），九二法象巽風由坤域無孔不入地滲入艮域測探軍情，至上九爻則已佔領敵域了。「喪其資斧，貞凶」：指戰勝就將武器閒置而不再練兵，一旦敵人死灰復燃再攻則會全軍覆沒。

此義的自然現象為庚風運行至西北之後，終會變成辛金雲霧（庚金死於子，辛金卻於此長生），主將軍不至外域作戰則無戰功；也象徵中年或功成名就後會虔信「釋迦牟尼佛」或「觀世音菩薩」，象似頑猴得渡化後而變得仁慈一般。

【性情】

相貌俊秀、身高中等、英明果斷、剛柔並濟、獨立自主、號召群眾、直來直往、生涯多勞、爭強好鬥、遭妒誹謗、不落人後、頑固不化、欠缺融通、喜愛鬥爭、照顧部屬、強悍攻擊、投機炒作、好強爭辯、搶奪佔有。

此柱可契於易經☰☰乾為天卦，象曰：「天行健；君子以自彊不息。」乾卦為天體，天體中的宇宙行星雖無領導者，皆能各自運行不已；謀求宜效法天道積極邁進，方能締造功業；象徵能順應天道，做好分內工作。彖曰：「品物流行，大明終始；首出庶物，萬國咸寧。」能掌握社會的潮流趨勢；亦能明瞭事情的本末因果；地道繁廣故生產的物品有異；能將物品平均分配到世界各域。

性情直率坦誠，自我意識強，較無心機，待人親切，執行力強，但常憑自己的感覺行事。生活簡單、樸實、獨立自主，為富正義感之人。年輕時熱中工作，但個性暴躁衝動，生活缺乏情趣。中年後常藉玄學宗教做為心靈依歸，一生衣祿不缺，錢財易得（女性生冬季者語調嬌柔）。

【事業】

具模仿、支配、語言能力，適合公職、代理商、工廠管理、加工製造、人際公關、護理人員、會計稅務及屬流動策畫和具領導性質之行業。

處事任勞任怨，事業型態必須勞碌奔波，但因個性正直剛烈而易得罪上司，所以常因時勢所趨而轉換事業跑道。事業容易受周遭環境感染，所以一生中的成敗因素大致都和環境有關，若能往他域謀求則成功機率較大。

【六親】

與祖上緣分淺薄，有離鄉背井傾向，父母親往往也會因創業而離開出生地。父母親感情不錯且各盡職守，自己亦為父母親所器重之人。兄弟姊妹感情好且不乏有成就者，但會各自往他鄉創業，所以照顧家庭的重任往往會落在自己身上。

【姻緣】

男性比較霸氣，但因工作認真且信守承諾，故能獲得異性青睞。女性個性純真但佔有欲強，對喜歡的人會善用手段去引起對方注意。婚配對象選擇參考：鼠、龍、馬、狗的生肖。

男性：欣賞善解人意、保守顧家的女性。婚後對象長相美麗且善解人意，自己雖然有些大男人主義且不懂情趣，但因將心力放在事業上而能獲得配偶支持。

女性：喜歡具有才華或經濟能力好的對象。婚後雖想扮演好賢妻良母的角色，但因個性固執武斷又不甘願苦守家計，一心想擁有屬於自己事業的舞臺，致使感情多紛爭且常為情所苦，若不能妥善協調退讓，會產生情路難走的傾向。

【疾病】

脫臼、惡夢、胃虛、心悸、筋膜、心臟、髀骨、貧血、頭風、瘡毒、大腸、精血、關節炎、血壓高、腦溢血、肝膽胃腸、脛部浮腫、咳嗽氣喘、神經衰弱、膀胱腎臟、全心倦怠、吸收不良。

庚申天干地支都屬陽金，而庚風是由東南辰巽巳之域形成的，說卦傳云：「巽為入、為臭。」因巽卦兩陽居上，而陽爻主質、陰爻為氣，巽卦陰爻要往上升時卻被兩個陽爻阻擋，所以氣流就會往下及周邊溢散；東南屬春夏季節，因須耕種施肥而臭氣沖天，故謂巽為臭。此季萬物叢生，當然病蟲害也會滋生；契於身體狀況就要特別預防傳染病及頭部神經系統的疾病。每日可以用木梳多梳頭促進頭部血液循環。就醫宜往北方或東方。

守護神明：耶穌基督。齊天大聖。太歲星君。

【地理】

公園綠地、公家機構、宮殿寺廟、學校超商、河川海邊、公寓社區、市場攤販、魚菜市場、修車工廠、交叉路口、停車場地、低窪地勢、水繞玄武、鬧中取靜、明堂逼窄、右水到左、逆水型局、門行延年、房臥巨門。

居住的地方來路易經過廟宇，周遭有河流穿越，風水的岸山為進田筆，因而常有置產機會；居此宅者大致還算長壽，但生女兒的機率較高。此柱的五行金旺會生水，將水契於家庭擺設為浴室、廁所、洗手台；水主坎卦，方位為後方玄武；契於人體為性器官，象為沐浴宜隱密，倘若將浴室設在房屋前方，代表脫衣服給人看，此象則易犯桃花；浴室可依八卦類化出人物，例置於乾方為老父、男主人，坤方為老母、女主人，震為長男、坎為中男、艮為少男，巽為長女、離為中女、兌為少女。

我們將金契於物類，辛酉為已經成熟的果實，庚申則是尚未成熟的澀果，代表早熟、偷嚐禁果。後天八卦皆具所屬的象義，宜配合先天八卦方位以達「天地定位」之功效。倘若將浴室設在前方，或在一樓門側增設洗手台，此舉會背違理論，易導致子女早熟、桃花旺、性需求高及患水系統疾病。

酒瓶椰子：樹幹平滑、狀似酒瓶，中部以下膨大，近頂部漸狹成長頸狀，葉聚生於幹頂，羽狀葉拱形、旋轉。基部側向扭轉生長而使羽片葉面和葉軸形成平面四十五度，因此可將鄰近的煞氣折射驅散。酒瓶椰子是能量極高的一種植物，一般能量較高的植物數據約在三十左右，而酒瓶椰子竟然高達近百，所以非常適合種植在墓園周遭或有煞氣的庭院中。此樹化煞功能極佳，但因樹型較大不易在居家栽種，倘若住宅面對有嚴重的型煞，可輸出圖象張貼於大門窗戶或遭型煞的牆壁上依然極具功效，因為有形象就有磁場，此化煞功能可能比八卦鏡或山海鎮來得有效。

【大運】

少年時期行此大運，學習速度快、領悟力也極強，對未來目標也早有計畫。此運謀求要堅持到底，不可半途而廢，來運就可嚐到甜美果實。交友要謹慎選擇，萬一交到壞朋友，會致使生活糜爛、惹事生非。

創業時期行此大運，之前事業若沉寂許久，至此運即可再整軍出發，但須忙碌奔波；之前若從事勞力性質事業，此際可加強行銷、擴充事業，即可兼得利益與名望。此運過程中縱然會遇到難關，應堅定信念、勇於克服困難；待人處事亦要剛柔並濟，如此必能達到最後勝利。此運宜防急躁行事而產生紛爭，也要特別注意行車安全。

庚戌：六

通天神犬嘯如風　披荊斬棘無先鋒
遇龍主器方成役　鼎鼐調和百事通

【象義】

庚戌的自然現象是季收的九降風。天干庚的五行屬金、代表秋季；地支戌是農曆九月，節氣是寒露、霜降，時間是下午七至九點，在易經元亨利貞四象中是屬利的季秋季節。庚戌是一年中風已至盡頭之際，所以常有孤注一擲的想法。庚戌柱為魁罡，主平時待人處世小心謹慎，外表溫文儒雅，不易發脾氣，但一旦發火就會暴跳如雷，非得拚個你死我活不可。建議最好不要吃牛肉，否則易招惹爛桃花和引來是非及破財。

此柱自坐十二長生「衰」位，猶人已逐漸衰老，自然現象為庚金長生在巳，即由此域開始風生水起，氣流由東南吹向西北後，風力則已漸近尾聲，但戌為農曆九月，尚有一陣強勁的九降風；庚金代表傳播、資訊，象徵可廣獲第一手訊息，但人生過程也易有放手一搏、背水一戰的歷程（因風已至盡頭）。此柱自坐「正印」，象徵易掌權柄，也擁有不動產；戌中暗藏丁火為「偏官」，主初期創業須先寄人籬下，事業也常轉換跑道；暗藏辛金為「劫財」、為貼身朋友多，但會勾心鬥角、暗自謀算（比劫處於四季之象有異）。

【性情】

雙眼有神、乾造高大、坤造嬌柔、莊嚴冷酷、喜好遊蕩、遠走他都、交友廣闊、外柔內剛、生活單純、多愁善感、專業能力、講求現實、活力旺盛、不畏困難、珍重情感、慷慨大方、交際手段、生意謀營、證券股票、房產家業。

此柱可契於易經☶☰山天大畜，辭曰：「大畜，利貞。不家食，吉，利涉大川。」大畜，利貞：上艮主嚴冬、為收藏之域，下乾為木果，象為倉庫已積滿豐收農作。利貞：陽陷後宜善守成果。不家食，吉：下乾為老父、互震為長子，震動闢於艮山而獨自開墾、自力更生，象徵雖有家產，但依然自食其力、獨自奮鬥。

表面言行柔和、謹慎開朗，內在挫折感重。生活雖然簡單、樸實，但在經濟上不擅於支配應用，常有亂投資或有不必要的大筆支出。不喜與人爭名奪利，處事也極為坦率，但缺乏理智，內心具有潛伏的破壞力；遇事勇往直前，但難免有勇無謀之舉，且常重複後悔之事，故謀事宜深思熟慮，以致不二過也。

【事業】

具研究、領航、執行能力，適合從事管理、軍警、醫務、旅遊、運輸、外務、美容、清潔、娛樂、有機農作物等，屬較具動態或技藝性質之行業。

意志雖然堅定且執行力強，但因個性過於堅持，又難以接受苦口婆心的建言，不管事情對錯總是執意孤行，故事業成敗都與自己的個性有絕大關係。

男性膽識過人，但在工作經營上宜持之以恆，倘若遇到瓶頸也要設法突破，否則之後的工作可能就會每況愈下。女性大致會以特殊的技能為業，但性情有些自卑孤僻，凡事都不喜歡麻煩別人，具執著、自我封閉的性格。宜調整想法、廣結善緣，才不會因壓抑情緒而導致身體病變。

【六親】

與祖上師長關係平淡、助益不大。父親雖然堅守工作崗位，但個性比較固執且霸氣，母親比較好溝通但體弱多病，有早別傾向。兄弟姊妹不乏有成就者，但性情比較自私，若有利益時亦會明爭暗鬥。

【姻緣】

男性英姿挺拔、富有威權，女性嬌美、氣質好。婚前異性緣皆佳，大致都有同居現象，但不見得會成為眷屬。婚配對象選擇參考：鼠、兔、蛇、馬的生肖。

男性：個性強烈不服輸，遇見喜歡的對象會善用手段去追求。婚後妻室雖可幫家，但因彼此個性皆剛強，爭吵糾紛是難以避免的，因而也容易產生婚外情。

女性：聰慧倔強、個性獨立，縱然婚前追求者多，但一旦選擇婚姻後，即使配偶有事業上的要求，依然會無怨無悔地配合。在生理需求方面可能有些冷感，可謂美人沒美命之人。子女不多，但叛逆難管教。

【疾病】

扭傷、氣喘、胃寒、胃酸、心臟、五十肩、頸部酸痛、肝膽胃腸、身體沉重、腰痛膝痛、四肢無力、頭痛眼花、神經衰弱、泌尿系統、膀胱腎臟、憂鬱焦慮。庚戌是秋季肅殺之風，因氣流強盛而壯年時期必然充滿活力和戰鬥力。但地支戌山會阻擋風行而滯生濕氣形成病毒，所以一旦發覺有症狀時已經病入膏肓了。平時不宜食用過冷食物，也要調養內分泌及免疫系統。

守護神明：九天玄女。九皇大帝。

【地理】

高山峻嶺、佛堂宮廟、運動公園、高鐵路線、汽車旅館、反弓路段、落脈剝換、重重朝岸、明堂開闊、朝水過堂、龍虎不均、天門阻逼、地戶開闊、順水格局。

住宅周邊易逢兩座山型或建築物高低落差而形成凹風（灌風耳），易導致惡夢連連，廚房也容易壓在天醫位，因而不利女主人身體。以八宅門派言，坐西北向東南之宅（乾山巽向），大門幾乎都是凶位，反之，向西北的就為吉位。事實上這些理論就是古著難以突破的盲點！作者經三十餘載深入研究易理後發現，向西北的房子發凶的機率比向東南的高出許多（因篇幅有限，無法詳述理論，僅提供秘法讓大家去驗證）；例戌山乾向又開中門者，此象是告知祖墳風水已經出現極大弊端，若不優先妥善處理，則勘宅何助？尚且必應車關、意外事件。

祖墳落脈剝換成局，但龍虎砂手不均，導致嚴重偏房；前雖有朝岸，但為退筆案，且砂手斜飛，致使子孫須往外求發展。陰宅講究砂水環抱，並忌諱來水穿堂，逢此便會散氣而使亡靈受寒，致使後世子孫身體虛弱、怕冷畏寒，易患風濕、哮喘諸疾。

此柱祖墳或居宅一般會坐落在四隅卦位，側邊易有高物阻擋壓迫，下手砂開闊無欄，致使子孫大致從事勞力或技藝性質之行業，也需要經常在外奔波。陽宅方面宜留意廚廁壓天醫方，致使父母有早故現象，也不利文昌。

【大運】

少年時期行此大運，即使很用功也無法達到預期目標。此運易結黨舞弊，致使學習績效不良。宜管控好自己的行為，才不會做出難以收拾殘局之事。

創業時期行此大運，之前所策畫的事恐怕難以如願以償，此運若遇到挫折或瓶頸，則有作轉換跑道的準備。但上一個大運畢竟是屬於自己樂意從事的工作，此運只能委曲求全、將就環境了。

此運大致會有喪服，謀求必須付出體力及奔波，平時也喜歡漫無目的地到處遊蕩，以尋找靈感和抒發情緒。與人相處時往往是稱兄道弟，但合謀圖利時就會勾心鬥角、各自盤算，不得不防。

辛丑：十五

山澤通氣天地渺　允執其中勿偏枯
出得羅網上雲霄　虛心咸感方可卜

【象義】

辛丑的自然現象猶富士山頂已積滿霜雪，也是將果實收藏於冷凍庫之象。天干辛的五行屬金、代表秋季；地支丑是農曆十二月，節氣是小寒、大寒，時間是凌晨一至三點，在易經元亨利貞四象中是屬貞的冬藏季節。辛金的物象為果實、丑為冬藏之庫，此柱猶倉庫已堆滿果實，象徵一生多福蔭，且擁有特殊才華，但蘊藏自滿高傲的心態，所以宜「虛心咸感方可卜」，即敞開心胸，接納不同的事物，人生境界才會更開闊。

此柱自坐十二長生「養」位，自然現象是秋季太過成熟的果實剝落於地，待春季來臨，腐爛的果核就可重新萌長；主會經過一段漫長時間的蓄養，日後即可利用累積的專長謀職。此柱自坐「正印」，象徵握有權柄且會廣納知識；丑中人元暗藏的辛金為「比肩」，主良師益友多；丑中的癸水為「食神」，象義為坤卦六三：「含章可貞，或從王事，无成，有終。」含章可貞：土主思、坎主智，丑之時序為深夜，猶埋首夜讀象也。或從王事：十年寒窗也許會有金榜題名的機會。无成：俗云百無一用是書生，指寒窗之際功效未顯。有終：寒窗苦讀雖未必能金榜題名，但所獲得的知識卻是終身受用無窮。將象契於此柱，指不一定能謀求正路功名，但皆懷特殊專長。

【性情】

相貌清秀、氣質高雅、印堂高聳、注重名譽、專業技能、敦品勵學、默默涵養、學識交流、言行緩和、思想耿直、實踐力強、重視內涵、處事主觀、食古不化、自以為是、調濟厚重、缺乏流暢、宗教信仰。

此柱可契於易經䷞澤山咸卦，象曰：「山上有澤，咸；君子以虛受人。」山上有澤，咸：此意為山澤通氣，因巽域之風會往西北方運行，而西北與東北皆屬高山峻嶺，氣流被高山阻擋後就會變成上兌雲霧（所以辛金長生在子），翌日朝陽會將雲霧化成水再流入澤海，除形成水循環外，並為大地注入新鮮空氣。君子指艮山雖篤實，但因高山亙古不移而顯得執泥、食古不化。咸則是黃昏之際，雲霧自然會嬝繞高山；又兌為少女、艮為少男，倣象相約黃昏後。以虛受人：虛指雲霧本質柔順，易受外力改變現狀；取法上兌為品物流行者，艮為執著的專業人士，卻因終日深居郊野，縱使涵養智慧高，但對外面事物卻顯孤陋寡聞。易理本啟示陰陽相對論，猶艮山千古不移，雲霧卻終日變化無窮，兩者必須剛柔並濟、相互調節；故誥誡艮山宜放低姿態才能廣增見聞，否則就會變得既孤寒又無色彩。辭曰：「咸，亨，利貞。取女吉。」指堅守涵養可致使亨通，「取女吉」指兌雲終日游移天際，每天都會帶來新的資訊，艮山應該敞開心胸欣然接受。也象徵異性往往就是人生中的貴人。

因具專業知識，無形中心態就會顯得有些高傲，且難以接受他人的建言。外表冷靜客觀、內心複雜不定，臨事欠缺果斷力，待人處事注重利弊得失，喜受人扶持及稱讚。一生常執著鑽研學術，也擅長奇招異術。喜沉靜獨思，為求完美潔身自愛之人。

【事業】

具策畫、鑽研、整合、編制能力，適合從事公職、教授、導師、音樂、藝術、技術、文書、會計師、珠寶銀樓、人事管理及文物編著或屬於行政、思考性質之行業。不宜從事餐飲、運輸等具流動性質之事業。

事業或思想容易沿襲前輩、師長、上司所傳承下來的經驗。中年前常為事業奔波，事業也易待機轉型。平時勿過於嚴肅，以免顯得生活太過單調，一生中易沉迷於某事，宜擇善固執，若生活壓力過重，要適當地調節身心。中年後心態會變得比較保守，且喜藉宗教和玄學做為心靈依歸，大致和「觀世音菩薩」及「地藏王菩薩」淵源較深。

【六親】

家族龐大但與祖上關係淡薄，自己與父親具不同專業知識，致使隔閡較深、不易溝通，與母親情分佳，但母親有慢性病。兄弟姊妹雖有好情誼，但因遙居而往來不密切。

【姻緣】

男性外表穩重，皮膚稍黑、帶點古銅色；女性溫文爾雅，皮膚潔白，兩造皆有獨特專長。婚配對象選擇參考：鼠、虎、蛇、雞的生肖。

男性：擁有特殊的技藝專長，喜歡大方豪放、性情開朗的對象。婚後雖然彼此主觀意識都很強，但總能退讓並尊重老婆大人的意見，因此可以避免掉許多不必要的糾紛。

女性：個性倔強且固守原則，欣賞穩重又有才華的男性。婚後性情比配偶強悍，又因個性比較執泥、食古不化，倘若遇到包容度不足的另一半容易糾紛不斷，甚則導致婚變，宜調節性情方能白頭偕老。

【疾病】

氣管、乳癌、胃寒、低血壓、自閉症、肺結核、手腳冰冷、咳嗽氣喘、身體沉重、手足酸痲、頭痛眼花、排泄系統、肝膽胃腸、過驚傷膽。

辛金坐丑為十二長生的養位，五行又是土生金，所以元神強旺；唯隆冬嚴寒加上濕土凝凍，宜賴丙丁火解寒方得安康。首要宜顧好心臟，又因寒冬不利木的成長，所以也要保護肝膽。丑土是季冬收藏之地，一般發現疾病已是真積力久，所以要特別留意形成腫瘤、癌症。

守護神明：天然古佛。金母娘娘。四面佛。地基主。

【地理】

社區景觀、高等學府、銀行郵局、佛堂寺廟、忠義祠堂、萬善爺廟、地方神廟、公寓大樓、果菜市場、五金賣場、訓練中心、婚喪場所、門開延年、房臥天醫。

居住的地方大致為新開發的處女地或重新修建之宅，建築物整齊劃一、室內整潔高雅；大門大致行延年吉卦，象徵老客戶多、夫妻同心。

陽宅風水的三大要素為門、廚、廁，大門就似人體嘴巴，所納之氣的吉凶就如病從口入、禍從口出；廚房是飲食之地，猶人體胃腸消化系統；廁所則是排洩系統。三者若皆健全，必然代謝正常且身體健康、百事順利。

宇宙是一個大太極，契於人體或房屋就是一個小太極，兩者必須互映才能達到磁場共振的效益。天地兩氣必須陰陽契合，才能吸收天地自然能量而獲益無窮；兩氣若相斥則諸事不順。門要開在吉卦以納好的氣，廚壓則要壓凶方，因食物進入體內經消化、吸收後，穢氣必須能順利導出。每間房子皆分布四個吉方和四個凶方，而廚房的溫度和廁所排洩會帶動四方的吉氣對流，而氣是無形之物，所以要「以陽證陰」，就是要藉看得到的有形物體來觀察無形之氣的動向。

【大運】

少年時期行此大運，倘若過去學習績效不好，待高年級或升學轉考後就會遇到優良的導師。此運為人生的轉捩點，宜好好把握良機，這是往後功成名就的踏腳石。

創業時期行此大運，可享受之前勞碌奔波或埋首苦研的成果，亦可累積過往的成功經驗謀事。此運適合穩定守成，不宜再盲目地擴充或亂投資。身體方面，宜注意積勞成疾，女命要注意婦女疾病及乳癌，宜定期健檢以確保安康。

辛卯：十三

剛來下柔動而悅　繫得丈夫功名遂
鳴鶴在陰誠和信　尋覓良機名至確

【象義】

辛卯的自然現象是春天密佈的雲霧。天干辛的五行屬金、代表秋季；地支卯是農曆二月，節氣是驚蟄、春分，時間是早上五至七點，在易經元亨利貞四象中是屬元的春耕季節。辛金的天象為雲霧，但卯為春季，象徵遇到困難會設法去突破，且很快就能撥雲見日了。

此柱自坐十二長生「絕」位，絕是一件事情即將結束，因春天偶會雲霧罩頂，但春季的雲霧極易化成雨霖，霎那間就會海闊天空的。此柱自坐「正財」，象徵求財與掌握情感的欲望高。十神中之財、官、印、比、食，雖皆具其類化情性，但每柱所含括的象義有異，如庚寅與辛卯皆自坐財星，而庚寅求財方式為正直求取，辛卯就會善用手段、巧取豪奪。

【性情】

性情謙柔、眼光銳利、活力旺盛、記憶力好、自足節儉、交際手腕、不畏困難、生意謀營、手段高明、掌握人心、花言巧語、風流韻事、擅用技倆、處事善變、表裡不一、心性不定、重視金錢、膽小怕事、是非難判。

此柱可契於易經☱☳澤雷隨卦，六三：「係丈夫，失小子；隨有求得，利居貞。」係丈夫：下震與上兌居後天八卦東西兩域，象徵春耕（震）、秋收（兌）。六三上比兌體九四，若追隨他前往，將來便可獲得果實。失小子：比於兌體九四後就會拋捨下卦同類，但若下比初九同類，終究會淪為春天的雜草（因震木滯於春季，其象為不會結果的草木）。隨有求得：下卦震木居東方，追隨上兌才能到達西方終點，以得到美好的結局。利居貞：隨人之道具「近朱者赤、近墨者黑」道理，但不能因見利忘義而喪失自己善良的本性。

家庭環境或謀求過程往往會遇到許多挫折，但因性情機靈、應變能力又好，往往能輕易突破瓶頸。注重生活品味及精神領域，但臨事魄力不足導致行事猶豫不決。創業時期會遇到好時機，但謀求時常因只評估表面而蒙受損失。內心潛藏著投機心態，也常在相互鬥智、耍心機中求生存，致使前途多變。須腳踏實地認真經營，事業才能持之以恆，則不失為優秀的技藝人才。

【事業】

具理解、分析、學習、表演及特殊技藝，適合從事幕僚、秘書、業務、會計、書記、技工、文書工作、電器修護、門市經營、製造加工事業。不宜貿易、飲食或屬水及運輸性質之行業。

工作認真且不斷地自我充實，謀求之初不易受到賞識，須加倍付出、力求表現才能獲得重視。心思易受外在環境因素影響而浮動，亦不善理財，故應力求穩定，且要以不變應萬變。畢生宜注意文書、票據、合約之事，一生中小人與貴人皆伴隨身旁，若能親君子、遠小人，便可得到事半功倍效益。

【六親】

與祖上關係平淡，父親具專業技能但性情孤僻寡言，較不易親近；與母親關係較密切、好溝通，而母親人緣好且桃花旺，壽元大致也比父親長。兄弟姊妹有獨善其身的觀念，所以助益不大。

月亮具晦望弦朔四象，乃幽靈的儀表板，易理也將月象契於納甲學理，便以窺曉鬼神情誼。初學者可以先不用理會下段的理論，只要根據我提供的秘法去驗證改善，即可得到意想不到的收獲和助益。五行中木藏魂、金藏魄，而辛卯柱就是指魂魄不得依歸而隨行人側的干擾。於命盤中的月柱或日柱逢辛卯，定有兩位以上的祖靈沒入祖先牌位；於日柱或時柱逢之則是嬰靈，命盤組合逢大運或流年條件也有可能是外靈。

易經將八卦契於納甲五行後，對無形靈界則能有更深一層的認識。月有六候，一日第一候月生明時，夕見西方庚分象似震，故謂震納庚；八日第二候月上弦時象似兌，夕見南方丁分，故兌納丁；十五日第三候月既望時象似乾，夕見於東方甲分，故乾納甲；十六日第四候月生「魄」月象似巽，月位西方辛分，故巽納辛；二十三日第五候月下弦時象艮，月沒南方丙分，故艮納丙；三十日第六候月晦時象坤，月沒東方乙分，故坤納乙。

將此理歸納後，酉為月圓之域、象徵祖靈已至西方極樂世界，而巽象為月亮由盈轉虧並背向地球。「鳴鶴在陰誠和信」是祖先要求後代子孫能妥善安頓；「尋覓良機名至確」則象徵祖先得所依歸後，必定鼎力助祐子孫鴻圖大展。

【姻緣】

男性擇偶傾向於漂亮、身材好又具氣質的異性；女性喜歡帥氣又有一技之長的對象。婚配對象選擇參考：馬、羊、猴、狗的生肖。

男性：配偶大致機靈，外交能力好。婚後同心創業，但會因自己行舉偶有迷失而引發經濟問題，也易導致桃花，致使糾紛不斷或婚變。

女性：配偶有一技之長，婚後也極力幫夫興家，但彼此人緣都很好，在經濟狀況好轉時容易有狡兔三窟的行為。彼此的行為若不節制，往往只能共苦、無法同甘。

【疾病】

骨折、咽喉、氣管、肝臟、髀骨、腸胃炎、關節炎、手腳創傷、筋骨酸痛、呼吸系統、咳嗽氣喘、過怒傷肝。

天干辛金的天象是雲霧，但地支卯是春天，極快就能撥雲見日，所以即使生病了，若能即時就醫或多喝開水，很快就會痊癒。但畢竟此柱的干支是金剋木，所以平常還是要保養好肝膽及注意交通意外。

守護神明：倉頡先師。法主聖君。巧聖先師。

【地理】

佛堂寺廟、老舊大樓、幼稚園區、服飾百貨、電子賣場、果菜市場、文具書局、素食餐廳、檳榔攤販、側臨馬路、後有小巷、地形不整、廚壓延年、水繞玄武。

居住的地方人口密集，地形與室內有些凌亂，廚房也易壓錯方位，致使人事糾紛多，且生女兒多於男丁。古訣云：「宮若剋形人不利，形若剋宮財不生，有人辨形無差錯，便是人間一地仙。」屋型所具的五行現象：木為長型、火為尖型、土為方型、金為圓型、水為曲型；宮則指八卦方位或本身宅主所具的五行。

猶記十餘年前，有位工廠老闆因經營不善，而他本身也具二十幾年命學經驗，且家中五術藏書有百冊以上，於是聘請各地大師前去勘宅，盼能巧奪天工以達起死回生之造化。其中有位知名大師去幫他勘宅時，竟然跟他索費十二萬或三十萬（禮金）。同時也要了八字，說要回去研究數天再予以回覆。數日後接獲來電，竟然是建議他面對現實，即早做好心理準備！

機緣下這位老闆購買了拙著《易經八字新論》，抱持死馬當活馬醫的心態請我去勘宅。一到現場瞭解後，原來大門開在六煞方，辦公室位於五鬼方，難怪人事不和，而且貨品瑕疵不斷還常被倒債。在慘澹經營下，我於心不忍地問老闆還能否拿得出一萬塊？因工廠是鐵皮圍牆，只要先稍改一下門位應該就可以起死回生了。工廠型局與宅主星皆屬木，若調整大門後，碰巧對面工廠屋頂是蓋成曲線、屬水的造型，外型局就變成水來生木，加上明堂前有來水過堂；於是我告訴他，只要願意改，不久就會接到國外大訂單。當時他心裡暗歎又遇到江湖郎中了，因當時並未曾經營過國外市場啊！最後存著放手一搏的心態，幾個月後，果然接到美國的超大訂單，足以讓他公司量產好幾年，從此家產瞬間變得億來億去。

本來對傳統學術根深蒂固的他，經數年考證後，終於也開始學《易經八字》，如今儼然成為觀象高手，並在臉書成立了數萬人的專業命理群組，並以苦口婆心的心情，以一敵萬地介紹觀象論法獨特之處，並奉勸讀者宜將正偏財官印相反為用（此人就是在格局篇中論斷出「海官人員」的老師）。

【大運】

少年時期行此大運，必然會出現雲霧罩頂的現象，致使內心存有諸多疑惑。但此運仍屬春季，對於想追求的事務，只要堅持目標，很快就能雲過天晴的。但若涉及感情，會受家長或環境阻礙，宜先保持友誼，待有正當職業後就可迎刃而解了。

創業時期行此大運，一切事務會面臨轉折的現象，此運的自然現象是樹根在吸收養分，樹葉也在期盼辛金雲霧轉換成雨露；故宜先力求穩固基礎再多收集外來資訊，就可以待時而發了。但此運宜防身體病變及交通意外。

辛巳：十二

久積弊生朝代換　撥雲見日天漸暖
除舊佈新日增益　單槍匹馬勝利歡

【象義】

辛巳的自然現象是烏雲遮日，必須除弊革新。天干辛的五行屬金、代表秋季；地支巳是農曆四月，節氣是立夏、小滿，時間是早上九至十一點，在易經元亨利貞四象中是屬亨的夏耘季節。烏雲蔽日之際會頓失光明，但巳為太陽、斗數謂為天馬，象徵熱情不減，只要堅強不懼，即可衝破難關。

此柱自坐十二長生「死」位，象徵事情即將告一段落。但萬物本生生不息，此柱的天象辛金代表月亮、巳火則是太陽，當太陽旭昇時，月亮必然會銷聲匿跡，而辛長生在深夜子域，象徵因黑暗而造成弊端，所以「久積弊生朝代換，撥雲見日天漸暖」這兩句話，是形容光明來臨之際就可以除弊理亂了。契於天象：辛為雲霧，而巳為庚金長生之地，清晨日暖風起之際，氣流會推動雲霧往四周溢散而重現晴朗天空。此柱自坐「偏官」，謀業須「借地而居」，即創業之初要租借場地或先從基層員工做起；凡帶偏的財官印，皆指謀求之事無法持之以恆，事業也易轉換跑道。

【性情】

榮譽心強、獨立堅強、熱心助人、力求上進、勇於創新、求新求變、不甘示弱、不畏困難、逞強行事、我行我素、趁虛而入、打動人心、愛恨分明、嫉惡如仇、力求完善、崇尚品牌。

此柱可契於易經䷰澤火革卦，辭曰：「革，巳日乃孚。元亨，利貞，悔亡。」上兌是辛金雲霧，而辛金長生在子，指夜晚天空會形成雲霧。「巳日乃孚」：巳是太陽旭昇的時刻，但此際因天空尚佈滿雲霧而將太陽遮掩（象徵之前子域所遺下的弊端），必須利用陽顯之際予以革除。

外表顯得溫馴柔和，內心卻十分剛強，有不懼困難、勇於挑戰惡劣環境的決心。行事會事前先做好策畫，且會按照行事曆去辦事（革卦象曰：居子以治曆明時）。平時生活簡單、樸素，重視精神與心靈層面的提昇，但應變力與警覺性稍嫌不足，所以才會等到烏雲罩頂後才設法去解決，致使人生過程會走許多冤枉路，且常面臨無奈感歎之事。

甲申年我在頭份上課，講到辛巳柱時，提問學員有沒有辛巳日生的，恰好有位遠從南部來的學員說他日主是辛巳。問：你的年月柱有子水嗎？回曰：我是庚子年生的，即斷你要修改祖墳。剎那間全班同學驚訝不已，因這個課程之前是某位大師上的風水課程。上課前他們剛好在討論祖墳要立什麼分金，於是全班同學認為我會通靈。上完澤火革卦後大家才恍然大悟，原來年柱代表風水，而由子域長生的辛金卻蒙蔽了巳火，致使前程坎坷，所以必須去故革新。

【事業】

具研究及求新求變精神，適合從事教育、研發、醫師、復健師、美容師、命理師、心理師、油漆工程及具創新改革之事業。

對事業非常敬業盡職，也常不斷地自我充實以應付事業所需。但因個性太過於固執自負，往往會認為自己計畫的事十分周全，以致常遭到環境的阻礙，致使工作不能永續經營，且常常要面對新事物的考驗。在本地經營事業容易受到近廟欺神的對待，所以往外域發展較可能獲得良機。

辛金坐巳為死位，巳又是庚金長生位；庚辛兩氣是難以並存的，以天象言，有風就沒有雲霧，雲霧密佈時就沒有風。故辛金坐巳乃「位不當也」，所以一生中的挫折往往是自己主觀意識太重、不懂品物流行、適應潮流所致；當被環境折磨到走頭無路時，便會毅然決然地改變作風，如此就離成功之路不遠了。

【六親】

家族從事傳統事業，但有旺極而衰的跡象。與祖上淵源深厚，自己與父親各具不同的專業知識，致使隔閡較深、不易溝通；與母親情分佳，但母親有慢性病。兄弟姊妹情誼雖好，但各自私心比較重，有利益時易產生爭奪，所以自己要自立自強為事業奔波、奮鬥。

【姻緣】

男性年輕時期有些放蕩，也容易交到壞朋友，但因外表尚顯得夠義氣而能吸引異性；女性對感情非常投入，但與異性交往時容易被對方的外表所蒙蔽，所以難免會經歷翻雲覆雨的挫折。婚配對象選擇參考：鼠、兔、馬、羊的生肖。

男性：大致有一技之長，妻子也很能幹、相當有助益。但因對朋友太講義氣，故常有失序之舉而造成夫妻間的摩擦。

女性：會為家庭無為地付出，但若與公婆同住一屋，會出現無法溝通的現象。又因個性剛強獨立，容易逞強、不願委曲求全而導致婚變。此柱干支帶丙辛五合化水，夫妻若能同心經營，必能開創一番事業。

【疾病】

眩暈、瘡毒、水腫、大腸、齒痛、精血、關節炎、高血壓、腦溢血、視力障礙、生殖機能、咳嗽氣喘、躁鬱恐慌。

將辛巳契於易經為澤火革卦，以天象而言：辛（兌卦）為月亮、巳（離卦）為太陽。日月運行會形成春夏秋冬而改變地道樣貌，故革卦象曰：「君子以治曆明時。」即觀日月運行軌跡制定曆法，以做為民眾耕種和作息之依據，也從此衍生了疾病與氣候的關係。

中醫思想常與二十四節氣相互呼應，並編制歌訣：春雨驚春清穀天，夏滿芒夏暑相連，秋處露秋寒霜降，冬雪雪冬小大寒。二十四節氣是一個統稱，國曆大約以一個月為三十天，交月令的前十五天為「節」、後十五天為「氣」。以陰陽學來劃分時，節則屬陽、易應有形諸事；氣為陰、屬無形諸物。將干支劃分成陰陽及有形、無形諸象後，則可預測出是屬有形的意外或無形的病變了。

守護神明：彌勒尊佛。南斗星君。延平郡王。七爺謝必安。張衡。

【地理】

電影院、美容院、靈骨塔、政府機構、地方神廟、醫療機構、復健中心、廣告招牌、科技公司、電子賣場、整脊按摩、地下通道、交通要道、明堂阻礙、氣流不暢。

居家除了形象、方位理論外，也要吻合科學要素，如家裡不宜養太多寵物，會使室內滯滿穢氣。記得台北有位學員聘請我去他家看風水時，一進門就臭氣沖天（很多久居者已習慣了味道而不自覺），未量方位我就建議他們不要養那麼多貓，因為他們夫妻尚未生子，視寵物為自己子女而不願送走，不出幾個月，他老婆竟然長了一顆比拳頭還大的腫瘤。

在台中上課期間，有位學員是醫術高明的中醫博士，偶爾心血來潮時也會用八字參診。有位癌症病人前來問診時，他看了一下八字後，建議她先把家裡擺設重新調整一下，讓空氣保持通暢，必定有助病情好轉。果然，幾個月後回醫院複檢，癌症竟然不藥而癒了。

【大運】

少年時期行此大運，學習常受到障礙，倘有機會可轉換科系，就能找到自己理想的目標。此運遇盲點時宜持之以恆去學習才能突破，但要慎防交到壞朋友致使行為迷失。

創業時期行此大運，若在原職遇到障礙或瓶頸，往往是從前太過大意所遺留下來的弊端，應該轉變方向、力求改善，倘若轉換跑道或有往外地發展的機會亦可嘗試。欲做任何投資皆需審慎評估，因無法馬上見到成果，故投資只能當做兼職或副業，要以不影響到主體經濟為考量。此運亦不宜合夥，也要留意身體病變及夫妻反目。

辛未：十三

晴空萬里雲障踩　藉用大牲掃陰霾
光明通泰百病除　祿從天降喜開泰

【象義】

辛未的自然現象是晴空萬里的天空瞬間烏雲密佈。天干辛的五行屬金、代表秋季；地支未是農曆六月，節氣是小暑、大暑，時間是下午一至三點，在易經元亨利貞四象中是屬亨的夏耘季節。辛金的天象為雲霧、月亮，以天文言：日見星斗、夜見太陽皆有雲障，象徵磁場隱含弊端。辛金之雲霧本要高掛天際，但此際大地卻籠罩著雲霧；辛金藏魄，又濁氣已垂降，故宜「藉用大牲掃陰霾」。

此柱自坐十二長生「衰」位，傳統學術云燥土不生金，所以辛金的力量是薄弱的；未月是晴空萬里的季節，自然難以形成風及雲霧，但戌依然是燥土，此季卻能風雲際會、庚辛金兩氣皆具，故宜明辨季節，否則窮背公式亦無所作用。六月既是晴空萬里的季節，此際天空卻出現烏雲，則象示有幽靈纏身、必須儘速掃除。此柱自坐「正印」，但土生金不以文昌論，因未土屬濁氣，只能代表有策畫組織和創作的才華，及易擁有不動產。

【性情】

印堂開闊、眼睛有神、眉毛稀疏、皮膚稍黑、有勞心紋、實踐力強、逞強好勝、節制規律、省吃儉用、獨斷獨行、性情多慮、精打細算、心思深沉、鑽牛角尖、不通人情、生涯多勞、不愁衣食。

此柱可契於易經☱☷澤地萃卦，辭曰：「萃亨，王假有廟，利見大人；亨，利貞，用大牲吉，利有攸往。」萃亨：聚集群眾、凝聚力量，古時候聚集的原因除了打仗就是祭祀。利見大人：引藉擁有英勇事跡者為偶像神明，易於感召人心。利貞：藉德高望重之人召聚群眾使之團結一致；宗廟不可廢除，以做流離在外子孫之心靈依歸。用大牲吉，利有攸往：用牛豬羊祭拜天地和祖先，宗廟活動必須持之以恆。

有遠見且理想極高，行事機伶，不講究外表，處事常以自我思想為中心；對事業權謀欲望高，但想法略顯偏激。外表剛健，不信邪、不服輸，但內心又懼怕有鬼神或因果循環之事，所以常處於自我矛盾的心態。一生追求平穩安逸的生活，但有求好心切的期望，致使生活中壓力大。少年時期環境比較艱辛，中年後則會漸入佳境、事業有成。

【事業】

事業企圖心重，有經營野心，適合從事店員、老師、經銷、操作員，門市經營、工程規畫、行政工作。不適合投機、冒險之事業。

富敬業精神，對工作認真，除擁有一技在身外又具營謀策略，所以事業容易獲得成就。謀事之初都須由基層做起，在生活環境中也容易遭受挫折，因此形成精打細算的個性。對事業或自己要求太過嚴苛，建議勿過於偏執才能減少生活壓力（此柱的男性成就一般會優於女性）。

【六親】

祖上易有雙姓祖先或香火斷承事宜，宜妥善安置。與祖父關係親近且得祖母疼愛與器重。父母親勤奮興家，可獲得庇蔭，兄弟姊妹感情平淡，為謀利益時會勾心鬥角。

【姻緣】

男性善於營謀，也擁有一技之長，故能獲得異性信任；女性重感情但情路坎坷。婚配對象選擇參考：兔、蛇、雞、豬的生肖。

男性：少年時期比較辛苦，但娶妻後財運會好轉，因配偶賢淑能幹，且全心全意為家庭付出，致使家運逐漸興旺。夫妻感情雖好但生活品質不佳，大致過著簡單、樸素的生活。

女性：遇到的對象比較沒責任感，致使自己會比較辛苦。婚後家庭壓力大，往往付出很多卻難以得到正面的回報，宜防婚姻危機及流產或意外。

【疾病】

多夢、心悸、貧血、失眠、瘡毒、肺部、口腔、關節炎、高血壓、筋脈阻塞、肝膽胃腸、頭痛眼花、腰酸背痛、神經衰弱、呼吸系統、腎臟膀胱、噁心嘔吐、腰骨膝痛、心肌梗塞、躁鬱恐慌、過怒傷肝。

辛未柱為燥土不生金，宜賴水潤土生金，因此首要是保養腎臟膀胱。一般男命較不易發胖，女命中年後容易臃腫，宜多運動以排除脂肪堆積所產生的病變。

辛未契於易經為澤地萃卦之象，辭曰：「用大牲吉，利有攸往。」萃意是聚集，而木藏魂、金藏魄，所以辛未之象是幽魂藏聚於身。有諸多的成功案例，因篇幅關係僅舉兩例分享給讀者。

約十年前有位婦女到兩間大醫院檢查皆被確診為癌症，在家哭了好幾個星期；我得知她命盤出現辛未柱，即叫她備雞酒去管轄的土地公廟祈求，幾星期後回去複診，癌細胞竟然消失無蹤，婦女馬上破涕而笑，還意外瘦身成功。

有位新婚婦女於「戊戌年壬戌月甲午日辛未時」產下一名男嬰，但因難產而臉色泛黑，緊急送入加護病房。此消息當天在臉書的某大命理群組中被熱烈討論著，多數大師都認為劫數難逃。我一看到辛未時生的，心裡暗想一定可保平安無事，因我知道那間醫院的旁邊就有一間百姓公廟，於是叫嬰兒的外祖母馬上去祈求，等平安無事後再備雞酒酬謝。一到壬申時，有位通靈者竟然看到加護病房中正在調兵遣將（壬申是求神而應，也是天兵天將），至酉時探視時間時已脫離險境，至今母子平安，男嬰還長得白白胖胖、極得人緣。

自古以來就有酬祭鬼神儀式，但一般命理師大致都會建議去拜大廟、勿近陰廟。我們可以將陰陽理論契於：陽就是太陽、大廟、神佛；陰則是月亮、陰廟、鬼魂。祭拜神鬼是一種頻率共振法則，當視個人命盤五行象義而定。太陽無論貴賤貧富皆會公正無私地嘉惠於民，所以要祈求風調雨順、國泰民安，當然要去大廟；反觀，月亮有晦、望、弦、朔，象徵有情緒或私心，所以若想許願求利，讀者應當知道何處較適宜了吧？！

守護神明：保生大帝。義民廟。忠烈祠。百姓公。地方神廟。

【地理】

義民廟、忠烈祠、萬善廟、土地公、鐵皮屋、地方神廟、交易場所、活動中心、普渡場所、市場攤販、超市賣場、停車場地、低窪地勢、側臨巷道、明堂開闊、左水到右、門行天醫。

居住的地方須經過比較暗的地方或屋側有幽暗的巷道，樓上或屋後會加蓋鐵皮屋，周遭有廟宇，大門大致都開在吉方，所以長輩比較長壽。

當今住宅違章建築很多，往往會因為後面或周遭還有空地，於是就會加蓋以便於利用。屋宅很容易因加蓋後而產生吉凶變化，因為在後面或周邊加蓋後，房屋的中心點就會改變，原來的門廚廁方位也會隨之而變，倘若目前住得很平安又賺錢，最好不要隨意改變屋型。

【大運】

少年時期行此大運，領悟力較差，學習成績也不太理想，但慢慢摸索後就會逐漸開竅。目前學業量力而為即可，因往後的事業大致與目前選擇的科系沒太大關聯。

創業時期行此大運偶有迷失困惑的現象，但只要堅持信念，很快就能突破，總之此運會比以往更加順遂。若遇到事業阻礙或有健康問題，要特別重視祭祖或祈求土地公及好兄弟，即可化險為夷。

辛酉：十二

月圓花好雲霧孃　琢磨唯憑功夫巧
少年未必能得志　涇渭謀得碩果銷

【象義】

辛酉的天象是黃昏的雲霧，物象為八月成熟的果實。天干辛的五行屬金、代表秋季；地支酉是農曆八月，節氣是白露、秋分，時間是下午五至七點，在易經元亨利貞四象中是屬利的秋收季節。易經法則是以先天八卦為「體」，藉以闡明天地間不變的物體，並以後天八卦為「用」，即以季節、時間去契應物體的變化；例如東北艮山千古不移，但加上季節後樣貌就會改變。所以六十四卦中每個卦都是一個先天卦、一個後天卦相重而成，如此方能將萬千世態表述盡矣。八卦相重後必有其相對的邏輯，見震兌相重之象是講述春天的震木成長至兌秋則見果實；倘見艮兌相重，則是在描述山中佈滿雲霧。

此柱自坐十二長生「臨官」位，臨官亦謂為祿、主五行強旺，象徵性情獨立、主觀意識重，且俱倔強不服輸的精神。此柱自坐「比肩」，主兄弟姊妹或朋友多，但逢酉酉刑時則會勾心鬥角，因自然現象如樹上結太多果實了，必須疏果以讓餘果甜美，所以必須損其類以獲己利或對事物必須割捨。

【性情】

相貌俊秀、顴骨較高、眉揚有彩、樂觀豪放、活潑外向、獨立自強、俠義心腸、完美主義、講求氣氛、明朗大方、文藝氣息、缺乏魄力、得失心重、憂慮焦躁、憂患意識、求好心切、善用手段。

此柱可契於易經☱☱兌為澤卦，辭曰：「兌，亨，利貞。」兌，亨：口出言語必須兌現，誠信可促使行事順暢。利貞：善用言律教導迷失者以獲得收成物品。子曰：「利物足以和義。」義的五行主兌金、為收成季節，讓群眾獲得秋收物品便可安居樂業，進而可遏止盜奪以促使和平。

個性純真，處事圓滑且能自我要求，行事注重他人之評價也講義氣，但心性易淪於幻想不切實際的現象。辛金之質密雲不雨（易聞到第三空間味道），斗數謂為陀螺星，主常紙上談兵而缺乏實踐力，謀事易在原地踏步而裹足不前，人生中常有「雲深不知處，只在此山中」的迷失與感歎。

【事業】

具模仿力、觀察力、思考力、幻想及輔佐能力，適合從事秘書、醫療、分析、廣告、製造、買賣、宗教、五術及幕後企畫輔助性之行業。

在事業上屬完美主義者，但謀事缺乏魄力，逢事會為自己找理由，故只適合較穩定性質的事業。自己的性情或事業常受周遭環境而影響，也因太輕易相信人而導致成敗；與人合作或做投資時缺乏理性，常陷於無底洞而難以自拔。若能安分守己、按部就班地謀求，則不失安逸無憂之格。

【六親】

宜注意祖源斷承，香火傳襲事宜。與祖上緣淺，可得父母疼愛器重，母親壽元大致較父親長。小時候為家庭付出甚多心力，但與兄弟姊妹理念不合、助力寡，且易為利益發生衝突，宜妥善溝通協調。喜歡廣交朋友，往往會因此而帶來人際財，但日久會因利益而產生糾紛。

【姻緣】

男性因外表帥氣且有正當職業，而能獲得異性青睞；女性心思單純，認識的對象大致是不期而遇的。婚配對象選擇參考：鼠、虎、龍、馬的生肖。

男性：外表忠厚老實但自主力不足，大致可遇到比較能幹且有幫夫運的配偶，所以結婚生子後家運會逐漸興旺。

女性：生活樸實，對物質要求欲望不高，較注重心靈層次。婚後配偶常因工作需要而奔波於外，但會支持配偶事業，且能扛起家庭重任。生兒育女後會非常熱衷宗教，對子女教育也極為重視，且子女素質都很優越。

【疾病】

幻想、失眠、心臟、肺部氣管、氣喘咳嗽、神經衰弱、手腳受傷、肝膽胃腸、腹部脹大、脛部浮腫、過思傷脾。

辛酉是後天兌卦，與先天八卦的坎卦同宮，自然現象是海洋或水庫中所蓄藏的水。湖海中的水須賴太陽蒸發，才能形成水循環以達育養萬物之功，所以首要宜保養心臟，才能將氣血暢通於全身。水被蒸發後所形成的雨霖要透過高山森林過濾後才可以成為飲用水，所以次要宜保養脾胃及強化肝膽功能。

守護神明：釋迦牟尼。觀音菩薩。西王金母。太歲星君。

【地理】

加油站、飲食店、養雞場、水池河流、佛堂廟寺、果菜市場、娛樂場所、金融機構、超市賣場、製造工廠、明堂開闊、右水到左、廚壓伏位。

住宅周遭臨工廠或商圈，側邊有佛堂廟宇，後山有公墓地或靈骨塔，明堂稍亂無後靠，廚廁壓吉方，易導致人事糾紛。

辛酉可契於易經 ☱☱ 兌為澤卦，象曰：「麗澤兌；君子以朋友講習。」兌象為口、為沼澤、池塘，重兌為兩澤鄰立，澤水即可互流溝通，取象與知心好友從交談中可互增見聞及加深友誼。很多房子內格局的理氣不對，易造成夫妻口角是非而形同陌客，此象可在周遭或陽臺放兩個大水桶，並在上方挖洞用抽水馬達讓兩個水桶的水互流，夫妻就會變得甜甜蜜蜜，如同回到新婚時光。但重點是：「麗澤兌」即二三四爻互離卦，水桶宜置於明亮、採光好的地方，倘若設於幽暗處，則反成惡言相向象也。

綠寶：樹形美觀、樹姿優雅，多為園林應用前景，具有極高的觀賞價值，是熱帶、南亞熱帶地區，城鎮、街道、公園、庭院等園林綠化的優良樹種。綠寶很適合做為室內盆栽，因不太需要陽光便能長久翠綠，且價格低、能量高。它可吸收室內的穢氣，如有抽菸或氣管不好的人，可擺置於正西方，有助於改善呼吸系統。

【大運】

少年時期行此大運，學習上雖無法名列前茅，但成績還算不錯。此運可獲良朋益友，也可能成為一生中的夥伴。

創業時期行此大運，之前若為事業奔波勞碌，到此運大致已經可獲穩定，但此運只適合在既定的事業中求發展，不宜盲目擴充事業或做信貸投資。此運可獲良朋益友，自己或六親與宗教有緣。

辛亥：十一

天地昏暗月無光　夜求名祿心和霜
倘得良辰花盛開　此時著力方可栽

【象義】

辛亥的自然現象是夜晚的雲霧。天干辛的五行屬金、代表秋季；地支亥是農曆十月，節氣是立冬、小雪，時間是晚上九至十一點，在易經元亨利貞四象中是屬貞的冬藏季節。易經能流傳千古，是因以「象」來表明世間萬千事物，而「象者、似也」，如古代的杯子與現代的杯子狀貌雖然不同，但我們看到形狀後就能輕易明白它是裝水的器具，如此才不會因時代遙隔而無法理解易理原意。八卦相重後，其現象就會變幻莫測，猶山風蠱卦辭曰：「先甲三日，後甲三日。」即以甲丁辛為用，倘若命盤中並見甲丁辛，那辛金的天象就是月亮，也象徵可以得到磁場庇蔭（因月象本契於納甲學理）；而不見甲木就會變成夜晚的雲霧，人生過程則會險阻重重。

此柱自坐十二長生「沐浴」位，象徵夜晚的雲霧正在逐漸加重，致使周遭要處理的事務感到相當棘手。此柱自坐「傷官」，代表追求的欲望和自我表現。食神、傷官皆為日主元神所生，但陽生陰和陰生陽情性卻大不同，如辛金為天上雲霧，本當生癸水雨霖才吻合自然現象，而亥中藏屬陽之壬水，象義則成為過度誇大或不實的言語，但命局若組合得當，即為能言善道的說客或業務、技術人員。

【性情】

冒險精神、仗義勇為、機極靈敏、待人熱忱、不懼困難、變化多端、喜走捷徑、叛逆心重、重重阻礙、言行誇大、不善逢迎、性情孤僻、叛逆無拘、太過自信、執意孤行、滿腹委屈、性情多變。

此柱可契於易經☱☰澤天夬卦，象曰：「澤上于天，夬；君子以施祿及下，居德則忌。」澤上于天，夬：天上積滿雲霧，待下乾陽氣上昇，便可驅雲化雨而降。君子以施祿及下，居德則忌：身懷濟世才智者宜嘉惠群眾，否則就會辜負上天賜予的才華。上兌為口、下乾為天，乃洩盡天機象也；有人認為天機不可洩露，但對易經略有研究者便知世間一草一木皆含天機，舉動中亦與時間和空間奧秘交織，綜觀諸法皆是「上觀天文、下察地理」而領悟了人生規則，說穿了一點都不神祕，何來天機之說？但若攸關道德之論述，則當審慎評斷了。

企圖心強，事業野心大，但往往因欠缺實際而淪為幻想。因個性太過自負且常抱持自我認知的心態去評估事情，所以人生過程必然會面臨許多挫折。若能多聽建言，腳踏實地經營，謀求就能一帆風順。

【事業】

具冒險、評斷、研究及執行力，適合從事代理、宗教、整脊、武術、修護、製造、運輸、業務、技術及屬勞動性質之事業。

事業起伏大且挫折多，所以工作很難從一而終。因常抱持樂觀的想法，所以常為失敗找理由卻不願面對事實。執行力雖然很強，但中年之前容易迷失，宜檢討與策畫行事方針，訂定明確方向後要積極去執行。男性從事技藝或勞力形態的事業比較容易成功；女性可從事業務或服務業。

【六親】

與祖上緣薄亦難得庇蔭。中少年階段會至外地學藝或創業。雖然對長上、至親有孝心，但常因聚少離多致使相處時間不長。兄弟姊妹感情平淡、助力不大。對朋友講義氣，但偶因善惡不分而迷失或導致糾紛。

【姻緣】

男性熱情豪放、風流多情，追求異性極具耐心；女性賢淑能幹，外交能力好，但獨行果斷、叛逆心強。婚配對象選擇參考：虎、龍、羊、雞的生肖。

男性：個性不拘小節且容易迷失。婚後可獲配偶助益，但常因理念不同和經濟問題產生磨擦；中年後比較理性，若能惜妻疼子，事業就會蒸蒸日上。

女性：能力雖強但比較嘮叨，且因不易接受丈夫的意見，致使情路坎坷。若能多做少言，則可避免風波。

【疾病】

筋骨、骨折、骨刺、脫臼、糖尿病、脊椎側彎、筋脈不順、重聽耳聾、神經衰弱、腎臟膀胱、憂鬱焦慮、過驚傷膽、交通意外。

天地始闢於後天八卦西北戌乾亥宮位，將此契於人體則是督脈。天地形成後要有驅動程式來生化地道萬物，而這個樞紐就是辰巽巳宮位，契於人體則是任脈。所以督脈就是「體」、練氣時脊柱要挺直；任脈則是「用」，其開關位於肚臍下一寸三分處的胎元穴，所以要以胎元做為導氣的終始點。

督脈從肛門上方的長強穴開始，走到頭頂的百會穴再到水溝穴，也就是人中，最後到口腔內的齦交穴結束，如此督脈就和任脈交會在一起而形成了小周天；任脈有二十四個穴位，從下身會陰穴向上走到下巴中間的承漿穴。我們練氣時要「舌頂上顎」，就是讓任脈與督脈相接，以貫通血脈及達陰陽合一的功效。

守護神明：瑤池王母。九蓮菩薩。天蓬元帥。八爺范無救。包公。

【地理】

峻峭懸崖、偏僻古蹟、山區雲霧、險難路段、山間彎路、轉彎路段、快速道路、連接要道、交叉路段、娛樂場所、超商賣場、傳統市場、荒廢巷道、明堂開闊、地戶無守、右水到左、地形不整。

居宅周遭空曠，臨交叉路段或轉彎路段，室內或因房屋太長而形成陰陽死角多，也要留意明堂或周邊的型煞。

五行中的木對應於人體為肝膽，肝膽是重要的排毒器官；契於陽宅風水則如化煞功能，猶樹木吸收糞便、腐物後卻能長出青翠的樹葉。如果覺得自己的八字不太好或人生不是很完美，也沒有特別注重風水或邀請地理師勘宅，那麼可以留意一下自己家中的佈置。大家都知道鐵器具傳導作用，倘若家中的是非及狀況很多，就不適合擺設太多鐵製傢俱（尤其八字中呈現金木交戰的格局），宜多用木條紋的櫃子和裝潢，如此就能降低磁場干擾及達到化煞功效。

【大運】

少年時期行此大運，學業成績不甚理想，喜歡當老大領導群眾。此運宜注意結交損友而誤入歧途，行車安全也要特別注意，尤其是在快速道路或轉彎路段。

創業時期行此大運，自己常覺得非常努力，但往往無法得到對等的回報。當人常抱持負面思想時就會阻礙成功，但有時候會有負面情緒除了自己信念不夠外，也可能是因為受磁場或幽靈的干擾所致。所以可以嘗試在居處的東南方擺置酒瓶椰子樹或黃金椰子樹盆栽，並在西南方點一盞黃燈，即可消除負能量以增強運勢。

壬子：十九

禮悖蹇滯阻難暢　信守節律萬事康
德行習教君子事　剛柔並濟智揚昶

【象義】

壬子的自然現象是江河之水流向大海。天干壬的五行屬水、代表冬季；地支子是農曆十一月，節氣是大雪、冬至，時間是晚上十一至凌晨一點，在易經元亨利貞四象中是屬貞的冬藏季節。天干與地支的五行都屬水，水是「有質無形」之物，因水可裝在各種容器中，象徵適應環境能力強，亦可挑戰陌生環境。剛柔並濟智揚商：壬子天干為陽、地支屬陰，因而剛柔並濟；水會生木，木為自然「財星」，乃最佳業務、商業人才。

此柱自坐十二長生「帝旺」位，亦謂陽刃。某坤造「戊辰、甲子、壬戌、丙午」，此造由月柱子至日主壬，為陽刃化退神又透干，此現象的殺傷力極強。於戊戌年時，柱限剛好跨入日柱，因產厄差點喪命。此柱自坐「劫財」，主能掌握人脈資源，善於開發陌生市場。

【性情】

貌富威權、中等身材，眉形散亂、行事積極、臨危不亂、蓄勢待發、交際手腕、活力旺盛、勇往直前、外柔內剛、獨來獨往、頑固不化、欠缺圓滑、身閒心苦、仗勢猛攻、陷於境遇。

此柱可契易經☵☵坎為水卦，辭曰：「習坎，有孚；維心亨，行有尚。」習坎：一陽陷於兩陰之中猶置身險境，宜從歷程中學習脫困法則。有孚：置身險境依然要保持光明心態。維心亨：儘管環境難以改變，但是心態是可以調整的。行有尚：只要保持光明心態，任何環境都能暢行無阻。

具冒險犯難精神，學習能力強，行事獨來獨往，屬累積經驗而後行之人。不喜複雜環境及事物，生活節儉樸實，平時好學備用，逢機會來臨時行事便非常積極，但因自認廣獲見聞而太過自負，所以常失敗在自己的專業領域或認知中。

【事業】

具冷靜思考與冒險犯難的精神，適合從事研發、講師、業務、保險、工程師、救護員、體系規畫、程式設計、技能傳授等具變化性及陌生開發之職務。

有據理力爭的個性，事業性質易累積之前的知識與經驗，屬勞心勞力後學以致用者。因具冒險犯難的精神，所以在事業上易大起大落；一生中易財來財去，且常在過於自信和衝動中破財，故謀事或投資時要三思而後行。

【六親】

與祖上緣薄且助力不大。父親有專業技能，大致從事傳統產業，與母親關係較密切，母親健康狀況比父親佳。兄弟姊妹感情雖好，但其中有私心較重者，故易因利益或爭奪家產而產生風波。

【姻緣】

男性能力強，為人多情且能言善道，易在工作職場上認識對方；女性外柔內剛，工作能力及韌性皆強，但感情路上挫折卻不少。婚配對象選擇參考：虎、龍、猴、雞的生肖。

男性：喜歡能力好又賢淑的對象，婚後溝通上會有些問題，但會尊重配偶的意見。配偶大致是職業婦女，在工作上比自己堅持，對家庭頗有貢獻。

女性：思想純真，只想做好分內工作。婚後支持先生的工作，大多也有自己的事業，屬默默耕耘、多做少言之人，但對先生的事業及交際情況有些擔憂。

【疾病】

惡夢、胃虛、眼睛、腎臟、聽覺、水腫、貧血、尿道炎、糖尿病、吸收不良、身體沉重、頭痛眼花、憂鬱焦慮、過恐傷腎。壬子天干地支的五行都屬水，契於人體為腎臟、膀胱及子宮、生殖器。易經坎為水卦六三爻曰：「來之坎坎，險且枕，入于坎窞，勿用。」六三雖居下坎之極，但繼續前往依舊是坎卦，故謂來之坎坎；象徵水勢尚在逐漸加深中，倘若命格中無厚土禦水，易有陰濕積水體質。現代人吃多、熬夜又少運動，很容易造成腸胃消化功能受阻、水分代謝失調。體內濕氣過重會讓人容易睏倦、身體四肢沉重、沒有食欲、手腳冰冷、皮膚起疹、臉上黏膩不舒服，也易出現胃炎現象。宜多運動以紓解壓力、活絡身體器官，可加速將濕氣排出體外，一旦神清氣爽，好運就會隨之而來。

守護神明：北斗星君。普庵菩薩。清水祖師。太歲星君。

【地理】

農村郊野、草木並茂、鄉村小路、馬路暗巷、傳統商店、學校園區、土地公廟、傳道場所、明堂開闊、來水過堂、右水到左、地下通道、凌亂地形。

居住環境屬較低窪的地勢，前方明堂有重岸或較高的建築物，且有河流過堂。室內空間寬廣但有些凌亂，建築物易有不方正的情況。

壬子干支五行都屬水，水屬有質無形之物，因其可導入任何形狀容器內，故契於陽宅地形會呈現凌亂不正的現象。首先要說明，在將八卦劃分為一卦管三山的原則下，壬子癸屬坎卦、居正北宮位，丑艮寅為艮卦、居東北宮位，甲卯乙為震卦、居正東宮位，辰巽巳為巽卦、居東南宮位，丙午丁為離卦、居正南宮位，未坤申為坤卦、居西南宮位，庚酉辛為兌卦、居正西宮位，戌乾亥為乾卦、居西北宮位。

我們都知道孤陰不生、獨陽不長的道理，由此象即可得知陰陽交媾時呈現的吉凶現象會相對明顯。每一個方位都有三個坐山且干支都含陰陽，如坎卦為壬子癸，其中壬為陽、癸為陰；如果陽宅是吉宅的話，那麼大門宜開在壬子方則能產生較大的磁場、有利興旺。反之，若是凶宅、門又開在壬子，禍害勢必加倍，見知此狀應速移往子癸純陰卦位以降低凶象。讀者可於觀研自宅吉凶概況後依此法則調整。

其中丑艮寅卦就比較特殊，上班族或穩定形態的事業，大門盡量開在丑艮方，因丑為冬藏、艮卦為止，代表較穩定；艮寅是萬物終始之域（艮為終，寅為始），門位若開在此卦位上，三年內會先歷經死裡逃生的過程後再逐而往上攀升，故宜先仔細衡量自己的資本夠不夠雄厚再做抉擇。

【大運】

少年時期行此大運，具耐心與恆心，鑽研事物會追根究底，但在交友方面要謹慎選擇，才可避免不必要的糾紛。

創業時期行此大運，之前所累積的經驗與挫折已經可以解套、發揮了，此運可貞守固有行業，工作屬性大致需奔波勞碌。倘若遇到瓶頸時要堅定信念，且要從工作中不斷的學習，才足以應對職場上的需求。

此運若需遷移他域謀職或有居宅異動，不可走地下室或從黑暗巷道進出，才不會招來小人及影響升遷機會。

壬寅：十

剛柔始交草木昧　心腹之憂恐難悖
神情舒泰安居樂　來日方長茂綠蔚

【象義】

壬寅的自然現象是萬物逢春始萌。天干壬的五行屬水、代表冬季；地支寅是農曆一月，節氣是立春、雨水，時間是早上三至五點，在易經元亨利貞四象中是屬元的春耕季節。寅與申的宮位相對，而壬水本長生於申，但此柱寅域卻干透壬水，象徵歷經世事磨練而閉關修行，需假以時日後再重新出發。

此柱自坐十二長生「病」位，主初春嫩木勿勞印生，急需得丙戊為用之際卻干透壬水，致使寅木久溺水中而病，象徵因懷才不遇而高尚其志。此柱自坐「食神」，為自我表現及追求欲望，但初春嫩木尚無法洩秀發揮，故只能默默追求理想，且遯世無悶地自我涵養。

【性情】

性情柔和、行事客觀、悠遊自在、與世無爭、仗義直言、心軟仁慈、守舊念情、勤儉自持、不喜華麗、舉止緩慢、優柔寡斷、滿腹苦水、不辭辛勞、任勞任怨、動乎險中、涵養待時。

此柱可契於易經䷂水雷屯卦，象曰：「雲雷，屯；君子以經綸。」雲雷，屯：震卦的節氣為驚蟄，此季雷行雨施、利萬物成長（坎居上卦時必謂雲，因太陽會將坎水蒸發至天空成為雲霧）。君子以經綸：經指地球經緯；綸：綢帛布匹，布乃錯綜編織而成。本卦是天地交媾後的第一個卦，象徵已由艮獄來到人間，往後就要面對錯綜複雜的環境事物，處事要依循天地法則才能條理分明，循序漸進。

遇事不慌不忙、條理分明，具仁慈之心且人情味濃，善於思考、領悟力也強。謀求不急功近利，抱持養兵千日、用在一朝的心態，也因有獨善其身的想法所以朋友不多，但皆念舊、講義氣。謀事初期不懼艱辛，中晚年穩定守成、衣食不缺。

【事業】

具理解、分析、整理、歸納、籌備能力，適合從事研究、商務、企管、教育、設計、勞動、裝潢、工廠、製造及具思考技藝形態之行業。不適合業務推廣、財經、金融、保險、運輸、飲食及屬水性質之行業。

事業形態需要熬很久才會遇到伯樂，不可因醞釀期極長而喪志，平時要利用機會多充實知識及學問，不隨波逐流才有成功機會。宜選擇穩定性質的事業較能持之以恆，一生中沒偏財運，若妄生貪念則橫禍立至，只要能安分守己做好分內工作，即不失平凡就是福的格局。

【六親】

與祖上情緣淺或相處時間不長。家庭觀念重，可獲父母親關切與器重，母親壽元大致比父親長。成年後需負擔奉養長親之責任，兄弟姊妹感情雖好，但因須各自努力所以助益不大。

【姻緣】

男性比較穩重、內向，但因重情義而能獲得異性信任；女性個性溫良，不喜繁雜的交際應酬，但因安分守己而能獲得對方欣賞。婚配對象選擇參考：鼠、兔、馬、狗的生肖。

男性：熱中於自己的工作，凡事不善計較。婚後疼妻顧家，凡事都會徵求配偶意見；對配偶也採取溺愛和縱容的態度，凡事皆能一肩扛下，且全心全意地擔負家庭重任。

女性：個性與處事風格比較直接，行事作風欠缺和婉柔情，但大致能遇到忠厚老實、勤勞樸實的對象，婚後彼此執守工作缺乏生活樂趣；子女不多或易難產、亦有叛逆難管教的傾向。

【疾病】

夢遺、難產、水腫、心悸、眼睛、頻尿、高血壓、憂鬱症、頸背酸痛、手腳酸麻、消化系統、筋脈阻塞、肺部腎臟、肝膽胃腸、身體沉重、頭痛眼花、神經衰弱、生殖系統、怕冷惡寒、全身倦怠、過憂傷肺。

天干壬水、地支寅木，初春嫩木勿勞印生；干透壬水，於春雖無沖奔之勢，卻有損根敗腐之憂。木久浸水中必定生機不顯，故宜見丙戊為藥，樹木方可茁壯而欣欣向榮。丙戊就是小腸、心臟功能及脾胃，平常除了這些保健外，也要多運動流汗，才能排除木久溺水中所產生的病變。

守護神明：阿難尊者。保生大帝。水仙尊王。開閩三王。

【地理】

公園綠地、花草樹木、宮廟神壇、超商學校、公寓社區、幼稚園區、傳統市場、生鮮海產、交叉路口、低窪地勢、鬧中取靜、明堂雜亂、水繞玄武、右水到左、逆水型局、幽暗巷道。

居宅易臨馬路邊之巷道，周圍地形凌亂不整，室內有採光不足之傾向，且要留意室內陰濕或牆壁滲水現象。室內太陰暗會產生濕氣，以致因陽氣不足而滋生細菌，除了導致健康出現問題外，妻子也難以受孕。

如果室溫較低或有過多冷風吹襲，就不宜擺放魚缸或太多鏡子，因魚缸中的水氣上升會導致空氣濕濁，而鏡子則會反射負能量而耗損精氣。

白水木：以往種植的盆栽往往都是活力不足，生態給人感到懶洋洋的，後來在花博展看到白水木，它的生態讓人不禁駐足。一趟南台灣之旅赫然發現，白水木生長在它該生長的地方竟然能這麼美，且充滿著超強的生命力。

白水木極具澤水困卦情性，困卦的自然景象是描述生長在海邊惡劣環境中的植物，卻能屹立不搖、不喪其志。象曰：「澤无水，困；君子以致命遂志。」澤无水，困：兌澤中的水就是海水（坎兌同宮、敘述海水潮汐），樹木生於海邊生機必然受限。「君子以致命遂志」：君子面對惡劣環境依然不喪情操，且默默規畫天地所賦予的使命。

白水木代表清淨、純潔、不因環境惡劣而同流合污。倘若尚不得運又具「高尚其志」之情操或想默默宏揚正道者，很適合種植這種植物。

公司財務部門也非常合適，如此就不會形成貪污現象。但是居家絕對不可以種植，易淪為困卦六三：「困于石，據于蒺藜，入于其宮，不見其妻，凶。」致整天花天酒地而不見其妻，亦有早別離異之暗示。

【大運】

少年時期行此大運，因領悟力不佳而導致成績不理想，宜多下點功夫找出學習重點和策畫未來目標；此運若能紮好根基，待轉運後就可充分發揮。

創業時期行此大運，無論謀職或自己創業都必須醞釀許久才得以發揮。此運謀求宜講究信用和承諾才可獲得賞識。此運也容易有「匪寇婚媾」之桃花事件或同居狀態。

壬辰：十六

水滿為患心憂堪　多言數窮無號慽
大地乾枯往有尚　議德制度即可霑

【象義】

壬辰的自然現象是滿水位的水庫。天干壬的五行屬水、代表冬季；地支辰是農曆三月，節氣是清明、穀雨，時間是早上七至九點，在易經元亨利貞四象中是屬元的春耕季節。壬辰為魁罡，主性格剛烈、聲音宏亮、主觀意識強烈，有不畏強權的個性。壬辰雖為水位已滿的水庫，但不見得可獲時機洩洪而用，因此常感覺自己有委屈而滿腹牢騷，卻又不喜歡接受人家的意見，認為自己已夠完美了，其實內心隱藏著既自卑又高傲的矛盾心理。平常對玄學五術及宗教信仰頗負熱忱，因此建議少吃牛肉，才不致引來血光意外和感情、事業不順。

此柱自坐十二長生「墓」位，墓雖為收藏、也主備以待用，即申子辰合水局的申為狂風暴雨季節，此際猖獗雨水就會透由子之河川流至辰庫蓄藏備用，等來年春夏缺水時即可發揮作用；象徵涵養的時日極長，但是一旦時機來臨就可建立功業了。此柱自坐「正官」，主極力想擁有自己的事業，但辰土要陽體陰用，所以謀求之初要先委曲求全、寄人籬下，再待時發揮。

【性情】

眼神凌厲、眉稜骨高、眉尾散亂、中氣十足、聲音宏亮、執行力強、行事敏捷、機智敏銳、慷慨豪邁、圓滑幹練、熱心公益、待人親切、為人解憂、言行直率、外喜內憂、嘴硬心軟、冒險投機、一生勞碌、淡泊名利。

此柱可契於易經☵☱水澤節卦，辭曰：「節，亨。苦節，不可貞。」節，亨：節指松節、竹節分段的地方，引申行為節制便可享有更大的自由空間。苦節，不可貞：坎水情性本川流不息，若入澤中則喪失固有情性而需苦其心志。水注西南方顯功效，久浸澤中則喪大用。

性情剛強，行事直接不拐彎抹角，凡事計畫周詳，處事會顧及周遭人事，但常因太過自信而遭始料未及之損失。在人際關係上，交友雖廣但知心者少。內心藏著感情和家庭經濟壓力而不形於外，故中年後常藉宗教做為心靈依託。

【事業】

具分析、研究、商談及執行能力，適合從事公關、宗教、法師、策畫、販賣、技師、工廠經營、貿易代理、商品製造、投資顧問、生產加工及具思考性、執行性等動靜兼具的事業。

創業初期必須由基層做起，但因自己企圖心極強，所以平常會累積工作的技術與經驗，待時機來臨後即可自己創業，且中年前易獲得良機。常因野心太大而有孤注一擲的倍增財富心態，所以人生起伏極大，凡事若能量力而為則不失為賢德之造。

【六親】

祖上易出名人且祖業頗豐，但有先成後敗的傾向。家庭觀念重，常為家中事務操心，因此能獲得父母親的疼愛與倚重。父親擁有一技之長，家庭瑣事都由母親打理。兄弟姊妹情誼雖佳，但易分居兩地各自創業、助益不大。

【姻緣】

男性喜歡漂亮、身材好的女子，追求異性極具耐心，也可能因而打動芳心；女性思想過於單純，選擇對象時抱持將就環境安排的心態。婚配對象選擇參考：鼠、蛇、羊、雞的生肖。

男性：因熱中工作，易導致忽略對配偶的照護，致使生活缺乏情趣。配偶比較外向且喜歡交際應酬，容易受外界誘惑而迷失，因此極可能導致婚變。

女性：個性較豪放，性情獨立，具不怕事也不惹事的心態，凡事能逆來順受。因為配偶人緣好且風流多情，自己個性又剛強，凡事若斤斤計較，必然家庭、情海多風波。

【疾病】

眼疾、肝膽、筋骨、動怒、衝動、壓力、腹瀉、水腫、貧血、風濕症、關節炎、高血壓、腦溢血、憂鬱焦慮、噁心嘔吐、重聽耳聾、過怒傷肝、老人痴呆症。

壬辰為水庫水位已滿之象，水為言律、亦為憂恐，主聲音宏亮、表面樂觀進取，但內在有諸多難言之隱的壓力堆積。水利西南才有育木之功，所以要見甲木跟未土才有疏鬱作用。平常宜舒解壓力和保養肝胃功能，即可預防病變。就醫宜往東南或西南方。

守護神明：下元水官。池府王爺。東海龍王。

【地理】

海港養殖、神壇宮廟、工業廠區、加工製造、批發市場、超市賣場、海產餐廳、娛樂場所、側臨巷道、明堂開闊、來水過堂、右水到左、逆水形局、水繞玄武。

居宅明堂開闊，室內深長幽暗，周遭臨巷道，龍邊地勢空曠無攔，前方或後方有河溝川流而過。坎水為「通」，契於八字命盤：見天干壬癸水即可視為居宅的大門來路，若在地支逢亥子水則為室內通道。倘若天干水為本命吉星，即可判斷大門開在吉卦上，反之則為凶卦；亥子水若為喜神可判斷為室內格局佳，反之則凶，亦主採光不良、濕氣重易卡陰。

古代風水學極重視「天門開、地戶閉」，即當流水或馬路地勢是由左向右傾者稱「左水到右」，也因水會帶動氣流從左方而來，故門宜開在建築偏左處的青龍邊，方利於納氣；當河水在門前匯成小池或明堂地勢較低則宜開中門，如此即可「水聚天星」而「氣從中來」；當河水由右流向左，門宜開在建築偏右處的白虎邊。但依目前建築物已過度密集的情況下，這個法則參考就好，因氣流會因周遭地形而改變既定方向。

竹類：竹又稱竹子，可分為三族，是禾本科中唯一具有喬木形態的類群，如熱帶型的竹族與溫帶型的青籬竹族，但也包括低矮的草本竹類黍竺族。竹子的纖維徑行經度「子午」，是契通鬼神的植物，所以廟裡建醮或招魂都用竹器，故家中不宜種植竹類植物，否則容易聚陰鬧鬼。

【大運】

少年時期行此大運，在學習上容易遇到瓶頸，宜多向老師或良友請益，因本身資質不錯，一旦開竅了就可以觸類旁通。此運也喜歡召聚朋友、參加團體聚會，因而較易結識異性。

創業時期行此大運，易形成水澤節卦「苦節不可貞」的現象，即水庫中的水要逢春夏才得以洩洪發揮，所以若從事屬火土的行業比較有利。此運若逢无妄之災，可求三官大帝以保平安，貴人大致會在東南至西南方向。

壬午：十二

雖獲知音當思淡　初吉終亂難免犯
豔陽高照百事暢　陽傾西方反目叛

【象義】

壬午的自然現象是夏季的流水。天干壬的五行屬水、代表冬季；地支午是農曆五月，節氣是芒種、夏至，時間是早上十一至下午一點，在易經元亨利貞四象中是屬亨的夏耘季節。豔陽高照百事暢、陽傾西方反目叛：水在春夏季節可大顯功用，至秋冬則喪灌溉之功。在命盤月柱父母宮見壬午、癸未兩柱，事業必定無法永續經營或狀況連連，六親也易體弱多病或生離早別。因夏季之水無法恆續又水火交雖萬物生，但病蟲害亦然滋萌，故福至則災亦不遠。

此柱自坐十二長生「胎」位，因午月是炎燥的季節，但高溫是醞釀颱風的溫床，至申月就會因形成狂風暴雨而喪水火既濟的功用，故既濟卦辭曰「初吉，終亂」。此柱自坐「偏財」，象徵對感情與錢財患得患失，事物皆無法持之以恆。

【性情】

相貌俊麗、上亭飽滿、下亭尖潤、眼大有神、思想天真、性情開朗、活潑豪爽、熱中工作、應變力強、作風直接、見風轉舵、有勇無謀、耍小聰明、胡思亂想、庸人自擾、表面功夫、喜怒無常、旺於一時。

此柱可契於易經☵☲水火既濟卦，象曰：「水在火上，既濟；君子以思患，而豫防之。」水在火上，既濟：下離主夏季、上坎為天上雨水，炎夏逢甘霖可利萬物成長。君子以思患而豫防之：雖水火協調得宜可育養萬物，一旦調濟不當亦致物滅。坎離互具輔益功效，但兩者畢竟居域不同，於陽陷各歸本位後則會呈現各自始性；主合作之初因無物而無欲，秋季果成則欲生而相繼變節。

口語表達能力極佳，但藏不住話且耳根軟，易受環境和外界的影響而動搖原來的計畫。一生易逢貴人，但因情緒變化迅速和彼此注重眼前利益，致使相處時間不長，甚者會反目成仇。處理事物有三分鐘熱度的傾向，雖然能將眼前的工作處理得很好，但欠缺深謀遠慮的想法。謀求時若能堅持到底，亦不失為賢能之人。

【事業】

具良好的說服力，表達能力好又穩重，適合從事講師、業務、科技、美容、廣告、攝影、服飾、導遊、娛樂、模特兒及具動態執行或技藝性質之行業。

個性積極，學習能力強，但處事容易因太過情緒化而衝動壞事。求職或創業初期皆能熱忱地投入，因此很容易獲得上司或配合廠商的賞識，但由於心性愛恨分明，容易因一點小事而懷恨在心，致使產生易合易離的現象。待人處事若能寬容以對，事業才能永續經營。男性適合從事科技、資訊、技藝，屬靜態、思考性質之行業；女性能言善道且手腦並用，宜從事講師、業務、美容等屬服務業性質之行業。

【六親】

長上感情有些複雜且有遺傳現象，致使家庭蘊藏隱憂。父親擅長經營事業，但對其行為有些不滿。與母親情緣佳，但父母有早別或離異分居的現象。六親多刑傷，兄弟姊妹中雖有傑出的人才，但挫折、風波卻不少，致使自己要扛起家庭重責。

【姻緣】

男性穩重又帶點帥氣，對事業極為投入而易獲得異性信賴；女性長得可愛迷人，且能言善道、交際能力又強，致使桃花較旺，個性也比較新潮、沒有節操觀念。婚配對象選擇參考：兔、猴、羊、狗的生肖。

男性：謀求帶點傻勁，全力向前衝，但中途常遇挫折。婚後事業會逐漸有起色，但宜守恆力求穩定。因事業必須交際應酬，倘若不節制易有桃花或第三者介入之傾向。

女性：因談吐直爽婉和、長相迷人而桃花較旺，所以結婚對象大致不是初戀情人。婚後雖然感情好，但容易因一些芝麻小事就斤斤計較，很容易導致感情破裂。若能敞開心胸，才能化除婚姻危機。

【疾病】

心臟、盜汗、貧血、浮腫、失眠、耳鳴、重聽、眩暈、精血、子宮、高血壓、腦溢血、咳嗽氣喘、身體沉重、頭痛目眩、神經衰弱、泌尿系統、呼吸系統、膀胱腎臟、過怒傷肝。

天干壬水和地支午火雖然形成水火交戰，但午屬仲夏季節，故可達水火既濟之功。既濟卦辭曰「初吉終亂」，即主火為太陽、亦屬有形無質之氣，而水是有質無形之物。初吉：水火於春夏有濟物之功。終亂：太陽終究會下山，即會喪失既濟功能。所以病變的主因是心臟和肝膽，平時宜謹慎防護，否則中老年後易患神經衰弱、眼花及肝腎疾病。

守護神明：南斗星君。十神真君。狐仙。

【地理】

河岸堤防、美術圖書、禮品中心、醫院診所、美容中心、平價商店、科技賣場、娛樂場所、花卉買賣、高級社區、明堂適中、室內整潔、氣氛高雅。

出生地明堂亮麗亦有朝案，周遭草木林立且有河水川流而過，但因水勢直來直往而需至外求發展，且家中風波多，六親多刑傷。居宅的周遭有比較大的河流穿越，就會導致氣溢不聚的現象，易致使事業起伏大及六親心性不定而糾紛不斷。居宅或室內皆不宜聽到水聲，否則會應桃花及紛爭事件。

艾草、芙蓉：古代民間就相信五月是多災多難的「毒月」，甚至認為五毒（即蛇、蠍子、蜈蚣、壁虎、癩蛤蟆）都是從五月五日午時開始滋生，於是端午節會在屋角以及各陰暗處灑石灰、噴雄黃酒，並懸插艾草、芙蓉以驅邪氣。芙蓉可用於避煞，又因與「夫榮」同音，已婚者種植芙蓉可用來幫助夫運。有些人的先天體質較敏感，見棺喪便會不舒服，犯到棺木煞一般會有嘔吐、發燒、畏冷的現象；嚴重者如得急症般、發燒不退，連醫生也找不到病因。「空棺煞」很可能會演變成白血球吃紅血球症狀，延誤對症制解恐有生命之虞，此時可在水中加入「芙蓉、艾草、七小段花刺、七粒米和一點鹽」，煮沸後洗泡一下身體。居家周遭若有陰煞可種些艾草、芙蓉即可避邪，但因芙蓉怕水，所以土質切勿過於潮溼。

【大運】

少年時期行此大運，學習能力雖然很強但有耐心不足的傾向，逢升學或謀職皆易因三心二意而無法掌握方向，宜選擇從事自己興趣的事才不致半途而廢。

創業時期行此大運，大致都會逢到好時機，但往往在得意之時就是事業巔峰了，此際若不謹慎守成，就會由高處迅速跌落，能不能再翻身則是難料之事。此運乃「不續終」之運，無論感情、事業、合夥都要謹慎應對，也要即早做好防患措施。

壬申：十五

剛中而來可濟旱　一旦潰堤則為患
半醒半睡聽天命　飲食宴樂恆守常

【象義】

壬申的自然現象是七月的狂風暴雨。天干壬的五行屬水、代表冬季；地支申是農曆七月，節氣是立秋、處暑，時間是下午三至五點，在易經元亨利貞四象中是屬利的孟秋季節。七月雖常有狂風暴雨，但要形成颱風也需醞釀許久；象徵平時少言少怒，行事不太積極，一旦情勢緊急時才會奮力一搏。

此柱自坐十二長生之「長生」位，壬申屬甲子旬，甲子之後為乙丑、丙寅、丁卯、戊辰，此旬春季逢丙丁，致使「戊辰」變成乾旱的水庫，古人見水庫乾涸至極，故於「庚午」設祭天台（火煉金成水），並於「辛未」用大牲吉（牛猪羊）來酬祭鬼神以求雨，至「壬申」則契「剛中而應」帶來大量雨水；此柱遇困難時會到廟宇拜拜或許願，但常忘記還願，因申屬坤卦、為迷。論命時遇此柱要提醒還願事宜，並可建議有困難時可向神佛祈福，即可應驗。若忘了在那間廟許願，可稟告城隍爺作主代還，因其司職為陰陽兩界之聯絡官。

此柱自坐「正印」又逢長生位，凡自坐長生之柱皆有難，此柱之難往往是來自風水、陽宅之弊端。壬與申中暗藏戊土互為「正官」，主工作常「兵分兩路」、兩處奔波；與庚互為「正印」，此柱雖自坐印星卻不一定會讀書，因壬申之象為狂風暴雨，無法靜守以恆（乾造更嚴重），但會有不動產；與壬互為「比肩」，主知心朋友少，兄弟姊妹愛莫能助，因水旺之際不盼比幫。

【性情】

上亭厚實、下亭尖薄、光明正大、俯仰無愧、精明靈巧、心思善變、心地善良、舉止磊落、獨立自主、得失心重、優柔寡斷、依賴性強、守株待兔、墨守成規、唯唯諾諾、膽小怕事、缺乏自信、奉公守法、堅守崗位。

此柱可契於易經☵☰水天需卦，象曰：「雲上於天，需；君子以飲食宴樂。」雲上於天，需：坎水位於下卦時為水，本卦坎水居乾天之上，乃水被太陽蒸發至天上之象，故謂為雲。需是等待，此際天上烏雲密佈，大雨馬上就會傾盆而降，故需等待。君子以飲食宴樂：下乾主申金、上坎為七月帶來的狂風暴雨，此際不可貿然行事，宜安居家中飲食、養神，待雨過天晴後再行事才是明智之舉。

內心雖然責任感重，但行事過於隨性而不積極。男性個性比較優柔寡斷、缺乏魄力、容易沉迷、學習能力不佳，往往要到緊要關頭時才臨陣磨槍；女命比較精明能幹且行動積極，心性剛柔兼具。思想行為不喜受傳統禮法約束，謀事缺乏深謀遠慮，只想做好眼前事物。少年時個性倔強叛逆，倘若又交到壞朋友，行為就會遊走法律邊緣。因開竅較慢，往往要至中年或結婚後思想才會比較成熟而認真職守。

【事業】

具執行力與思考力，適合從事進出口貿易、代理、講師、保險、軍警、買賣、技能、製造業及具流動性、勞力性之事業。不宜合夥、投資、股票、期貨及具賭博性之行業。

因謀求不夠積極，也不具深思熟慮的智慧，故宜從事較穩定的職務，才能持之以恆。平常皆抱持「守株待兔」的心態，唯有一旦出現喜好的獵物時才會全神投入，可謂福禍難料之造。因此柱為颱風帶來的暴風雨，而風雨乃由天主導、非人力所能及；所以，命格組合佳者必有一番衝天奔地的氣勢，倘若用神不顯，也只能將就環境，但亦不失為多福享樂之格。

【六親】

可得長上疼愛庇蔭與器重，和父親淵源深但少交談；與母親關係密切，偶有撒嬌的現象。兄弟姊妹情分佳，但從小或因手足少而倍受長輩呵護、嬌生慣養，以致行為懶散，致使兄弟姊妹心有餘力不足而愛莫能助。

【姻緣】

男性不夠積極，表達能力也不好，容易晚婚；女性比較精明能幹，熱心工作，但異性緣不好。婚配對象選擇參考：鼠、龍、羊、狗的生肖。

男性：容易因到了適婚年齡受長輩催促而結婚。自己比較缺乏主見，婚後會尊重配偶的意見，因妻子的個性比較豪放且見聞較廣，故能全心全力協助興家。

女性：溫柔善良、勤勞樸實、勤儉持家，處理事務比較周全。婚後對象比較沒責任感，且缺乏理智、風流多情，致使自己付出的心血易功虧一簣，倘若沒有足夠的包容心與耐心是很難白頭偕老的。

【疾病】

眼睛、心臟、筋膜、水腫、頻尿、身心倦憊、吸收不良、神經衰弱、四肢無力、泌尿系統、呼吸系統、膀胱腎臟、怕冷惡寒、腰骨膝痛。

壬水長生在申，自然現象是颱風所夾帶的暴風雨，而颱風是太陽所驅動的，所以病狀大致與心臟有關。但以無形界而言，火就是神明，在命盤月、日見此柱時，往往是長輩之前曾去求神明賜子，或自己不如意時去廟裡許過願，但都忘了還願。若有疑難雜症就診無效或諸事不順者，去廟裡還願就可以痊癒平順了。

守護神明：無極老申娘。顯應祖師。秋季雨神。

【地理】

地方神廟、批發場所、電子賣場、公車總站、飲食餐廳、夜市小吃、美容理髮、旅遊公司、停修車場、臨大馬路、交叉路段、明堂開闊、後方灌風、側有巷道、水繞玄武。

居宅大致臨馬路邊，明堂開闊，後側方有巷道及河流穿越，但前方易對到暗道或壁刀，致使家中常遭小偷及意外事件；出生後若有遷居，坪數會越來越大。此柱自坐長生（長生即生小孩之意），印星又主房子，所以若有懷孕要特別留意陽宅之胎神位置。

農民曆上每天都有記載胎神位，胎神是保護胎兒的神明，有孕婦的家庭要特別留意胎神方位，而胎神每天所在的方位可都不一樣，準媽媽要動土或移動物品時，必須避過胎神的位置；胎神占方不可移動傢俱、器具、敲打、釘鐵釘……等，以免損孕難產，嚴重者甚至會造成流產。

【大運】

少年時期行此大運有旺衰兩極的現象，倘若平時成績好，則要乘勝追擊，選擇好的科系與學府；平時表現不太出色的人，建議先混個文憑就好，因為不自量力的辛勞下，也還是只能圖個虛表。

創業時期行此大運，醞釀期極長，成敗卻常在一瞬間產生，因此運猶寧靜之際卻突遭狂風暴雨侵襲，故常有出乎意料之事，也象徵旅途中的計畫永遠趕不上變化，且成敗皆操之在天。命格中火土旺者，逢此運可獲時機之財；金水旺又土弱者，就會形成水多土蕩、無功折返。

此大運中若遇瓶頸，可向觀世音菩薩或關聖帝君許願以化解災難，但事情順利後要記得還願；之前若有去向神明許願者也須去還願，才不會帶來後遺症。

壬戌：十四

山嶺泉湧歧奔洶　兵分兩路以拯難
只利西南不利北　反身修德莫愁悵

【象義】

壬戌的自然現象是山中泉水湧下。天干壬的五行屬水、代表冬季；地支戌是農曆九月，節氣是寒露、霜降，時間是下午七至九點，在易經元亨利貞四象中是屬利的秋收季節。天干壬水居戌土高山之上，必定會分歧傾流而下，猶瀑布象也；象徵為事業東奔西跑，一生勞碌奔波。

此柱自坐十二長生「冠帶」位，象徵水勢旺相，才能由高山不斷湧下，主針對自己興趣或欲謀求之事物會鍥而不捨地去追求。此柱自坐「正官」，主積極謀業，且南北兩地奔波。傳統八字大致以「十神」做為理論架構，我們不可否認它建構了明確的「六親」關係，也看似「歸類」了一切人、事、物。但世間事物繁雜，應該不是公式、統計學所能道盡；我們若能將「十神」配合易經「觀象」，則能穿透陰陽兩界事宜，甚至亦可窺曉前世因果。但「推象」必須俱足易理陰陽相對論的邏輯，方能道出事情的前因後果，否則易淪為自圓其說。

大家都知道「戊土」是禦水抵寇的城牆，那「壬水」相對則要視為攻城的敵人或盜寇。命盤排列順序為「壬、戊」必然與「戊、壬」之象義不同；以「壬、戊」而言，戊土將壬水阻擋於外，代表此人警覺心較強，隨時會防患小人從背後捅自己一刀；「戊、壬」則為粗心大意，已讓敵人滲入身旁，所以一生中錢財易流失且小人多。見「壬、戊、壬」時則可解釋為城牆已被敵人包圍了。能以相對性的邏輯法則觀入，才能將象義推演得更加寬廣。

將相同的五行相重成一柱時其象義也不同，如見「戊子」與「壬戌」，雖然五行都是土跟水，但「戊子」為山大水小而難暢其流，象徵欲謀求的事阻礙重重，也因水滯留而易導致循環系統不良而併發癌症或腎疾，即山水蒙卦彖曰「山下有險」象也。「壬戌」柱則是水已乘於高山之上，象徵土已不足以剋水才會讓水滿溢至山頭，乃其人智勇雙全、執行力強，一生挾技而用，亦山水蒙卦象曰「山下出泉，蒙。君子以果行育德」象也，乃教導要以智嘉惠群眾。

【性情】

相貌稍黑、三亭均勻、下亭飽滿、身材中等、動靜兼備、文武雙全、靈巧敏捷、慷慨解囊、喜好思索、求知欲高、行事主觀、作風犀利、勞心勞力、講求效率、背水一戰、講求信用、南來北往、東奔西跑、寸土必爭。

此柱可契於易經䷦水山蹇卦，辭曰：「蹇，利西南，不利東北；利見大人，貞吉。」蹇：本卦坎艮相重、皆屬嚴寒之域，且地形峻峭而險象叢生。利西南：西南是高溫平原，亦謂稻米的故鄉，坎水流注此域可育養萬物。不利東北：坎水滯留艮域必結成堅冰而喪育物之功。利見大人：坎艮宮位之後是震卦，此域是陽臨時序，可助於脫離險境。貞吉：朝光明目標前進，待重新歸返至艮宮時，則已獲冬藏果實。

表面溫和、喜怒不顯於外，內實隱藏著壓力。有仗義直言的勇氣，路見不平必定會拔刀相助。但此柱之象如高山流水，而水流只有一個方向，所以處理事務時全憑自我感覺，欠缺實際環境的評估，致使常有為何好心沒好報的想法，實因自己個性有些偏執，無法面面俱到所致。

一生淡泊名利，只想獨善其身，喜歡無拘無束的環境。朋友不求多，只願知心二三人。平時即使工作忙碌，也不會忘記要充實自己的學識和增廣見聞。具潛藏的叛逆和不信邪的心態，凡事喜據理力爭，中年後也偏好宗教、五術及玄學事物。

【事業】

具耐心和毅力，適合從事業務、公關、貿易、商務、運輸、設計、工廠、製造及具體力與技術性質之事業。

一生身心勞碌，謀職或創業過程中挫折重重，但總會在千鈞一髮中渡過難關，且易在中年時期見到事業高峰。此柱為高山不聚水，所以常因無謂的投資致使錢財流失；地勢只要低一寸，水必然就會滲入，所以佔地為王的觀念極重，一有盈餘就會想置產，因不動產為其此生的戰利品。

【六親】

生長在較傳統的家族中，所以倫理觀念較重。雖然不一定是家中的長子，但願意默默承擔家中經濟重責，所以能獲得長上的器重。父母親也是傳統思想的人，一生雖心無大志，但皆能刻苦持家；父親的壽元大致比母親短，但皆屬長壽。兄弟姊妹多，但有私心較重者，有利益時會圍繞身旁邀功，遇事則會閃避、推卸責任。

【姻緣】

男性熱中工作，外表穩重又具老闆架勢，但命中帶桃花、異性緣好；女性容易為情所動或被人利用，因個性直接而容易接受對方的追求。倘若沒有打算早婚，相處時要做好防患措施，恐易產生墮胎事件。婚配對象選擇參考：虎、馬、羊、猴的生肖。

男性：異性緣雖好，但擇偶時比較注重品德。婚後妻子賢能顧家，家運會逐漸好轉，妻子對公婆也極為孝順，但常為丈夫事業及桃花旺而擔憂。

女性：對丈夫忠心耿耿，期望能助夫興旺，為賢能內助。但丈夫性情風流又不容易溝通，中年或事業有成時須防婚變。

【疾病】

骨折、熬夜、失眠、胃寒、五十肩、偏頭痛、風濕症、關節炎、腦溢血、頸肩硬化、肝膽胃腸、交通意外。壬水位於戌土高山之上必定會沖奔而下，宜注意交通意外，也容易流產或有墮胎行為。此柱與戊子柱都極容易卡陰煞，因山腰易棲息雲霧，而辛金就是魂魄幽靈。

天干壬水與戌中暗藏丁火形成丁壬合，但此合無法化木，木於臟腑屬肝膽及免疫系統，平時宜多保健。

守護神明：普庵菩薩。王靈天君。韓湘子。九殿平等王。

【地理】

高山幽谷、懸崖峭壁、河川沙地、軍營戰場、神壇陰廟、製造工廠、傳統市場、快速道路、荒野別墅、高樓大廈、下坡路段、龍背地勢、明堂開闊、來水彎抱、轉彎路段。

居住的周遭地形凌亂不整，旁有地方神廟，前後方地勢有些落差且有河流穿越，易居住在臨轉彎道路旁或巷道內。風水學認為「得水為上，藏風次之」，即指屋前河流宜蜿蜒環抱為吉，則屬藏風聚氣之旺財局，反弓水則是風水大忌。

自古至今風水學說極重視「環抱」與「反弓」之吉凶差異。即在彎曲路段會形成「S」型，居背向者謂「反弓」，居內向則為「環抱」；也視河流面對建築時，呈現內彎者為吉象，背向外圓弧則為凶象。此法自古深植人心，致使「環抱」與「反弓」的地價產生天壤之別。

筆者當年提出陽宅居於「反弓」路段大致會優於「環抱」路段的理論時，一度被大眾質疑、唾罵，一如我將八字中的財官印改成正偏相反為用一般。此舉絕非沽名釣譽、危言聳聽；因個人只是命理的愛好者而非從業者，所以能更客觀地看待事物，也願意分享自己三十餘年來無為觀察後的心得給有緣人。

傳曰：「古之葬者，厚衣之以薪，葬之中野，不封不樹，喪期無數。後世聖人易之以棺槨，蓋取諸大過。」此意為上古時候的喪葬，只將大體用厚厚的木柴覆蓋在荒野中，既不造墳，也不植樹以為標誌，更沒有制定喪期。後代聖人取法☱☴澤風大過卦象制定喪禮，並用外圓內方的棺槨承裝大體，以契感天地磁場。由此可知自古風水學說皆源自陰宅理論。

風水學講求的是納氣，將氣體歸納於五行就是庚辛金，而庚氣長生在巳支陽域、也代表氧氣，是人類生存的主要元素；辛金長生在子方幽域、也代表二氧化碳，因大家都知道死人是不用呼吸的。「環抱」之地形容易滯留辛金，可達藏風聚氣的功效，而將蘊藏的良好磁場與子孫共振；「反弓」路段因易形成庚金而利於風行天下，則適用於陽宅。說卦傳云：「巽為近利市三倍、為繩直。」催官篇云：「巽水一勺能救貧。」即取法巽為「近利市三倍」而用，因辰巽巳乃庚金長生之域，此氣會催促萬物成長茂盛。巽為繩直、取法巳為蛇、形狀似繩，繩直就是蛇蜿蜒移動時會重複彎與直的形狀，且由彎而直的區段扭力最大。「反弓」處雖猶利刃一般，但一般利器在握時通常都是用來殺敵的，刀銳面必定是向外的，所以立宅宜位於尖峰之側。能善用「反弓」者必然生意興隆，反之，處於「環抱」路段，生意往往是冷清的。台灣到處皆有彎曲路段，讀者可多多觀察，即知吾言真偽。

【大運】

少年時期行此大運，因父母常為事業勞碌奔波，自己也要幫忙打理家務，致使學習成績不甚理想，但仍需努力，因等轉運後就會考到理想的學府。

創業時期行此大運，必須勞心勞力才能獲得收益，事業形態大致需要兵分兩路、南北奔波，初創業者則屬貨品行銷至各域之象。因常年在外宜注意桃花劫及交通安全，容易在交叉路口發生側面擦撞。

癸丑：十二

山中潺水志不捨　積弊宜防釀沉疴
福慧當需貴人啟　蜿蜒山川智可得

【象義】

癸丑的自然現象是高山平地已遍佈霜雪。天干癸的五行屬水、代表冬季；地支丑是農曆十二月，節氣是小寒、大寒，時間是凌晨一至三點，在易經元亨利貞四象中是屬貞的冬藏季節。癸水在春夏為雨霖、在冬為霜雪，猶坤卦初六「履霜，堅冰至」之象，即由立冬後開始降下霜雪，至大寒時遠望山頂已結成厚冰了；象徵一切功過皆是慢慢累積而成的。

此柱自坐十二長生「冠帶」位，象徵高山平原已佈滿霜雪，致使水滯不暢；主雖懷滿腔熱血且對未來有深遠的抱負，但易因環境因素和執行力不足而淪為幻想，或者要假以時日才能夠實現。此柱自坐「正官」，主事業心重，但因處於冰天雪地中，所以謀求過程也阻礙重重，但因信念強而能待時突破難關。丑土暗藏之癸水與天干互為「比肩」，主對兄弟姊妹及朋友的情義重，異性朋友也多，且能恆久交往。

【性情】

三亭均勻、有勞心紋、個子稍高、責任感重、熱心助人、活躍灑脫、人情味濃、優異直覺、愛心奉獻、憐憫之心、照護弱小、淡薄物質、思想執著、不喜揚名、缺乏魄力、想多做少、獨立自主、注重心靈、自以為是、性情深沉、多愁善感、優柔寡斷、進退失據、墨守成規。

此柱可契於易經䷨山澤損卦，象曰：「山下有澤，損；君子以懲忿窒欲。」山下有澤，損：兌艮主秋冬季節，此際因陽氣不臨而萬物生機不顯，故取損義。君子以懲忿：懲、責罰。忿、憤怒、怨恨。兌為二氧化碳，此氣無助燃性，亦可用來滅火，引申自我涵養，不會輕易動怒發火。窒欲：高山空氣稀薄，因氧氣不足導致欲望不高。君子體悟此象應克制欲望，不能因物豐而揮霍無度，也不可因物乏而起盜心。

小時候個性比較叛逆（坤造較嚴重），凡事以自我思想為中心，又因心軟且極具愛心，所以易受周遭善惡事物感染。外表樂觀進取、喜憂不形於外，內心抱持肩負重責之信念，也隱藏著家庭中的壓力。屬於會感恩的人，別人對自己好都會加倍奉還，看到弱勢者就想伸出援手。

行事具耐性和研究毅力，一生淡泊名利，注重精神、心靈層面，凡事皆能自我節制反省。土的五行就是福德宮，而丑中暗藏辛金可生助元神癸水，乃前世積陰德象也，所以今生宜再造福，遇事則可大事化小、逢凶化吉。

【事業】

具研究、分析、開發、企畫及探索能力，適合從事行政規畫、醫療復健、禮儀事業、研發管理、美容技藝、程式設計及具理解性和技術性質的行業。不適合從事人際、公關等具變化性質之事業。

謀事專注、能完全投入於工作中，也不懼惡劣環境的考驗，事業形態必須累積經驗才足以成事。因行事太過守舊故不適合從事新創事業，若能習得一技之長，亦不失為優秀的技藝人員。

【六親】

注重家族倫理觀念，與祖上關係良好，但六親多刑傷。可獲父母親疼愛與器重，但對父親行為有些不滿，與母親關係密切，但家庭互動不良。重視兄弟姊妹及朋友情誼，逢事皆會一肩扛起、默默承擔。

【姻緣】

男性責任感重，又具好學上進之心，謀事也任勞任怨而能獲得異性信任。女性個性倔強外向，為人多情又具包容和愛心，故追求者多，但交往對象會選擇投緣且能聊心事者。婚配對象選擇參考：鼠、虎、雞、豬的生肖。

男性：守信沉穩，家庭觀念重，婚後悉心照料家庭且疼妻愛子，配偶也全力支持自己的事業且全心全意理家，屬恩愛家庭。

女性：潛在個性比較自傲，但內心有些自卑，有時候會不通人情。婚後會選擇自己謀業，不甘願扮演家庭主婦的角色，若溝通不得宜易致使情路變化大。

【疾病】

胃寒、子宮、尿道、中風、腫瘤、腦癌、甲狀腺、糖尿病、老花眼、血液循環、過憂傷脾、內分泌失調。癸丑是水滯留至嚴冬而結成堅冰，平常宜注意循環代謝系統，也要多運動保持適當的體溫，且盡量從飲食中攝取營養。目前已證實足量的蔬果纖維可降低癌症的發生率。若需就醫，宜往東至南之方位。

守護神明：無極老母。開基恩主。鬼谷先師。地基主。

【地理】

公園綠地、超商學校、私人機構、宮殿寺廟、土地公廟、市場攤販、批發場所、交叉路口、停車場地、偏僻鄉野、側臨巷道、明堂開闊、右水到左、順水型局、水繞玄武、神安中宮。

陰宅穴位有偏於來脈、龍虎砂不均的現象。居宅易行中門，但大致是在凶卦上；廁所易壓在生氣或天醫方，六親易患肝膽、心臟、關節、腰酸背痛疾病。

易云：「在天成象，在地成形，變化見矣！」易經堪輿術是根據天文的觀察而來，所以在天成象指的是太陽、月亮、星星。其中乾卦代表天體，離卦代表太陽（丙）或星辰（丁），坎卦或兌卦代表月亮（坎兌同宮、月亮會影響潮汐），震卦代表雷電，巽卦代表氣流、空氣品質；在地成形則是山川、平原、河流及地道方位，並以艮卦代表高山，坤卦代表平原，坎卦代表海洋、江河。

山風蠱卦宗旨是描述父親因得癌症而去世了（上卦艮土為脾胃，下巽為毒害人的小蟲），故初六象曰「幹父之蠱，意承考也」，指由兒子來繼承父親的志業。《周易》是融合《連山易》與《歸藏易》而成，所以在六十四卦中，只要逢到艮坤兩卦都會提及術法應用（又以艮卦為陰宅、坤卦為陽宅），蠱卦自然也不例外。辭曰：「先甲三日，後甲三日。」甲木的前三個天干是辛金、代表月亮，甲木的後三個天干為丁火、代表星辰；丁火長生在酉，乃日陷後的夜空星辰景象。諸多堪輿家都是白天去觀龍穴砂水，卻忽略了假若有得穴位，夜晚穴點必有星辰護衛。

【大運】

少年時期行此大運，學業不盡理想，但勤能補拙，亦可藉助課後輔導予以加強。此運對異性抱持幻想與期待，家中事業還算穩定，但六親身體狀況不佳且多刑剋。

創業時期行此大運，宜累積過去的經驗謀事，但大致只能穩定守成，無法發揮大作為。此運的自然現象是大地已結滿冰霜，象徵現狀難以改變，所以比較利於事業有成者；若逢創業階段，不宜用自我的觀念謀求，宜以身旁成功者為典範，即可少走些冤枉路而避掉無謂的損失。

癸卯：十三

天降甘霖濟萬物　何奈幽靈卻光顧
覓得戊來將癸合　旖旎風光好目睹

【象義】

癸卯的自然現象是春天的雨水。天干癸的五行屬水、代表冬季；地支卯是農曆二月，節氣是驚蟄、春分，時間是早上五至七點，在易經元亨利貞四象中是屬元的春耕季節。天降甘霖濟萬物：春季雨霖利萬物成長；何奈幽靈卻光顧：這句就比較深了！因癸水之源本祿於子支幽域、湖泊，逢春夏時河海之水卻被蒸發至陸地、人間。癸音為「鬼」，我們若視癸為幽靈、卯為現世人類，那癸卯相重不就成為人鬼同行、卡陰之象；覓得戊來將癸合：戊土可將癸水合化火，自然現象是高山不聚水，亦似炎燥的山丘會將雨霖蒸發成雲霧氣流，使癸靈銷聲匿跡；旖旎風光好目睹：指回復春季青翠柔和、美好的原貌。

此柱自坐十二長生「長生」位，卯的季節是驚蟄、春分，此季風和日麗又春雨綿綿，萬物將奮豫齊長，象徵人際關係好，善交際、喜攀附權貴。此柱自坐「食神」，主自我追求的欲望。十神類化雖有一定的準確度，但基於五行情性有別及每柱相重後的象義不同，所以須做不同的解讀：如壬寅、癸卯都自坐食神，但壬寅是初春的寒木，此際枝葉尚未茂長，所以對欲望的追求並不高；癸卯則是已具溫度的季節，又逢天降雨霖，枝葉必然漫延、攀爬而長，所以在個性與事業形態上是截然不同的。

【性情】

上亭高尖、淚堂飽滿、田宅宮陷、姿態美感、性格開朗、天賦藝能、溫和善良、聰明敏慧、深具靈性、能言善道、活力充沛、唯利是圖、現實主義、無拘無束、博而不精、一身傲骨、自視不凡、任性驕傲、一意孤行、好管閒事、尖銳傷人、剛愎反覆、受人誤解、遭人誹議。

此柱可契於易經䷼風澤中孚卦，象曰：「澤上有風，中孚；君子以議獄緩死。」澤上有風，中孚：九五與上九爻居高位、象徵天，初九與九二爻居卑位、為地，六三、六四爻居人位，主中爻虛空，心中無欲就能與天地互應共鳴。君子以議獄緩死：巽契光明而長、至兌傾幽則滅，執法者觀察此象，於裁斷死囚時應效法行舟者觀察豚魚般地追蹤案情，以免造成冤獄或縱放。此卦所言之獄與它卦不同，如噬嗑卦曰「利用獄」、旅卦曰「君子以明慎用刑而不留獄」，皆指陽間牢獄，而議獄緩死之獄則指地獄。中孚卦的宗旨為誠信、情操不移，但這些都是陽面的事物，而本卦原旨是敘述陰陽兩界的呼應之道，可藉由一則實際例子來加以說明，讓讀者對本卦有更深一層的認識：有位孝子因在外地工作，每天只能透過LINE來問候雙親，有一天母親去世了，但他每天依然發訊息問候，後來竟然出現「已讀」、「不回」。所以即使親人已故，依然要天天上香問候、報平安，這就是中孚卦要敘述的最高宗旨。

個性樂觀活潑，行為豪邁不拘，很有口福。對新鮮事物富好奇心，但常因心直口快而得罪人，一生中小人也多。運旺時容易得意忘形，逢事常猶豫不決，欠缺當機立斷的魄力。具敏銳的第六感，與神鬼頻率較易共鳴，若能秉持正念、行善積德，則可獲得天地磁場的護佑。

【事業】

具推銷、交涉、交際、應變、商談、操控、文書整理之能力，適合從事表演、歌唱、講師、店員、攤販、飲食、服飾、傳銷及屬生活必需品或較具變化性質之事業。不適合金融業、行政管理或太過呆板的事業。

反應靈敏又善於交際，人緣與口才都很好，但常憑自我感覺謀事，所以事業必然屢遭挫折。男性較適合技藝形態之事業，女性較具敏感特質，故適合從事服務業。平常因太過隨性而容易失信於人，謀求若能信守承諾，抱持永續經營的心態，事業就會如魚得水。生性雖能言善辯，但需防口舌之爭而引來小人。對金錢、支票、文書、跟會、契約之事皆需謹慎處理。

【六親】

祖上或自己的兄弟姊妹中易有夭殘者，宜慎重處理香火繼承事宜。與父母親關係密切但助力不大，大致需靠自己白手起家。兄弟姊妹感情平淡，皆需各自努力，但成就大致平庸。

【姻緣】

男性風度翩翩，和氣開朗，身懷技藝，所以能獲得異性青睞；女性長相嬌豔迷人，桃花較旺，是異性覬覦的對象，但性情多變且有些任性，致使情路坎坷。婚配對象選擇參考：蛇、馬、羊、狗的生肖。

男性：大致擁有一技之長，且會廣泛地吸收各種資訊。婚後專職工作，對配偶有疏忽照料之現象，致使常因溝通不良而爭執不斷；若能多關心配偶、對家庭多付出一些心力則能遏止變數。

女性：屬於感覺重於實際的人，也常為追求自我空間的發揮而與配偶爭執，致使感情變數多。建議不要太過任性，捨棄一些欲望，凡事不要斤斤計較才能預防情路生變。

【疾病】

風濕、脫臼、幻覺、惡夢、胃虛、卡陰、犯煞、肝臟功能、筋骨酸麻、神經衰弱、尾椎壓迫、交通意外、憂鬱焦慮、過驚傷膽。

八卦以艮坤劃分陰陽兩域，而子水本位於幽域，但子水因被太陽蒸發至卯之人間而成為癸卯，所以格局中見癸卯與甲子柱皆有人鬼同行之象。平時去陰地或探病時，避免從溫差太大的地方進出，否則毛細孔瞬間會熱脹冷縮，陰煞就會趁虛侵入體內。建議使用精油、杜松果及岩蘭草加上百分之七十的酒精稀釋，可以用來預防卡陰。

守護神明：雷府千歲。十三太保。春季雨神。

【地理】

郊野稻田、農業用地、汽機車店、美容服飾、修理工廠、健身中心，舞蹈場所、生鮮超市、醫院診所、銀行郵局、巷弄小徑、明堂雜亂、右水到左、廚壓延年、花草茂盛。

居宅周遭地形有些雜亂，大門大致開在五鬼或六煞方，致使居者有敏感體質，也常失眠和意外糾紛不斷。周邊不宜種太多花草樹木，否則易惹來官訟及小人纏身。

桂花：很多人居宅周邊會種桂花，乃取諧音認為會招來貴人。但是桂花不一定單論貴人，它也可代表孤單、不婚或有倒房祖先。所有的事物皆含陰陽，且都有一體兩面，在陽宅佈局中大致以後天八卦為準則，因其中劃分陰陽及代表季節之象義。

易理常以明暗來區分君子與小人，如果居宅的東南至西南方位種桂花，確實易招來貴人，因此區域皆屬明亮之地；反之，若種在幽暗之西或北方就容易犯小人。東北方屬嚴冬而萬物不長故代表孤獨；西北方宮位為戌乾亥，其中乾主天，戌為火庫、亦主香火事宜，而桂花猶如女子，所以若種在西北方，則是誥誡有姑娘祖先。明瞭此義後，居宅有二十四山，宜依植物生長特性而契於該方位，才能達到增益助運的效果。

【大運】

少年時期行此大運，因行為不拘小節，往往會做出一些比較荒唐的行為。在學習或謀求中，宜多向師友請益，找到方向後就會突飛猛進。但此運要注意交通安全，車速不宜過快。

創業時期行此大運人際關係極佳，可以靠自己的專業技能或口才謀職，但此運乃龍蛇混雜之域，凡事要謹慎應對，否則會易成易敗。行為舉止也要保守，切勿與人擔保或多管閒事，以避免不必要的麻煩。

癸巳：十

天地交媾萬物泰　融霜化雪松常在
良莠不齊通蹇乖　花草萌長不可待

【象義】

癸巳的自然現象是夏天的西北雨。天干癸的五行屬水、代表冬季；地支巳是農曆四月，節氣是立夏、小滿，時間是早上九至十一點，在易經元亨利貞四象中是屬亨的夏耘季節。天地交媾萬物泰：癸為老陰星、為地，丙為老陽、為天，於立夏季節又逢雨霖必然萬物叢生；「融霜化雪松常在」：一到夏季山上的積雪就會溶化，謀事須像松樹能經過嚴冬才算通過考驗，引申此柱患得患失，謀求若信念不足，事物則無法守恆。「良莠不齊通蹇乖」：辰巽巳季節萬物皆可獲生機，象徵為龍蛇混雜之域；「花草萌長不可待」：要把握良機積極行事，因光陰似箭是不會停留的。

此柱自坐十二長生「胎」位，巳月雖是陽光普照，但太陽會蒸發水氣至天空成為雲霧，待冷熱氣流交會就會化成雨水，而天空佈滿雲雨之際太陽就會消失；主常因太過熱心而引來災禍，即水旺就會滅火之義。此柱自坐「偏財」，主對錢財感情患得患失，自己預期的事也常遭不測，所以只能抱持聽天由命的心態。

【性情】

相貌俊秀、眼睛有神、臉有斑點、天真活潑、明朗活躍、深謀遠慮、珍重情感、俠義心腸、扶弱抑強、任性叛逆、嫉惡如仇，靈巧好辯、講求效率、敏感體質、言不及義、優越直覺、獨斷獨行、孤苦無援、欠缺深略、仗勢猛進、陷於境遇、信心不足、易成易敗。

此柱可契於易經☷☰地天泰卦，九二爻曰：「包荒，用馮河，不遐遺，朋亡。得尚於中行。」包荒：包主包容、接受，荒指未開墾的土地；即集結志同道合者一起開墾大地。用馮河：馮（逢）、徒步涉水。九二居乾體、為郊野，契於地支為戌土與亥水，自然現象是山川相重，乃徒步涉水墾荒象也。不遐遺：遐（俠）意為遙遠。本卦是六合卦，下上爻皆相應，象為遠近國土皆要全面開發。朋亡：法象艮卦東北喪朋（艮為嚴冬、草木難茂），艮後為震卦，春臨之際高山一片枯黃待墾之林。得尚於中行：中指艮坤，即高山和平地。行：指中爻互震，震木剋艮土乃開墾象也。六五君王居坤體，懷厚德載物情操，因下應九二，於是將國土劃分給人民開墾。

具開疆拓土的創業決心，即使工作艱巨或遇到困難也不會退縮。否泰現象本循環不已，如天有陰晴、人就有禍福，所以否極泰來後必又傾向阻滯不通；象徵感情事業易得，卻無法持之以恆，因癸巳柱為老陰配老陽，其質至極則變。

第六感極為強烈，但具矛盾和猜忌心態，表面樂觀，內實多愁善感，在經濟運作上常有人算不如天算之感慨。中年與神佛有緣，晚年榮華，屬賢良興家之命。

【事業】

具積極奮發向上精神，心性靈巧且反應敏捷，適合從事創作、業務、販賣、醫療、餐飲、音樂、影片、編排、文宣、門市、娛樂、製造加工及具語言與思考性質之事業。

對事業非常投入，且無論粗活、細活都欣然接受，但因心思不夠細膩，常累得半死還遭人誤解。謀求容易憑著自己的感覺走，故事業或感情都容易患得患失。要堅定信念踏實經營才能累積碩果。

【六親】

祖上易出名人且有家產，本身具傳統家族觀念但個性獨立自主，早出社會奮鬥，所以與家人經常處於聚少離多的狀態。與父母關係好，但六親多刑傷，致使內心壓力重。兄弟姊妹助益不大且成就懸殊。

【姻緣】

男性具優越口才也熱中工作，但生性多情，故事業起伏大；女性認真負責，但因過於天真、幻想而不重實際，易導致情路坎坷。婚配對象選擇參考：兔、馬、羊、雞的生肖。

男性：具業務手腕和生意頭腦，大致能娶到賢能的妻子，但為人多情、桃花旺，若不節制易導致婚姻生變。

女性：思想單純，屬於任勞任怨之人。婚後全心全意為家庭付出，但容易遇人不淑，夫妻若不妥善溝通，必然情路坎坷，致使離婚機率大。若有第二春可逢良緣，但畢竟還是要付出心力。

【疾病】

肝腎、心臟、失眠、耳鳴、眩暈、齒痛、精血、心理機能、血光、腰骨膝痛、淋瀝吐瀉、怕冷惡寒、神經衰弱、過敏體質、心肌梗塞、過喜傷心。癸巳為易經地天泰卦，此際雖陰陽交而萬物生，但將無形現象契於身體，就是有強烈的第六感。子曰：「敬鬼神而遠之。」故宜抱持健康心態，切勿妄生貪欲邪念，才不會讓幽靈趁隙而入。倘若有犯煞現象，可至地藏王菩薩或城隍廟解厄。

守護神明：九蓮菩薩。法主聖君。何仙姑。

【地理】

派出所、紅綠燈、警示牌、公車站、政府機關、廟宇佛堂、修道場所、醫療中心、市場公園、吵雜之地、傳統市場、生鮮超市、夜市攤販、斜飛道路、地勢落差、明堂雜亂、小往大來、來水環繞。

住家臨大廟或公家機構，周圍為吵雜商區，前面寬廣但有障礙物。宜注意廚灶位置及安神的地方容易卡陰。家中要整理乾淨，保持通風良好，也不宜擺置太多飾品。

家庭擺置太多圖騰、飾品、神象、雕刻品都容易卡陰，因有形象就容易附著第三空間的靈體。子曰：「知變化之道者，其知神之所為乎？夫變化之道，不為而自然。故知變化者，則知神之所為。」楊桓曰：「凡有形可以象者，摹仿其形之大體，使人見之而自識，故謂之象形。」以上皆說明有形象的器物就容易契感無形靈體，倘若家中具形象的物品多卻捨不得丟棄，可用紅紙剪成約五十塊硬幣大小的圓形狀，貼在背後或底座，即可排除附靈現象。

【大運】

少年時期行此大運，因不夠專心致使學習績效不理想，若能堅定信念，即可更上一層樓。此運有與異性交往的機會，但大致是沒有結果的，所以交往時最好以平常心看待，否則挫折感會很重。

創業時期行此大運，常會遇到難以突破的瓶頸致使起伏很大。但遇到困難不可輕言放棄，因為即將會有時來運轉的機遇。此運是否泰循環之運，持旺勢者要持盈保泰，不可趁勢追擊；處否運者，只要尋得貴人相助，便有翻身的機會。

癸未：十五

久旱逢霖萬物濟　又懼續雨傷損邑
設堤防氾不困己　萬國諸侯咸得宜

【象義】

癸未的自然現象是久旱逢甘霖。天干癸的五行屬水、代表冬季；地支未是農曆六月，節氣是小暑、大暑，時間是下午一至三點，在易經元亨利貞四象中是屬亨的夏耘季節。久旱逢霖萬物濟：未月是乾燥炎熱的季節，恰逢天上一陣及時雨；又懼續雨傷損邑：六月是颱風前的寧靜，不料次月卻逢狂風暴雨；設堤防氾不困己：要有未雨綢繆的心理準備；萬國諸侯咸得宜：易理以坤卦己土為國都、艮域戊土邊疆為諸侯；主宜聯合朋友或協力廠商，陣容堅強才能長保安泰，因此柱干透癸水，倘若又逢金水助勢，未之薄土必受侵伐而形成土石流。

【性情】

相貌威嚴、上亭飽滿、眼睛有神、顴骨較高、鬥志高昂、事業心重、企圖心強、耿直爽朗，慷慨大方、豪邁熱情、人情味濃、嘴硬心軟、個性倔強、心急口快、賢能興家。

此柱可契於易經䷇水地比卦，辭曰「比吉，原筮，元永貞，无咎；不寧方來，後夫凶。」比吉：能得到知音益友是吉利的事。原筮，元永貞：第一次占卜，要接受無欲時所求得的答案。无咎：答案若呈現凶象，宜先省思後再尋求改善方法，才能免除過錯。不寧方來：不寧指申月，坤宮的地支是未申，六月季節風平浪靜（未），不料七月卻有狂風暴雨（申），致使大雨成災。後夫凶：坎下互艮，象為暴雨狂襲而造成土石流，誥誡宜居安思危。

對朋友寬容慷慨、注重情義，很在意別人對自己的觀感，但激怒時脾氣非常火爆。平時節儉樸實，但該花的錢絕不吝嗇，屬為人處事皆面面俱到之人。本身極講義氣，也極具魄力和信守承諾，喜歡與朋友談天說地，也有不少知心朋友，且友誼皆能長久。生平抱持尊重鬼神的心態，第六感比較敏銳，與觀世音菩薩、王爺公、土地公緣分較深。一生中常在安穩狀態下求發展，屬平常不斷累積學術與技能以待時興旺之命。

【事業】

具擔當和卓越思想，易獲升遷或器重，亦有企業家之風範。適合從事組織、商業、工程、批發、導師、宗教、玄學、五術、不動產及工廠製造性質之事業。不適合一成不變、呆板、不具戰鬥性之事業。

創業之初往往會先至外地經營或吸收知識和經驗，但會在遇到挫折或習得經驗後返鄉謀業，屬傷於外而興於內之格。富敬業精神，想追求的事會鍥而不捨，抱持不達目標絕不輕言放棄的信念。在謀求上講究投資報酬率，對事業侵略性極強，適合開發陌生市場。平時會不斷地充實自我，加上優異的特殊敏感體質，只要堅守正念，終有一番輝煌成就。

【六親】

祖上勞碌置產且很長壽。父親謀營精神極佳，自己也深受影響而富敬業精神，在本地謀求可獲穩定且逐步晉升，若至外地創業容易徒勞無功。與父母關係密切且得器重，兄弟姊妹感情雖好但思想有代溝，只能各憑實力自我奮鬥。

【姻緣】

男性為沉穩信守承諾之人，外表又具領導人之架勢，而能獲得異性青睞；女性聰明貌美，為人熱情又活潑大方，為眾多男性追求的目標人選。婚配對象選擇參考：兔、蛇、雞、豬的生肖。

男性：草根性強，具傳統家族觀念，也容易找到心儀的伴侶；但自己的個性比較保守，配偶則相對外向且交際能力好，婚後雖可獲互補功能，但常因意見分歧而爭吵，若能堅持到中年，即可恢復戀愛時期的恩愛日子。

女性：自己擁有一技之長，也善於交際應酬。婚後全心全意助夫興家，家庭責任感重。但因主觀意識強烈致使風波多，與丈夫相處時也容易發生爭執，若能先委曲求全、互讓協調得宜，即可重拾甜蜜生活。

【疾病】

多夢、噁心、結石、胃痛、肺部、中毒、皮膚病、呼吸系統、筋骨病變、荷爾蒙失調、過憂傷脾、配偶壓力。癸未之象為久旱逢甘霖，但雨水降於高溫土地上會形成辛金雲霧，所以此柱亦有強烈的第六感，外表雖鐵齒不信邪，但內心抱持敬鬼神的心態。未中暗藏辛金會生助元神癸水，主一生可以得到無形界的護佑。

癸未柱格局再見戊土就會形成沼氣而「以此毒天下」，此狀況宜用木過濾毒氣；所以，平常要保養肝肺功能，即可遏止病變（此理論適用於各類術法）。肺喜白色，潤肺的食療如銀耳百合湯、冰糖蒸梨以及濃濃的白米粥等，皆可生津止渴並達潤肺之效果。

守護神明：斗母星君。廣澤尊王。無主孤魂。百姓公。

【地理】

農村稻田、公園綠地、市鎮公所、製造工廠、神廟宮壇、市場攤販、停車場地、低窪地勢、鬧中取靜、明堂開闊、右水到左、逆水型局、門行天醫、來水環繞。

居宅的地勢較低或是山丘高低起伏之處，周遭易有低陷地勢或水池。居住初期房屋簡陋，但賺錢後會裝潢得富麗堂皇。也因大門大致都走吉門，所以六親都很長壽，倘若居住的地勢較低，必然也會財源廣進。

有些人在選擇房屋時，會去詢問命理師而依自己八字的喜用神來找出適合的方位，當然偶有命中的機率。地理師選擇居宅時，大致都會優先考慮周遭地形條件，而不是先考慮個人八字因素。

當今住宅密集且居大樓公寓者甚多，若依型勢或公寓各層的格局而言大致相同，但實況上每層樓的吉凶卻落差很大。所以當今住宅勘輿與古法有相當大的差異，若不懂應變以歸納出各層樓的特性，終究只是淪於彼此的運氣罷了。

依八字而言，癸水若降於高處，必然會分歧奔湧而導致不聚財的現象，癸未柱之象為水降在平原，若居於較低窪的地勢必然會財源廣聚。所以即使是同一間房子，也會因主人不同而產生不一樣的吉凶現象！

當今大樓公寓進門就鄰廚房、廁所，或壓中宮，此種格局大致會狀況不斷，因大門似人體的嘴巴，廚房為消化系統，廁所為排洩系統，所以大門要開吉門，廚廁要壓凶方，如此方能調合。此格局室內會呈現負能量，若無法改變可挑選一些能量比較高的植物來化煞，以增加氣場能量，但宜配合適當的種植功效較佳。室內種植任何盆栽，一個星期就要轉移方向，因居家有八個卦位，如此才能產生氣場互移作用，而能調協八個方位的磁場，如同人類身體需要均衡營養一般。

【大運】

少年時期行此大運雖然有滿腔熱血，對未來的前景抱持極大的理想，但因學習績效不佳而心懷疑惑。目前的考運並不太好，但自己將來比較適合從事業務性質的事業，或許也是商業人才，若能往這方面加強應有不錯的發揮。

創業時期行此大運，利於開發陌生市場或轉型新的行業，也容易獲得久旱逢甘霖的機遇，但嘗到甜頭後要見好就收，不可趁勝追擊。居住的地勢不宜太高，否則會導致錢財流失，若居低窪地勢則有助於獲益，若有獲利宜置產以待增值。

癸酉：三

水入澤中免患災　節以制度民遠害
密雲不語苦徘徊　甘期尚往功可待

【象義】

癸酉的自然現象是雨水降至陸地後順勢流至低窪沼澤。天干癸的五行屬水、代表冬季；地支酉是農曆八月，節氣是白露、秋分，時間是下午五至七點，在易經元亨利貞四象中是屬利的秋收季節。「水入澤中免患災」：秋季常有狂風暴雨，水若入於澤中可免於氾濫，但澤中之水功效不顯，只能力求安定，不宜謀求大事；「節以制度民遠害」：癸酉為秋季的雨水，無育物之功，不宜妄行投機；「密雲不語苦徘徊」：酉時乃密雲不雨之時序，只適合等待時機，先穩定中求發展；「甘期尚往功可待」：四季本循環不已，澤水再逢春夏季節則又可顯見功效。

此柱自坐十二長生「病」位，癸水為春季雨霖，春季逢之有育物之功，至秋季萬物收成已畢則喪其功效；故「病」義也絕非秋季就不需要雨水，只是形容功用已不如春季了。所以癸卯柱個性活潑且人脈與生意手腕皆好，癸酉則內斂自卑且常在苦中作樂。此柱自坐「正印」，象徵有好學精神，但象義為水入澤中，故易懷才不遇或難以學以致用。

地支酉見亥子時，一般都會以金生水論之，此論法真的令吾人感慨萬千，因此才會廢寢忘食、苦口婆心地留下著述告知同好，以慰藉天地鬼神。天地由子劃分陰陽後會形成「陽順陰逆」法則，將八卦契於大陸地形則東北為艮卦高山，而水必然會往低處辰庫流，所以才會有「江水向東流」之歌曲。

易云：「天一生水。」水乃萬物化生、養命之源。☵坎卦的陽爻為質、陰爻主氣，而「陽順陰逆」法則就是：水往前流時，氣反倒是逆向生起的。人體有百分之七十是由水構成的，人往生後水分依然會遺留在天地間，而水本身含有記憶，所以才會有前世今生的冤親債主。天地以艮坤劃分陰陽兩界，故謂神鬼進出之門；西北宮位有戌山、東北宮位有丑山，戌丑為先後天八卦中的艮卦，這兩座山就是地獄「鐵圍山」，其中就夾藏著亥子水。萬物雖生生不息，但以艮為輪迴的樞紐；而「艮」本由「根」義而來，需加上「木」之仁義精神方可輪迴不息，若喪「木」之仁義精神即成「艮為止」而永遠墮入地獄不得超生。所以見亥子水逢酉金，是地獄受苦的幽靈要求渡往西方極樂世界之象，即水入於酉澤中，期盼能跟隨神佛修行以彌累世罪過。故知象後切莫再以金生水、水又來生木論之，否則就不是遇貴人，而是請鬼開藥方了。

【性情】

相貌俊麗、眉秀眼大、個子不高、熱心助人、慷慨解囊、正派守信、記憶力強、勤懇耐勞、忍辱負重、不善逢迎、具人情味、想像力好、不切實際、鑽牛角尖、口沫橫飛、自尋煩惱、庸人自擾。

此柱可契於易經☴☰風天小畜卦，辭曰：「小畜，亨。密雲不雨，自我西郊。」小畜，亨：巽風是互離驅動的，下乾之氣流伏滯乾野後就會形成互兌之密雲。亨代表夏季，需待太陽東昇才能解除「密雲不雨」的現象。密雲不雨：下卦乾宮的地支為戌土，人元暗藏戊丁辛，戌為高山、丁是太陽傾陷後所遺留的溫度、辛是山腰陽光不及處所形成的雲霧。自我西郊：黃昏之際雲霧就會棲息山中，用以形容光說不練、雷大雨小（斗數謂陀羅星）。

沒有心機，但謀事缺乏魄力而顯得裹足不前。為人熱忱且會見義勇為，閒暇時喜歡與三五好友和老朋友聚會談心及提提過往情事。對事物抱持猜疑的心態，晚上喜獨自靜守思考，家庭內在事物隱憂多，但為報喜不報憂之人。做事責任感重，為追求完美主義者，但也屬較悲觀之人，且易受周遭環境迷惑而導致損失，若不妄生貪念，亦不失安穩、衣食無缺之格（女性第六感比較敏銳）。

【事業】

具組織、召集、領導能力，適合從事講師、設計、輔導、金融、宗教、醫療、會計、文書處理、廣告宣傳之行業。不宜貿易、股票、期貨等具風險及流動、變化性質之事業。

有堅守崗位的信念，雖對工作認真盡職但企圖心不夠，所接觸的事業往往不是自己預計的，而是受環境影響或朋友介紹促成。因野心不大，所以比較適合穩定形態的事業。常有自以為是的心態，待人處事常憑自己的直覺，事業常處於停滯不前的狀態，故宜加強信念，且要多接觸新環境和資訊，才能突破創業過程中的種種挫折。

【六親】

長上易因環境之故離鄉背井往外域發展。能獲長上庇蔭及父母親器重，但雖受器重，卻往往難逢機運而無法獲得揮灑舞臺，致使至父母年邁時，在經濟上反而要依賴兄弟姊妹照料。兄弟姊妹感情好，但興趣和思想差異大，終而各自獨善其身。

【姻緣】

男性外表穩重，抱持認真職守的態度，但野心不大且信心不足；女性溫文爾雅、欲望不高，懷抱聽天由命的心態。因為癸酉柱的干支為先後天八卦坎兌同宮，所以，無論男女異性緣皆早現，雖不見得會與初戀情人修得正果，但都容易獲得前世再續的良緣。婚配對象選擇參考：鼠、牛、龍、狗、豬的生肖。

男女：擇偶不以外貌為主，傾向於賢淑顧家者。婚後配偶任勞任怨想扮好賢妻良母的角色，若因為事業奔波或與朋友相聚而夜歸也不會過於計較。所以倘若有桃花機遇，自己也會因良心不安而謹慎應對。

女性：婚前異性緣很好、追求者也多。自己則屬於認命、隨遇而安之人，所以婚後即使對配偶行為有些抱怨，也能忍氣吞聲，盡量以家庭和諧為重，或將生活重心寄託在小孩身上。但還是難免會為家庭經濟煩憂，若出現經濟狀況，也是導致婚變的其中原因。

【疾病】

幻覺、多夢、心悸、眩暈、心臟、盜汗、膝骨、水腫、血癌、筋骨酸麻、噁心嘔吐、肝膽胃腸、生殖機能、腎臟膀胱、行車意外、過驚傷膽。癸水與酉金的卦象是坎、兌先後天八卦同宮，象徵一生少災；但也難免有苦節不可貞、懷才不遇的鬱悶心境。應多提醒自己調整心情，抱持平安就是福的心態，就可以免除因憂鬱而導致病變。

平常應多食深綠色蔬菜、洋蔥、豆類、蘋果、莓果類水果、番茄、酪梨、蘑菇來抗憂鬱。壓力大時應多食用可以提升大腦內血清素濃度的食物，如奇異果、香蕉、牛奶等食物，因血清素在大腦內是負責情緒管理的一種非常重要的神經傳導物質。

守護神明：阿彌陀佛。觀音菩薩。太陰星君。藥師佛。

【地理】

佛堂寺廟、醫院診所、中西藥房、素食餐廳、果菜市場、夜市攤販、金融機構、電信郵局、學校園區、公寓社區、明堂迫窄、右水到左、側有道路、後臨河流。

居宅容易住在巷道內，一般沒太大的型煞；門又行吉卦，所以六親大致尚長壽，猶嫌明堂看不遠、有些逼迫現象。明堂過於逼迫易導致官訟是非，如☲☳火雷噬嗑卦辭曰「利用獄」，噬嗑卦排列是下震、互艮、互坎再至上離，下卦震木本賴上卦離火助長，但上離的光線卻被互艮高牆阻擋，致使震木無法挺直扶搖生長而犯官訟。☲☶火山旅卦象曰「以明慎用刑，而不留獄」，亦上離光線受艮卦阻擋而犯官非。

癸未年在頭份農會二樓授易經課時，剛好在講解離卦應用時，有位學員住宅的明堂遭對面新蓋大樓緊逼且有型煞，致使父親一星期要去掛幾次急診。聽聞後建議他將外牆添上黃色系油漆，果然情況馬上就改善了！乃因☲☲離為火卦辭曰：「畜牝牛，吉。」牛為丑之濕土，利洩離火之氣。八字命格中見火炎土燥者，脾氣必定暴躁、處事容易衝動，可在居宅的東北方擺置牛的飾品即可改善；離火屬尖形狀，猶如壁刀型煞之類，牛則主黃色系，陽宅明堂逢電線桿、尖形物、壁刀，可將牆壁漆上黃色系，即可化煞反生，以達「利牝馬之貞」的功效。

【大運】

少年時期行此大運，成績雖然無法名列前茅，但大致還能維持中上，只要持續努力定有機會考上理想的學校。此運可獲良朋益友，且能成為無所不談的知音。

創業時期行此大運較利於事業有成者守成；逢謀職者會比較辛苦，凡事要從基層做起，也要熬很久才有陞遷機會。此運只適合在穩定中求發展、不宜投機，就算是投資性質，也要沉積很久才可能獲利。

癸亥：十一

雨施河川同流向　招兵買馬渡重洋
再逢天上豪雨降　終分揚鑣各自揚

【象義】

癸亥的自然現象是天上雨水降至河川而同流歸入大海。天干癸的五行屬水、代表冬季；地支亥是農曆十月，節氣是立冬、小雪，時間是晚上九至十一點，在易經元亨利貞四象中是屬貞的冬藏季節。「雨施河川同流向」：雨水降至河川後必定會同流至大海；「招兵買馬渡重洋」：雨水本來自四方，卻落入河川同流而行，象徵號召志同道合者共同追求理想；「再逢天上豪雨降」：逢暴雨侵襲河川就易潰堤氾濫；「終分揚鑣各自揚」：河川潰堤時流水就會脫離既有河道而各自流竄，亦主流出大海後，就會分道揚鑣各自發揮，且茫茫不知去向。

此柱自坐十二長生「帝旺」位，亦謂陰刃，主自我意識強烈，內心有難以言表的隱情和苦衷。此柱自坐「劫財」，喜歡發號司令、呼朋引伴以共謀志業；但亥中藏甲木，甲木沉溺在水中無法洩秀導水，象徵好奇心強想廣納學術，但理解力不強、博學不精，也易落得財來財去。

【性情】

帥哥美女、相貌嚴肅、下亭圓厚、執行力強、堅韌不拔、愛心奉獻、熱心助人、善盡己職、安分認命、內心盤算、耳根子軟、聽信謠言、動搖心志、多愁善感、不順人情、嘴硬心軟、迷信心態。

此柱可契於易經☲☵火水未濟卦，象曰：「火在水上，未濟；君子以慎辨物居方。」火在水上，未濟：後天離坎歸回先天乾坤宮位之際則象徵天地不交。君子以慎辨物居方：君子體悟此象，水火雖可互濟但兩者情性終究悖違，物成後必因爭功而顯現坎離個自始性。

水旺之際往往就會奢望火濟，所以評估他人常以頭銜或名望（火主名望）做為優劣依據，也因此常有永終知敝之歎。工作注重效率，具革新創作思想，性情卻也沉浮不定，喜怒不形於色，外表平和穩健，內實善於盤算。處事習執泥己念，所以常常會有與人格格不入的現象發生。

一生中易迷信鬼神與玄學之說，但癸亥是極陰幽域，而陰陽理論必然會陰極反陽，也就是說魔鬼會假扮成天使來迷惑人心；所以宜謹遵孔聖「敬鬼神而遠之」之教誨，才能避免走火入魔。若能以科學為依據，摒棄自我執著心，必然一生泰然、幸福安康。

【事業】

具毅力、執行力、支配力、決策力及冒險、創新改革的精神。適合從事寫作、律師、總務、偵探、採訪、調酒師、補習班、醫療人員及具傳統重複性、勞力性、思索性、流動性之事業。不宜金融、業務和財務性質之行業。

癸亥是六十甲子之終，所以謀業抱持永續經營的心態，但河流也會逢分歧渠道，所以難免會因環境和時勢變遷而須轉換行業。一生中的工作形態屬靜中帶動，須付出腦力、技藝、勞力才能達成目標。

因個性執著認真而容易積勞成疾，平時要注重休閒活動，謀求事物宜堅定信念，切勿輕信謠言或太過自以為是而引來不必要的糾紛。

【六親】

與祖上關係良好，亦可深得祖母疼愛。與父親關係雖然密切但思想差距大，與母親緣分較佳且可細談心事；母親的健康大致比父親佳。兄弟姊妹、朋友雖多，但能力挺相助者卻寥無幾人。

【姻緣】

男女都有早熟傾向，所以期待與異性交往的心態濃厚，在求學階段或初出社會就有與異性交往的機遇。婚配對象選擇參考：虎、龍、羊、雞的生肖。

男性：外表穩重、帶點帥氣、心性聰敏但個性急躁、野心大。婚後夫妻能同心協力地創業興家，凡事都會與妻子商量且尊重對方意見。但因自己見識較廣而野心大增，往往會做出能力所不及的事讓配偶擔心；也因長期在外，與異性相處的機會多，但因能感受到配偶的賢淑，自己會節制以防婚變。

女性：擇偶傾向忠厚善良、沉穩守信的對象。自己的觀念比較傳統，一心想扮演好賢妻良母的角色，且全心全意地支持丈夫的事業；但自我執著心較重且有些怪癖，丈夫初期雖可體諒而願意忍讓，但長期委曲求全就會缺乏情趣，再加上配偶外出的機會多，倘若逢上紅粉知己，就容易導致婚變。

【疾病】

惡夢、胃虛、噁心、風濕、尿毒、筋骨僵硬、身體沉重、血脂肪高、血液循環、職業傷害、手足酸麻、腎臟膀胱、心臟疾病、憂鬱焦慮、過恐傷腎。癸亥天干地支都是水，但天干癸水是陰，主女性多幻想、抱持玄學心態，身體方面要留意循環代謝系統的病變；男性主會流動的亥水，常因工作認真而產生職業傷害，水也代表交通、道路，宜注意行車安全。倘若水多土盪之格就會形成土石流，沙水混濁則易導致洗腎。

守護神明：太陰星君。濟公菩薩。海龍王。十殿閻王。太歲星君。

【地理】

公園綠地、暗溝流水、海底隧道、商場學校、公家機關、工程場地、私人機構、宮殿寺廟、土地公廟、市場攤販、批發場所、停車場地、交叉路口、側臨巷道、明堂開闊、右水到左、水繞玄武、門行五鬼、廁壓生氣。

住宅在支道旁的社區或較偏僻之地，大門有點斜角，周邊種植花樹。室內太過深長或陰濕，且大門大致位於五鬼方位，易棲息幽靈而導致身體虛弱和疑心病。廁所壓生氣方容易導致筋骨酸痛及生女兒的機率較高。

筆者因長期沉溺於寫作與整理資料，致使因久坐而全身筋骨異位。己亥年初經留美巫淑玫中醫師介紹，至台南歸仁找專治疑難雜症的神醫「蘇詠仁」診治（可至臉書搜詢），竟然只去了兩次就大幅改善十餘年的症狀。後來蘇醫師要求可否幫忙看一下陽宅，經羅盤測量後得知，整排房子約二十幾戶皆是巳山亥向，便告知其周遭都是不好相處的鄰居且常有幽靈進出。回曰：住在這裡形同地獄，因鄰居皆會勾心鬥角，且幫人家診療時還常被患者的冤親債主攻擊（因他是丙子日主、有靈異體質）。再斷鄰居常有交通意外且都非常嚴重，回曰：約有一半的住戶都發生過車禍，且有約三分之一的居者因而往生。因那排房子的大門都是落地窗，所以我建議改由龍邊乾卦進出。

約兩星期後再去復健時，他竟然站在大門口迎接，直說改了門之後生意變好許多，且客戶的素質也都提昇了，那些無形的東西更是進不來，彼此也因而成為知心好友。日後在閒聊時，他兒子說：以前在浴室照鏡子時，竟然只看到身體而看不到自己的頭，自從改過大門後，這些靈異現象就都消失了！

為什麼無論什麼型局或室內門道都不能走亥門，否則就容易鬧鬼、卡陰、犯煞、意外呢？西北「戌乾亥」宮位就是天地神鬼交媾之門，因亥支是十二辟卦中的坤為地卦，亥是晚上九點至十一點，又屬純陰之坤卦，此域是陰氣最旺的卦位與時序。坤卦上六爻曰：「龍戰于野，其血玄黃。」因上爻登極就會與乾卦上九形成「亢龍有悔」的激烈交戰，而乾亥屬郊野也主驛馬，故易在外地形成血光意外。

居宅鬧鬼或常被鬼壓床者，往往門路都開在亥或走五鬼門，逢此狀況勿需到處去求神問卜或請道士捉妖降魔。倘若門位開在亥山則屬鬼魅進出之門，移往鄰卦乾宮則成神佛蒞臨、天賜祥福之門，因乾卦純陽屬天、為神、坤卦純陰屬地、為鬼。室內門位若開在亥位，可用拉簾轉攔至乾卦即可趨吉避凶、遠妖離魔了！凡合乎易經理論之法幾乎百斷百驗，因二十四山主體皆具該域特殊情性，若無法熟知象義，僅憑外局巒頭與內局理氣勘宅，恐亦枉然。

【大運】

少年時期行此大運，因想廣泛吸收知識，易導致博而不精之現象，若能慎選目標、專注學習，對未來的發展將有極大的幫助。此運雖不見得能事事稱心如意，卻有利於思路提昇，若能追根究底地深入鑽研，將來必定可以成為專家，實乃養晦待時之運。

創業時期行此大運會有一番波折起伏，往往在事業得意之際，災禍也會伴隨而來，可謂福禍相倚之運。所以平常要有居安思危的觀念，才能將傷害降至最低。

此運六親多刑傷，亦易有孝服。倘若災禍不斷，則宜留意是否為風水、香火弊端所致使的干擾，只要妥善處理後就可以重獲安寧生活，但平常還是要抱持「敬鬼神而遠之」的心態為宜。有位女士的兒子是傘兵，因跳傘時緊張而魂魄飛散，幾十年間形同白癡；母親不曾間斷地至全省各地廟宇求神祈福，數十年下來花掉好幾百萬，奔波至臨終前只感慨地留下一句話：「有運神助、沒運神誤。」或許這也是道法自然中所隱藏的哲理吧！

神奇八卦能量貼宗旨

您可以懷疑它的功效，但務必給自己一個機會。

奉伏羲八卦祖師旨意製作「神奇八卦能量貼」，實源於上天悲憫蒼生苦難！當今神廟與大樓林立，故諸多符咒、平安符和各類求財、制煞法器因應而生。在人口密集的空間中和競爭壓力下，很多人都想藉由玄學和風水來改善命運。現代人大多數居住在密集的建築物中，居宅難免會面臨周遭的各種型煞而產生成許多文明病和運蹇現象；商人於此發掘商機，所以設計各種「招財飾品」及「山海鎮」、「八卦鏡」以謀取厚利，或許這些產品也有效果，但若對易理未深入了解，其作品必然功效不彰，甚者稍有不慎反會導致負磁場的情況應是不勝枚舉。因而將八卦圖乾坤大挪移，並延請色彩改運學專家「靜言」老師加入神祕密碼元素，經過數年鑽研及反覆能量測試，效果十分顯著、立竿見影！在此慎重呼籲：隨機仿印的行為，必然會造成傷財害民的後果（有多位同好自行仿製卻測得負能量，不禁令人讚歎天地之心及易學之精）！所有能量貼的販售所得皆會捐出部分金額做公益，邀請大家一起行善積德。

自從使用多款能量儀器測試各種物件後，對孔子所言「敬鬼神而遠之」這句話更加讚歎、感慨！很多人會到寺廟求平安符、財符或佩帶各類開運飾品，但佩帶一些時日後，經測試，有八成以上往往會呈現負能量，這些都是導致運蹇、甚至罹癌的主因；尤其符咒或飾品只要顯藏有「財」字的，其負能量更是嚴重，我想這可能是天地反噬人性想不勞而獲的貪念吧！所以建議「平安符」或所有「飾品」佩帶一陣子後都要拿去曬太陽，這樣就可以再恢復正能量了；但經過甚多的實證，負能量太過嚴重的符咒或飾品最好還用壽金一起焚燒歸位，約莫一星期後運勢就會慢慢回復平順了！能夠無欲一身輕，應該是最好的自保方法，希望此建言能對大眾有所增益。

神奇八卦能量貼功效

一、任何一款皆可隔離手機及各種電器的輻射干擾，以維護身體健康。
二、增強人體能量，遏止負能量或邪靈入侵。
三、敏感體質、探病、喪家、易患陰煞者，可明顯感覺功效。
四、陽宅對到壁刀、廟煞、缺角、天斬煞，制煞功能比「山海鎮」、「八卦鏡」強幾十倍。
五、陽宅門走凶卦或廚廁壓錯方位而產生煞氣，及室內外各種陰煞皆有改善功能。
六、多數使用者感覺對身體有助益，身體狀況較差者其助益更為顯著。

神奇八卦能量貼應用及方法

一、錢幣是流通之物，所以大部分都會呈現負磁場，建議皮包貼置一張。

二、經過美國研製的科學儀器測試證明可隔離手機輻射，可貼任一張在手機背後。

三、室外所形成的各種煞氣千萬不可忽視，請貼於正對壁刀或有煞氣的地方。

四、可訂製大幅八卦能量壁畫以改善家中磁場，只要用看的就能感受到巨大磁場能量。

五、可依個人需要接受量身訂製。其實，各款的效用都已俱足增進人體正能量的功能。

六、經醫學用儀器測試證實，平時佩帶就有增強免疫力及產生療癒光的功效。

七、同款的應用須超過一張以上時，請以奇數張貼放（例：三張、五張）。

八、佩帶能量貼期間，若遇運蹇或身體不適時，它會發揮消災功效，但能量也會隨之降低；這時要記得早上要拿出去曬太陽，約十五至三十分鐘就可恢復能量，即可繼續佩帶。至於室內制陰煞的八卦能量圖，倘環境太潮濕或負能量太嚴重，則建議半年或一年更換一次，以確保能量功效，並將舊的燒毀。

各款八卦能量貼易理闡釋及增益效果

火天大有

辭曰：「大有，元亨。」上卦離火為太陽、下卦乾為天體。於太陽高掛天空之際而能勤奮耕耘者，皆可獲得豐碩果實。易經以「元、亨、利、貞」象徵春夏秋冬，此卦只有「元亨」象徵春夏季節太陽普施大地，萬物皆可普受其惠；所以佩帶此卦利於開創、擴展事業。上九爻曰：「自天祐之，吉无不利。」本卦上離與下乾先後天八卦同宮，此爻又居天地人三才之天位，象徵可以獲得天地磁場的庇佑，而能增強身體能量、提升免疫力及事業順利、身體健康之效益。

雷水解

卦序：「物不可終難，故受之以解。」下卦坎水為險難，上卦震木吸收了坎水後長成茂盛翠綠的枝葉，象徵苦難得以解除。

易理以東北劃分陰陽兩域而謂「艮卦」，為所有事物的「終始」，即以下坎為地獄幽魂、上震為今世之人；人體的百分之七十是水分，往生後軀體遺留下的水分會儲蓄在天地之間，因水本身含記憶體，經太陽照射後就會形成水循環，故前世今生的恩怨因果本循環不已。

解卦象曰：「雷雨作，解；君子以赦過宥罪。」上震為春季打雷季節，每個季節的雷鳴都象徵不同的意義！春天是草木始萌的季節，也因春雨綿綿而萬物生，但也因「坎水」生「震木」之故，所以前世因果也伴隨而來。「君子」雖是指行為光明磊落的人，但每個人與生俱來都有因果，此際若願意誠心懺悔，上天就會赦免過錯，給犯錯者有改過自新的機會。所以佩帶此卦有助於消除業障，再配合行善積德，就可以化解因果了！

下坎為冬季、時序為子時，上卦震木成長到深夜就會休眠，又因震屬肝膽，因此，佩帶此卦有助於入眠；睡覺時腳朝西北方或東北方，有的人還會進入前世因果之景象中。此卦適用於每個人，尤其是失眠或因果病纏身者效益非常顯著。

地天泰

辭曰：「泰，小往大來，吉，亨。」本卦是正月卦、節氣為立春，象徵一元復始、萬象更新。陰者謂「小」、陽者謂「大」，代表陽氣旺盛、陰氣漸弱，故可獲得吉利。上卦是坤、與後天八卦坎卦同宮，下卦是乾、與後天八卦離卦同宮，象徵陰陽因天氣下降、地氣上升而交媾，猶如打坐時運氣行大小周天之象。佩帶此卦有利心腎不交、水火不調者，若逢急症或高燒不退，可貼放於心臟或腹部胎元處，即有顯著的助益，建議重症者於舒緩後應即刻就醫。

澤山咸

辭曰：「亨、利貞，取女吉。」本卦是少男配少女，故利於求姻緣；「取女吉」象徵容易獲得良緣。本卦的自然現象是「山澤通氣」，即會因形成水循環而產生「資源回收」之效益，除有利於血液循環外，生意上則能獲老客戶回流的效用，但流通性質的事業則不適合用此卦。

天火同人

本卦乾離先後天八卦同宮，取象「二人同心，其利斷金」，有利於合作事業、求良朋益友，並具降腦壓的功效。針對創業階段者，建議用「火天大有」或「地天泰」之八卦能量貼。

水風井

自古井水甘甜養民，且取之不盡、用之不竭。將透明杯裝「飲用水」或各種「飲品」置於八卦能量貼壓克力杯墊十分鐘以上，再另取一杯相同的水比較，即可明顯感覺出這兩杯水的差異。製作出來的水能量極高，適合平時飲用或長期服藥者。飲用水可以用此法自製，對身體有極大的益處。

※以上能量貼每個人皆可適用，以下則須視需要而訂製。

澤天夬

火雷噬嗑

地山謙

本卦要義乃五陽欲除一陰，為超級驅陰神貼，亦可解除陽宅周遭的凹風煞，天斬煞，對於易卡陰的敏感體質也具有制煞功效。

家中「鞋櫃」及各類的「飾品」、「玩偶」、「雕刻物」、「陳舊圖騰」，或室內沒太大的負能量，貼每一款就足夠制煞了。但切記：制煞、卡陰不建議用「澤山咸」、「水風井」、「天火同人」之能量貼。

仿象坊間「獅子咬劍」的制煞八卦鏡，此張八卦圖能量特強！可制路沖、各類大型型煞，亦可彌補房屋缺角的能量，可謂超級的制煞神器，歡迎有能量儀者測試驗證；但此張八卦不建議用在室內。

象曰：「地中有山，謙；君子以裒多益寡，稱物平施。」此卦可彌補房屋缺角所失的能量，當今電梯公寓的室內空間缺角情況非常多，整排透天宅的頭尾兩間也是，「稱物平施」取象可平衡周邊的能量。初六象曰：「謙謙君子，卑以自牧也。」佩帶此卦或貼在房間，可改善暴躁脾氣而變得謙遜。

各款八卦能量貼著作權見證

上述圖片係由何棰鑨、葉千雨二人共同設計完成，依法取得著作權，經何棰鑨提供，由本律師予以見證。2019.7/26 律師 周敬恒

Youtube 頻道：請搜尋「何棰鑨」。介紹許多科學儀器測驗及應用方法。

Facebook：請搜尋「易經八字新論」或「易經六十甲子神占」。

諮詢項目：陽宅檢測、命理解惑。

函售項目：八卦能量貼、應用卦圖訂製、易經六十甲子神占牌卡。

創作：何棰鑨。0982-333460。易經、命理作者。

專編：靜言。0980-333148。八字色彩卦象、風景圖改運專家。

從7點到現在沒休息過，貼上八卦圖後
10:19
10:19
您已收回訊息。
無法讀取原始訊息。
真不好意思，生意太好讓你忙壞了。
要感恩您啦！
14:17

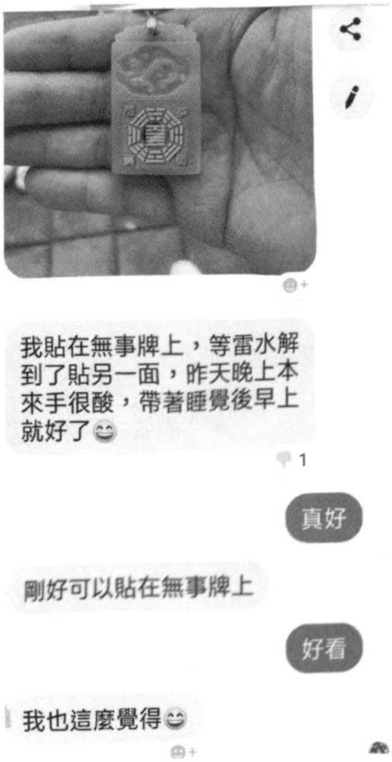
我貼在無事牌上，等雷水解到了貼另一面，昨天晚上本來手很酸，帶著睡覺後早上就好了😄
真好
剛好可以貼在無事牌上
好看
我也這麼覺得😄

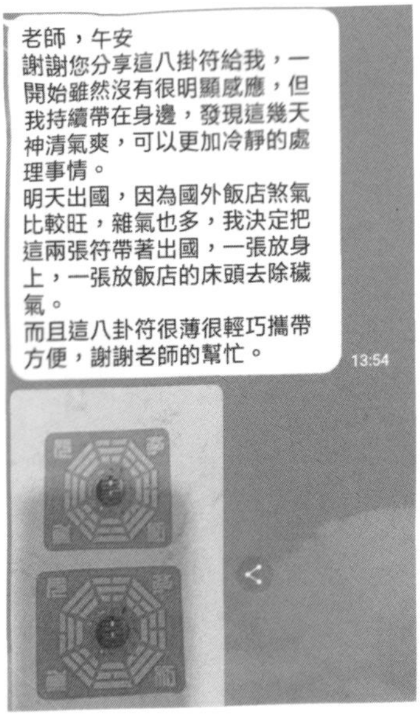
老師，午安
謝謝您分享這八掛符給我，一開始雖然沒有很明顯感應，但我持續帶在身邊，發現這幾天神清氣爽，可以更加冷靜的處理事情。
明天出國，因為國外飯店煞氣比較旺，雜氣也多，我決定把這兩張符帶著出國，一張放身上，一張放飯店的床頭去除穢氣。
而且這八卦符很薄很輕巧攜帶方便，謝謝老師的幫忙。
13:54

今天
我戴了之後晚上比較好入睡
10:19
您已收回訊息。
感謝楊老師您多年來的信任跟照顧。
已讀
12:26
為老師做的好，我才會如此任。照顧應該是老師照顧我，謝謝老師。
12:28
感恩

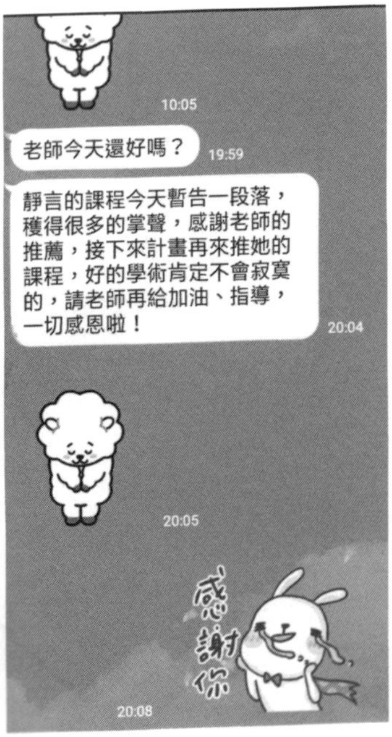
10:05
老師今天還好嗎？
19:59
靜言的課程今天暫告一段落，獲得很多的掌聲，感謝老師的推薦，接下來計畫再來推她的課程，好的學術肯定不會寂寞的，請老師再給加油、指導，一切感恩啦！
20:04
20:05
感謝你
20:08

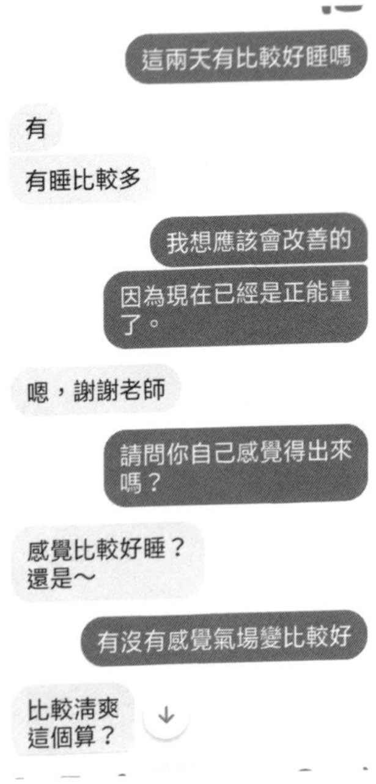
這兩天有比較好睡嗎
有
有睡比較多
我想應該會改善的
因為現在已經是正能量了。
嗯，謝謝老師
請問你自己感覺得出來嗎？
感覺比較好睡？
還是～
有沒有感覺氣場變比較好
比較清爽
這個算？

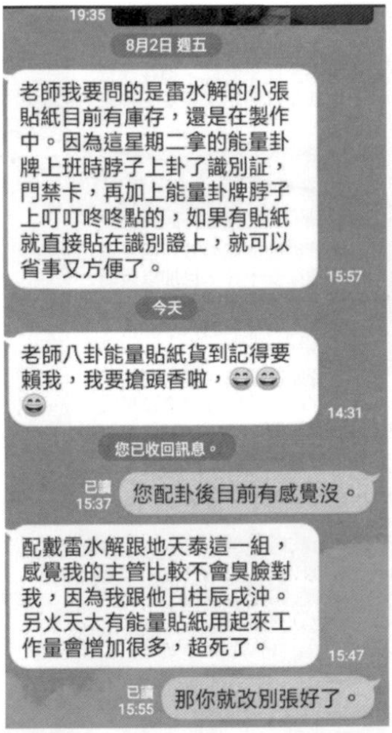
19:35
8月2日 週五
老師我要問的是雷水解的小張貼紙目前有庫存，還是在製作中。因為這星期二拿的能量卦牌上班時脖子上卦了識別証，門禁卡，再加上能量卦牌脖子上叮叮咚咚點的，如果有貼紙就直接貼在識別證上，就可以省事又方便了。
15:57
今天
老師八卦能量貼紙貨到記得要賴我，我要搶頭香啦，😄😄😄
14:31
您已收回訊息。
已讀 15:37
您配卦後目前有感覺沒。
配戴雷水解跟地天泰這一組，感覺我的主管比較不會臭臉對我，因為我跟他日柱辰戌沖。另火天大有能量貼紙用起來工作量會增加很多，超死了。
15:47
已讀 15:55
那你就改別張好了。

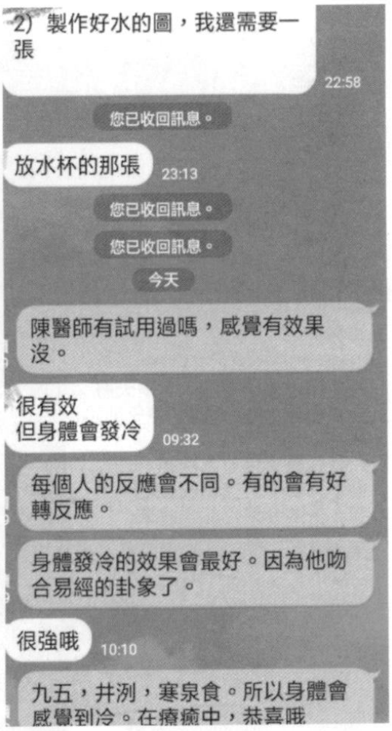
2）製作好水的圖，我還需要一張
22:58
您已收回訊息。
放水杯的那張
23:13
您已收回訊息。
您已收回訊息。
今天
陳醫師有試用過嗎，感覺有效果沒。
很有效
但身體會發冷
09:32
每個人的反應會不同。有的會有好轉反應。
身體發冷的效果會最好。因為他吻合易經的卦象了。
很強哦
10:10
九五，井洌，寒泉食。所以身體會感覺到冷。在療癒中，恭喜哦

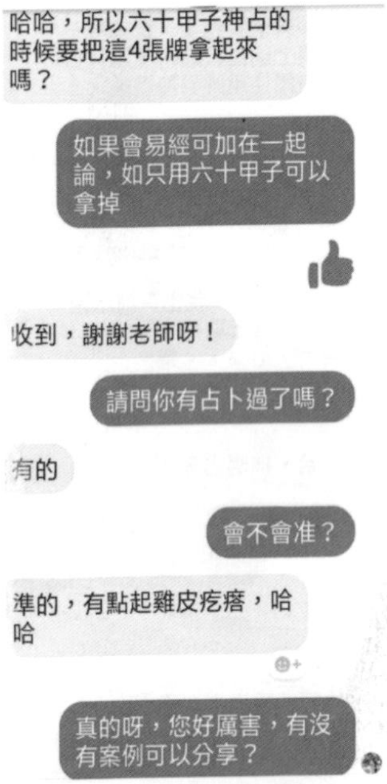
哈哈，所以六十甲子神占的時候要把這4張牌拿起來嗎？
如果會易經可加在一起論，如只用六十甲子可以拿掉
收到，謝謝老師呀！
請問你有占卜過了嗎？
有的
會不會准？
準的，有點起雞皮疙瘩，哈哈
真的呀，您好厲害，有沒有案例可以分享？

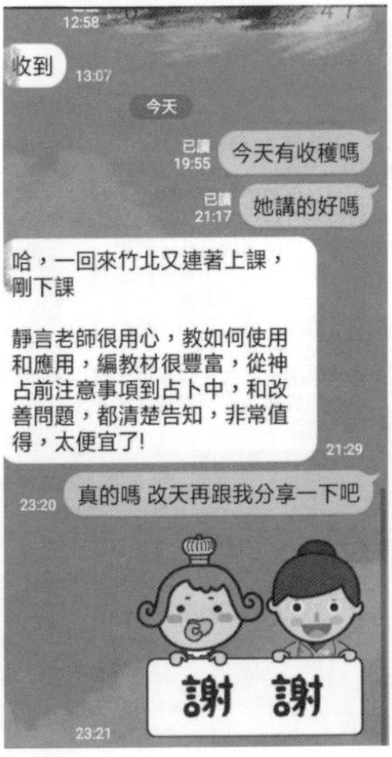
12:58
收到
13:07
今天
已讀 19:55
今天有收穫嗎
已讀 21:17
她講的好嗎
哈，一回來竹北又連著上課，剛下課

靜言老師很用心，教如何使用和應用，編教材很豐富，從神占前注意事項到占卜中，和改善問題，都清楚告知，非常值得，太便宜了!
21:29
23:20
真的嗎 改天再跟我分享一下吧
謝 謝
23:21

19:21
老師平安！我今天持續貼著護身，到目前為止，頭、眼部份比之前清很多，比較不會急躁、雜雜的，胸悶也有緩解，感覺能量確實很強，一切感恩！
19:27
19:27
非常感激
20:30

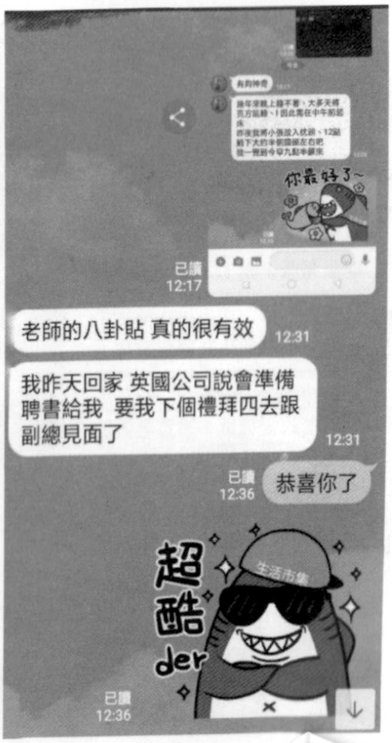
你最好了~
已讀 12:17
老師的八卦貼 真的很有效
12:31
我昨天回家 英國公司說會準備聘書給我 要我下個禮拜四去跟副總見面了
12:31
已讀 12:36
恭喜你了
超酷der
生活市集
已讀 12:36

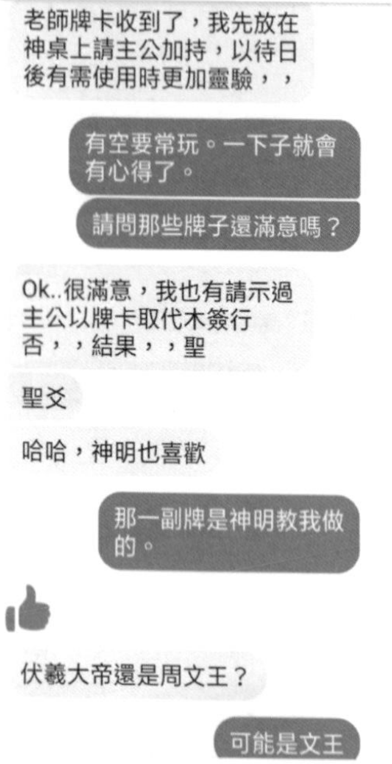
老師牌卡收到了，我先放在神桌上請主公加持，以待日後有需使用時更加靈驗，，

有空要常玩。一下子就會有心得了。

請問那些牌子還滿意嗎？

Ok..很滿意，我也有請示過主公以牌卡取代木筊行否，，結果，，聖

聖爻

哈哈，神明也喜歡

那一副牌是神明教我做的。

伏羲大帝還是周文王？

可能是文王

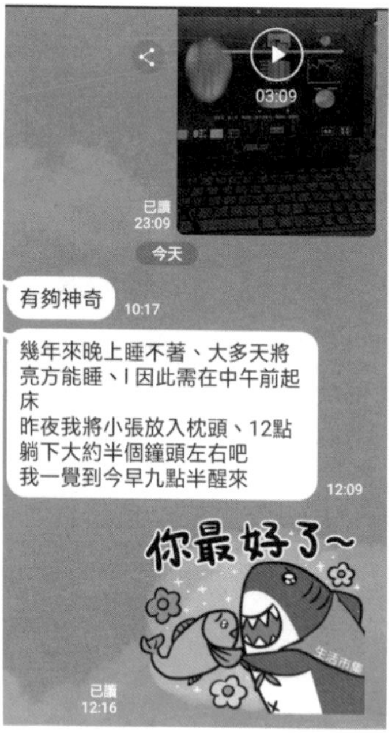
03:09
已讀 23:09

今天

有夠神奇 10:17

幾年來晚上睡不著、大多天將亮方能睡、I 因此需在中午前起床
昨夜我將小張放入枕頭、12點躺下大約半個鐘頭左右吧
我一覺到今早九點半醒來 12:09

已讀 12:16

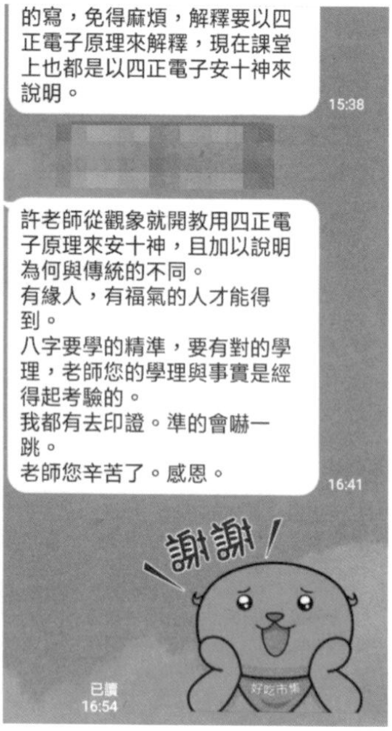
的寫，免得麻煩，解釋要以四正電子原理來解釋，現在課堂上也都是以四正電子安十神來說明。 15:38

許老師從觀象就開教用四正電子原理來安十神，且加以說明為何與傳統的不同。
有緣人，有福氣的人才能得到。
八字要學的精準，要有對的學理，老師您的學理與事實是經得起考驗的。
我都有去印證。準的會嚇一跳。
老師您辛苦了。感恩。 16:41

已讀 16:54

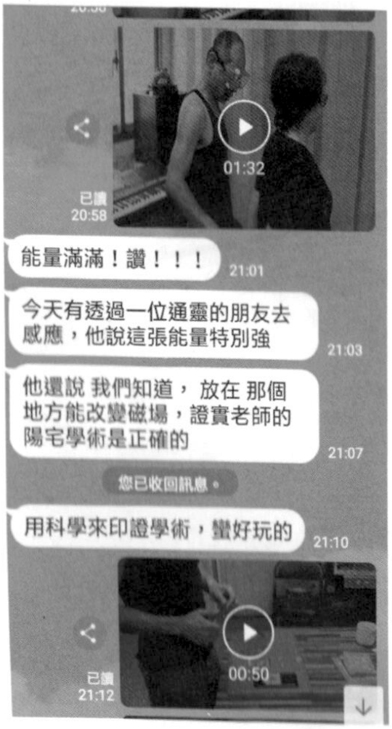
01:32
已讀 20:58

能量滿滿！讚！！！ 21:01

今天有透過一位通靈的朋友去感應，他說這張能量特別強 21:03

他還說 我們知道，放在 那個地方能改變磁場，證實老師的陽宅學術是正確的 21:07

您已收回訊息。

用科學來印證學術，蠻好玩的 21:10

00:50
已讀 21:12

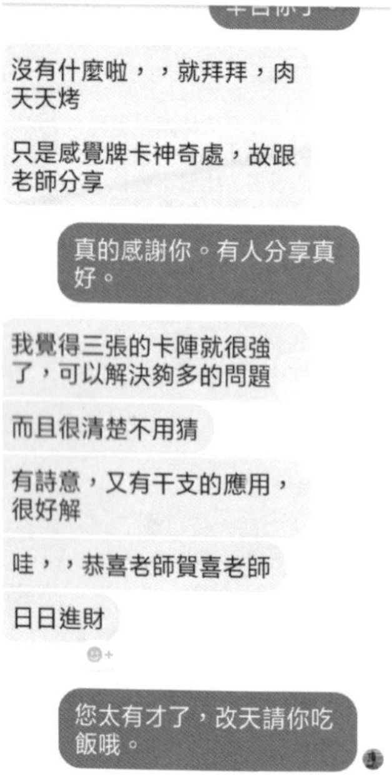
沒有什麼啦，，就拜拜，肉天天烤

只是感覺牌卡神奇處，故跟老師分享

真的感謝你。有人分享真好。

我覺得三張的卡陣就很強了，可以解決夠多的問題

而且很清楚不用猜

有詩意，又有干支的應用，很好解

哇，，恭喜老師賀喜老師

日日進財

您太有才了，改天請你吃飯哦。

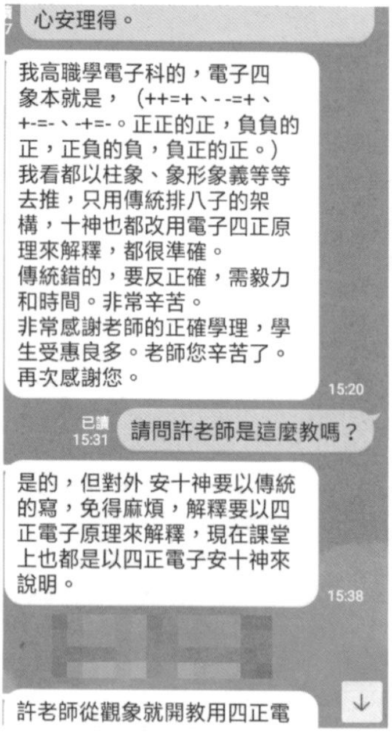
心安理得。

我高職學電子科的，電子四象本就是，（++=+、--=+、+-=-、-+=-。正正的正，負負的正，正負的負，負正的正。）
我看都以柱象、象形象義等等去推，只用傳統排八子的架構，十神也都改用電子四正原理來解釋，都很準確。
傳統錯的，要反正確，需毅力和時間。非常辛苦。
非常感謝老師的正確學理，學生受惠良多。老師您辛苦了。
再次感謝您。 15:20

已讀 15:31 請問許老師是這麼教嗎？

是的，但對外 安十神要以傳統的寫，免得麻煩，解釋要以四正電子原理來解釋，現在課堂上也都是以四正電子安十神來說明。 15:38

許老師從觀象就開教用四正電

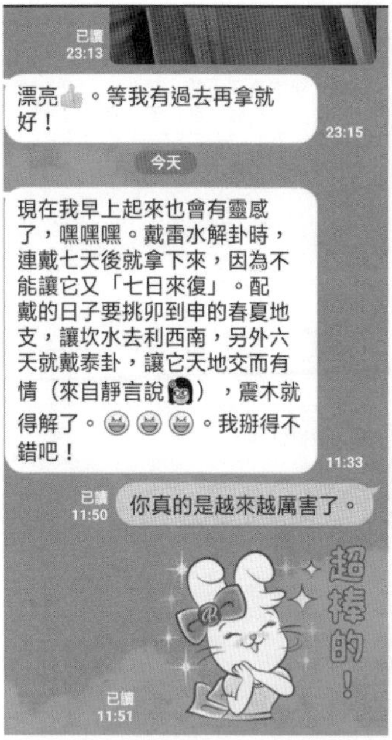
已讀
23:13
漂亮👍。等我有過去再拿就好！
23:15
今天
現在我早上起來也會有靈感了，嘿嘿嘿。戴雷水解卦時，連戴七天後就拿下來，因為不能讓它又「七日來復」。配戴的日子要挑卯到申的春夏地支，讓坎水去利西南，另外六天就戴泰卦，讓它天地交而有情（來自靜言說），震木就得解了。😁😁😁。我掰得不錯吧！
11:33
已讀
11:50
你真的是越來越厲害了。
超棒的！
已讀
11:51

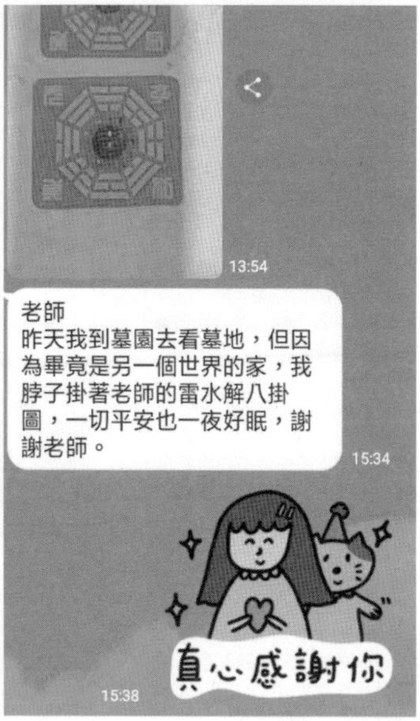
13:54
老師
昨天我到墓園去看墓地，但因為畢竟是另一個世界的家，我脖子掛著老師的雷水解八掛圖，一切平安也一夜好眠，謝謝老師。
15:34
真心感謝你
15:38

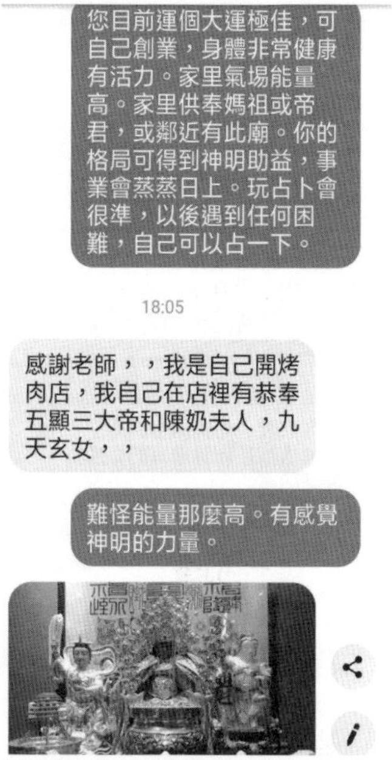
您目前運個大運極佳，可自己創業，身體非常健康有活力。家里氣場能量高。家里供奉媽祖或帝君，或鄰近有此廟。你的格局可得到神明助益，事業會蒸蒸日上。玩占卜會很準，以後遇到任何困難，自己可以占一下。
18:05
感謝老師，，我是自己開烤肉店，我自己在店裡有恭奉五顯三大帝和陳奶夫人，九天玄女，，
難怪能量那麼高。有感覺神明的力量。

今天
水風井試兩杯水給不知情的年青人喝,試後結果,的確比另一杯甘甜,另掛於胸前的解泰二卦也能量顯著,僅配戴一個小時肩頸酸硬也有舒緩,謝謝老師的偉大傑作。唯缺少澤天夬是為一憾
00:00
感謝張老師分享，澤天夬卦不能亂用，您真的有需要嗎？
沒問題!!!
已讀
00:04
等一下傳給您一位朋友老婆八字,再研究是否因果病
00:07
已讀
00:07
好的。

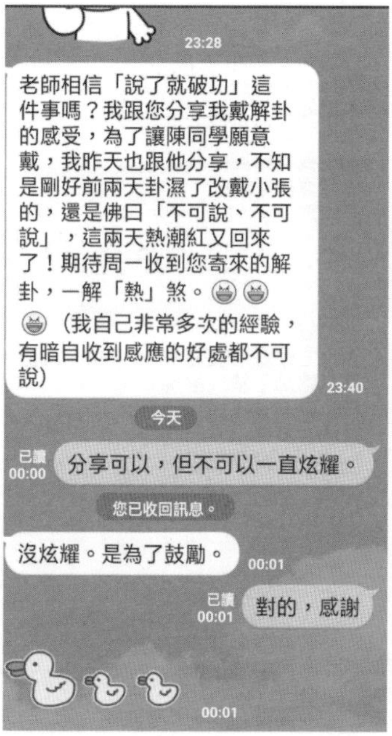
23:28
老師相信「說了就破功」這件事嗎？我跟您分享我戴解卦的感受，為了讓陳同學願意戴，我昨天也跟他分享，不知是剛好前兩天卦濕了改戴小張的，還是佛曰「不可說、不可說」，這兩天熱潮紅又回來了！期待周一收到您寄來的解卦，一解「熱」煞。😁😁😁（我自己非常多次的經驗，有暗自收到感應的好處都不可說）
23:40
今天
已讀
00:00
分享可以，但不可以一直炫耀。
您已收回訊息。
沒炫耀。是為了鼓勵。
00:01
已讀
00:01
對的，感謝
00:01

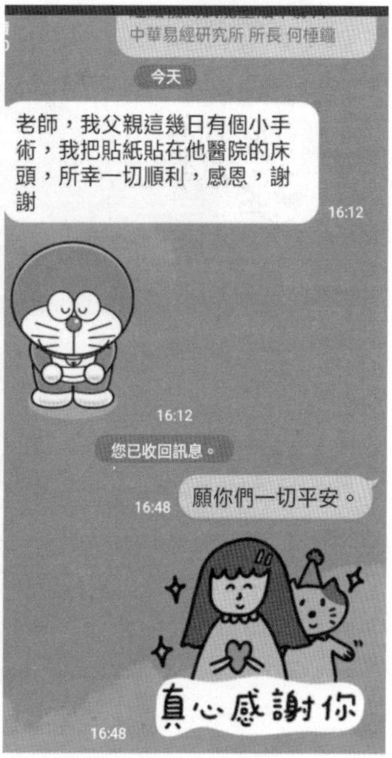
中華易經研究所 所長 何棰鑌
今天
老師，我父親這幾日有個小手術，我把貼紙貼在他醫院的床頭，所幸一切順利，感恩，謝謝
16:12
16:12
您已收回訊息。
16:48
願你們一切平安。
真心感謝你
16:48

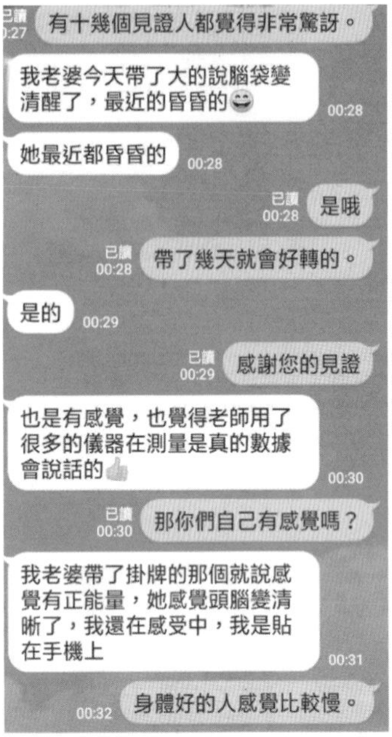
已讀 0:27 有十幾個見證人都覺得非常驚訝。
我老婆今天帶了大的說腦袋變清醒了，最近的昏昏的 00:28
她最近都昏昏的 00:28
已讀 00:28 是哦
已讀 00:28 帶了幾天就會好轉的。
是的 00:29
已讀 00:29 感謝您的見證
也是有感覺，也覺得老師用了很多的儀器在測量是真的數據會說話的 00:30
已讀 00:30 那你們自己有感覺嗎？
我老婆帶了掛牌的那個就說感覺有正能量，她感覺頭腦變清晰了，我還在感受中，我是貼在手機上 00:31
00:32 身體好的人感覺比較慢。

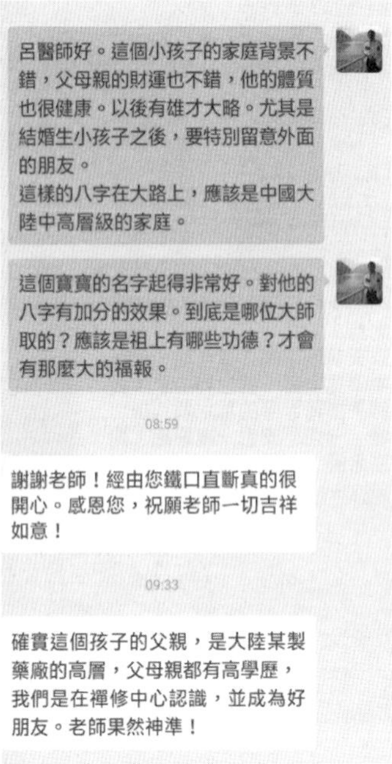
呂醫師好。這個小孩子的家庭背景不錯，父母親的財運也不錯，他的體質也很健康。以後有雄才大略。尤其是結婚生小孩子之後，要特別留意外面的朋友。
這樣的八字在大路上，應該是中國大陸中高層級的家庭。
這個寶寶的名字起得非常好。對他的八字有加分的效果。到底是哪位大師取的？應該是祖上有哪些功德？才會有那麼大的福報。
08:59
謝謝老師！經由您鐵口直斷真的很開心。感恩您，祝願老師一切吉祥如意！
09:33
確實這個孩子的父親，是大陸某製藥廠的高層，父母親都有高學歷，我們是在禪修中心認識，並成為好朋友。老師果然神準！

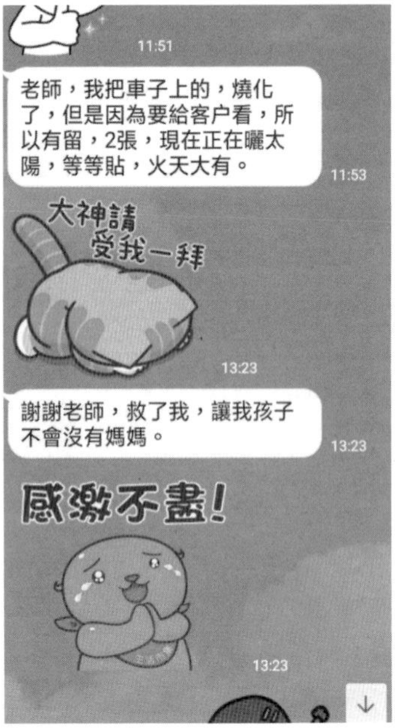
11:51
老師，我把車子上的，燒化了，但是因為要給客户看，所以有留，2張，現在正在曬太陽，等等貼，火天大有。 11:53
大神請受我一拜
13:23
謝謝老師，救了我，讓我孩子不會沒有媽媽。 13:23
感激不盡！
13:23

已讀 08:28
有感覺得，身上放2張，一張火天大有，一張，雷水解，睡覺，比較不會作惡夢。 08:31
08:32
已讀 08:32 好像是耶
思緒，比較清潔 08:32
楚 08:32
是的，比較不會作惡夢。 08:33
我也變得很好睡。不用吃安眠藥了。

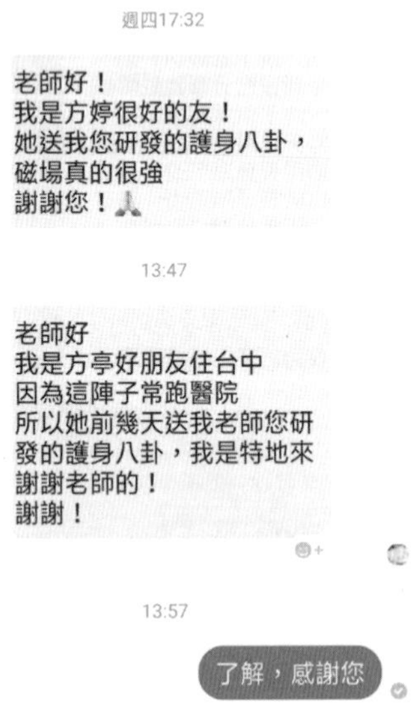
週四17:32
老師好！
我是方婷很好的友！
她送我您研發的護身八卦，
磁場真的很強
謝謝您！
13:47
老師好
我是方亭好朋友住台中
因為這陣子常跑醫院
所以她前幾天送我老師您研發的護身八卦，我是特地來謝謝老師的！
謝謝！
13:57
了解，感謝您

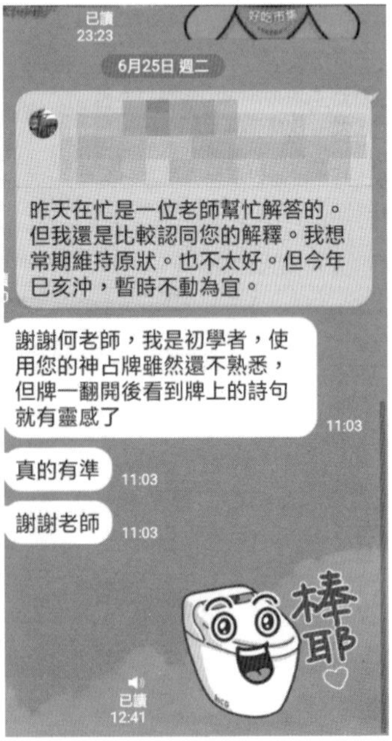
已讀 23:23
6月25日 週二
昨天在忙是一位老師幫忙解答的。但我還是比較認同您的解釋。我想常期維持原狀。也不太好。但今年巳亥沖，暫時不動為宜。
謝謝何老師，我是初學者，使用您的神占牌雖然還不熟悉，但牌一翻開後看到牌上的詩句就有靈感了 11:03
真的有準 11:03
謝謝老師 11:03
棒耶
已讀 12:41

服務項目

（一）免費手機電腦排盤。

（二）免費易經卜卦占斷。

（三）免費網站收驚化煞。

（四）八字陽宅影片分享。

（五）學員心得分享（http://www.iching3289.com）。

【全球獨創】

《易經六十甲子神占》牌卡，一副一千元（與教學影帶合購優惠價為三千元）。

【能量神器】

精心研發數款超高能量八卦護身符。功用介紹如下：

可消除手機及各類電器幅射波（能量超過日本進口商品十倍以上）。

電磁波是由電場和磁場共同作用而來的，以兩百隻老鼠做實驗，一百隻長時間受電磁波照射的老鼠，九個月後腦瘤開始顯現，且逐漸增大，最後都死了；另一百隻則安然無恙！

電梯、室內拱門造型及雕刻飾品、陳舊圖畫都容易卡陰，貼上八卦護身符立即消除負能量；化煞、壁刀、天斬煞及各類室內外型煞也都可以化除，能量比坊間山海鎮、凹凸八卦鏡強幾十倍；業障病、長期身體不適者立即增強身體能量，重症者短時間內可以感覺到舒緩。

【服務說明】

八字解析及儀器測試能量，告知問題關鍵及改善方法（三千元）。姓名分析及儀器測試能量（需附八字或照片），一個名字（一千元），一組名字（八個內、二千元），並挑出象義佳及能量最高者；若均不適用也會建議另尋老師重新命名，務使增益人生。

陽宅能量測試需提供室內照片及地址（三千元），會詳實告知每間格局的吉凶和改善方法。可另訂製公司、居家精美開運化煞壁畫。

以上測試準確率高達百分之九十以上，絕非廣告術語。

【函售影帶】

高畫質教學DVD《易經八字新論》、《六十甲子象義》、《易經陽宅新論》、《六十四卦應用》。

苗栗南苗郵局(代號700)

戶名：何棰鑨

帳號：0291042-0279407

【聯絡方式】

諮詢電話：0982-333460　0938-223337

通訊地址：苗栗市中正路九七七號

LINE ID：037337799

Facebook 搜尋：何棰鑨

Youtube 頻道搜尋：何棰鑨

國家圖書館出版品預行編目資料

易經八字神斷/何棰鑨作. -- 二版. -- 新北市：
宏道文化事業有限公司出版：
雅書堂文化事業有限公司發行, 2024.05
456面；23x17 公分. --（知命館；2）
ISBN 978-986-7232-99-1(精裝)

1.CST: 易占 2.CST: 生辰八字

292.1　　113005582

知命館2

易經八字神斷

作　　者／何棰鑨

總 編 輯／徐昱
封面設計／古依平
出 版 者／宏道文化事業有限公司
發　　行／雅書堂文化事業有限公司
郵撥帳號／19934714
戶　　名／宏道文化事業有限公司
地　　址／新北市板橋區板新路206號3樓
電子信箱／sv@elegantbooks.com.tw
電　　話／02-8952-4078
傳　　真／02-8952-4084

二版一刷　2024年5月

定價 680元